生 态 文 明 建 设 思 想 文 库 （

主编　杨茂林

生态环境保护的

公益诉讼制度研究

蔡静 / 著

SHENGTAI HUANJING BAOHU DE
GONGYI SUSONG ZHIDU YANJIU

山西出版传媒集团　　山西经济出版社

编委会

总　序

　　生态文明建设既是我国当前和未来的重大战略性任务,也是实现联合国《21世纪议程》提出的可持续发展的重要前提,同时,它还是我国发展理念的一次深刻变革。正因为如此,党的十九大将生态文明建设放在了我国发展战略的最重要的位置。习近平同志在党的十九大报告中把生态文明建设提到了前所未有的高度,他指出:"生态文明建设功在当代、利在千秋""建设生态文明是中华民族永续发展的千年大计"。很清楚,这就为促进我国生态文明建设指出了明确的方向。

　　为了推动生态文明建设,使学术研究能对我国生态文明建设做出理论上的贡献,我们组织不同专业领域的大学教师,及社科研究人员撰写了与生态文明建设直接相关的著作系列,亦即《生态文明建设思想文库》(以下简称《文库》)。该《文库》第一辑2017年已经正式付梓。业已出版的《文库》第一辑,具体由《自然的伦理——马克思的生态学思想与当代价值》《新自由主义经济学思想批判——基于生态正义和社会正义的理论剖析》《自然资本与自然价值——从霍肯和罗尔斯顿的学说说起》《新自由主义的风行与国际贸易失衡——经济全球化导致发展中国家的灾变》《区域经济的生态化定向——突破粗放型区域经济发展观》《城乡生态化建设——当代社会发展的必然趋势》《环境法的建立与健全——我国环境法的现状与不足》七本书构成,它是我们对生态文明建设研究的阶段性成果。

　　在业已出版的上述《文库》基础上,结合党的十九大与生态文明建设直接相关的顶层设计方案,《文库》编委会进一步拓展了生态文明建设方面的学科研究范围,并在此基础上组织撰写了《文库》第二辑。第二辑的内容是在第一辑基础上,对与"生态文明建设"直接相关的、诸多学科领域的系统化探讨,其内容具体包括:《国家治理体系下的生态文明建设》《生态环境保护的公益诉讼制度研究》《经济协同论》《能源变革论》《资源效率论》《大数据与生态文明》《人工智能的冲击与社会生态共生》《"资本有机构成学说"视域中的社会就业失衡》《环境危机下的社会心理》《生态女性主义与中国妇女问题研究》共十本学术专著。这十本书,围绕生态文明建设的基本思路,规定了我们所要研究的大体学科范围。《文库》作者,也大都把与生态文明建设相关的、最为紧迫的学术问题作为自己研究的方向,各自从不同角度做出了专题性的理论探讨,同时奉献出他们在这些不同领域中对生态文明建设的较新认知和具有创造性的理论观点。

下面我们对《文库》第二辑的内容进行简要介绍和分析,以使读者从中了解到我们组织撰写这套《文库》的初衷及《文库》中各专业著述的大体内容。

其中,《国家治理体系下的生态文明建设》一书,由多年从事大学思政课教学工作的年轻学者、重庆外语外事学院徐筝女士撰写。多年来,她非常关心我国生态环境保护问题。由于在大学从事思政课教学工作,所以对我国生态环境保护的顶层设计意图,及国家的相关政策和决策方针方面非常关注。同时,她也十分关心国家治理体系对我国生态文明建设的重要性。正因如此,在本书中,她对顶层设计下的生态文明之治,抑或国家治理体系下的生态文明建设问题做了系统化阐述与分析,以便更有利于对我国生态文明建设的实践做出科学性的说明。她认为,生态文明建设,当然首先涉及生态环境的治理问题。而具体到后者,又将蕴涵三个基本要素,亦即治理主体、治理机制和治理效果三个方面。为了厘清生态环境治理在各主体间的权责关系及特点,她详细讨论了它们之间的权力规定,并认为,虽然生态环境保护既属于政府治理范畴,也属于公共群体实践运作的目标;既是国家层面的战略规定,也是社会范畴的治理内容,但在不同的权力主体中,国家无疑是压倒一切的最重要的权力主体。因为,国家是整个社会前进的"火车头"和导向者,与社会范畴的其他主体相比,国家有着重要的统摄性力量,而其他主体均在国家主体的统摄范畴之中。生态文明建设,一旦成为国家的政治决策和战略目标,将会产生巨大的力量。在此前提下,国家主体将同其他主体,包括地方企业,连同群众性的社会团体等,形成上下互动、纵横协调的治理运行系统,从而确保生态环境保护和治理的高效协调性,确保人与自然之间关系的和谐共生,同时也确保"生态文明建设公共利益最大化的治理目标"得以完成。

该书由3篇12章构成全书的整体结构和框架。其中,第一篇主要阐述"问题分析:生态文明建设与国家治理的关系",它揭示了生态文明建设概念的基本内涵、主旨及当今生态文明建设的最新情况,连同历史演化等问题;第二篇是对"实践与探索:国家治理是中国生态文明建设的必由之路"的相关论述,主要阐述国家治理体系下生态文明建设的运营情况、监管体系、市场机制和创新模式等;第三篇则是对中国生态文明建设模式在全国范围运行情况的大体介绍。通过对东北、华北、华南、西南、西北这些区域建设成果及案例的对比性分析,实证性地说明了在国家主体的理论和政策的引导下,我国在生态文明建设实践中所取得的重大成就。

《生态环境保护的公益诉讼制度研究》一书,由有环境执法工作经历,及从事高校教学工作多年的重庆外语外事学院副教授蔡静女士撰写。她在教学和从事环境执法工作的实践中,对引起社会广泛关注的司法热点——"环境公益诉讼"问题十分关注,并对之进行了法学理论上的相关探讨。她认为,"环境公益诉讼"在我国生态文明建设中是需要着重加以强调的方面,因为我国资源环境承载力已达到或接近上限。故此,基于"目的是全部法律的创制者"和"制度的技术构造总是以制度的预设功能为前提、基础和目标的"两方面的原因,在书中她建设性地强调:"环境公益诉讼",旨在最大限度地维护生态环境所承载的社会公共利益,以及它所具有的生态环境保护的功能。针对2012年以来我国"环境民事公益诉讼"和"环境行政公益诉讼"制度的运行情况,作者进一步分析指出:"环境公益诉讼",目前正在成为国家环境治理的有效方式,但同时还存在着司法保护环境公共利益功能不充分的问题。因而,作者又以实现环境公益诉讼及其预设功能等法学内容为逻辑主线,结合司法实践中存在的一些突出问题,重点对"环境民事公益诉讼"和"环境行政公益诉讼"之受案范围与管辖、适格主体、审理程序中的特别规则,连同社会组织提起环境公益诉讼的激励机制等问题进行了详细分析,并有针对性地提出相应的、具有创新性特点的法学建议。很清楚,其研究对"环境公益诉讼制度"的不断完善,对我国环境保护法规范畴法学理论条款的增设或创新来说有着重要的参考价值。

除前述与"国家治理体系"及"国家法律制度建构"层面紧密相关的两本学术著作之外,本《文库》还增设了《经济协同论》《能源变革论》《资源效率论》三本专业性的论著。这三本著作,也是《文库》第二辑的一个突出亮点,它既是与我国生态文明建设相关联的理论创新,又各自从不同角度,对以往新自由主义片面的经济增长观,抑或定势化的"GDP主义"发展方式进行了实质性的理论证伪。

其中,《经济协同论》由多年来一直从事经济学和生态学理论研究的山西财经大学教授李繁荣博士撰写。该书依据马克思主义生态学理论,依据党的十九大关于生态文明建设的重要指示精神,依据可持续发展的战略原则及哈肯《协同学》的方法论,全面论证了经济发展与生态文明建设之间的关系。基于这一前提,作者对传统的经济发展方式,尤其是由新自由主义经济学主导的发展方式进行了剖析与批评。事实上,此项工作在其之前的相关著述《经济思想批评史——从生态学角度的审视》(与《经济问题》杂志主编韩克勇先生合著)及《新自由主义经济学思想批判——基于生态正义和社会正义的理论剖析》中,已经得到全面展开。在本书中,这一思想同样贯穿其中。作者认为,新自由主义经济学思想及传统的经济发展方式,严重忽略了经济发展与自然生态系统平衡之间的协调关系,同时割裂了经济进步与社会公平之间的内在联系,割裂了"代内发展"与"代际发展"之间的关系。除此,新自由主义经济学思想,还忽略了发展过程对其他众多"序参数"的协同关注,其主要特征就是片面地追求经济增长这一"单一目标"。从历史的和逻辑的结果看,新自由主义经济学思想,已经导致福利经济学派庇古理论意义上的巨大的"外部不经济"(加勒特·哈丁称之为"公地悲剧")和社会范畴的严重两极分化。而《经济协同论》的理论观点则与之不同。如果说,《经济思想批评史——从生态学角度的审视》《新自由主义经济学思想批判——基于生态正义和社会正义的理论剖析》两书,是对传统经济发展方式,抑或新自由主义经济学思想"破"字在先的系统梳理,那么,《经济协同论》则更注重可持续发展经济学新范式的"立"的内容的理论建构。它是以经济、社会、生态多元目标的协同演化及其动态平衡关系为核心研究目标的,目的在于使之能够更有效地服务于可持续发展战略及我国生态文明建设工作。另外,该书还以习近平同志 2016 年提出的"创新、协调、绿色、开放、共享"概念作为全书的理论架构,并借此对经济、社会、生态多元目标的有机整合过程进行了全方位分析。这种经济协同的运作方式,是在整体的有机机理中进行全面审视的。理论上,它不仅能纠正新自由主义经济学思想的片面性质,而且有助于对我国生态文明建设工作的系统解读。

《能源变革论》是由山西省社会科学院能源研究所两位副研究员,即姚婷女士和吴朝阳先生共同撰写。多年来,他们在从事能源理论的研究过程中,目睹了我国经济发展过度依赖不可再生性化石燃料,即煤炭资源的不合理情况。这种传统的能源经济发展方式,引发了对自然生态系统的严重破坏,使得山西有害气体过度排放、环境污染日益严重、地下水资源大量流失,等等,因而造成了山西自然生态系统的严重灾变。山西曾引以为荣的"能源重化工基地建设",在所谓"有水快流"发展思路指导下,煤炭超强度挖掘和开采,似乎给当时经济发展带来一时"繁荣",但生态环境失衡或破坏性的灾变也迅速凸显。据《中国环境报》2006 年 7 月 11 日报道:"山西挖一吨煤损失 2.48 吨地下水资源。"尤其在新自由主义风行的年代,片面的经济增长观曾经渗透到煤炭开采领域的各个角落,造成全社会对不可再生能源的依赖程度越来越大。这种建立在过度消耗不可再生性化石燃料——煤炭资源基础上的经济发展方式,显然是不可持续的。在实践中,它不仅违背了联合国《21 世纪议程》,及《中国 21 世纪议程白皮书》规定的可持续发展方向,而且也与习近平同志提出的"必须坚持节约优先、保护优先、自然恢复为主的方针"相去甚远。故此,更谈不上与党的十九大突出强调的生态文明建设发展战略要求相一致。为了从根本上扭转以往过度耗竭不可再生性自然资源的粗放型经济发展方式,为了实现约翰·罗尔斯《正义论》理论意义上的"代际公平"和能源可持续利用,为了推进党的十九大突出强调的生态文明建设发展战略,我们需要进行一场能源变革。所谓能源变革,是指在当今时代条件下,利用数字化方式和技术创新的力量,改变传统粗放型能源发展思路,促进具有环保特征的化石燃料无害化处理,推广多元新能源技术利用,优化能源结构,运用德国伍珀塔尔气候能源环境发展研究院之"因子 X"(Factor X)理论提高能源利用效率,减少对不可再生性化石燃料的依赖,突破性地改变能源现状的变革,即称之为能源变革。而《能源变革论》则是对能源利用革命性转变的系统论述。

前面有关能源变革之界说的基本内涵,也正是本书进行深入探索的理论重点。在此基础上,本书对能源变革的理论内涵、能源变革的历史沿革、能源变革的具体形态和范畴、国际能源变革的最新状况、新技术手段的利用和普及、清洁生产及废弃物的资源化处理与利用、技术创新对新能源利用的推广、管理层对能源变革的认知高度、管理体制对能源变革的机理性促进、不可再生性化石燃料的减少程度,以及工业生态园区建设对废弃物资源处理和能源节约的最新进展等方面进行了全方位讨论。

《资源效率论》由重庆外语外事学院陈玲副教授撰写。陈玲女士,在多年教学过程中,对资源利用效率问题非常关注,因而也将之作为自己的主要选题。"资源效率论"与"看不见的手"的学说思想的资源配置方式有所不同,它旨在研究资源生态合理性优化配置的相关理论,同时主张摈弃并限制传统工业化发展中许多粗放型的资源利用方式。

我们知道,传统的工业化发展方式,已经对自然生态系统造成了十分巨大的破坏。这种耗竭式的资源利用方式,同时还造成了全球自然资源濒临枯竭,以致使我们今天面临着十分严峻的资源稀缺性挑战。为了做到资源生态合理性优化配置,减少传统工业化发展方式对自然资源的耗竭式采掘与消费,提高资源利用效率,开发资源利用新途径,以技术进步的力量提高资源效能,并在实践中促进资源生态合理利用率的提高,确保资源利用的高效、节约和可持续性,就成了本书所要探讨的理论重点。围绕这些关键性的理论问题,本书对"资源利用与环境变迁""生态效率与生态设计""创新式节流与开源""循环经济与资源效率""生态效率的评价",连同对未来的"思考与展望"六个方面的内容进行了讨论,并做了系统化的理论探讨。

书中还谈道:"资源效率"问题,也是国际性的大问题,因而早就引起国际上许多知名学者和著名研究机构的超前性探讨与研究。作者有幸有赴英国和加拿大访学的两次机会,这为之完成本书,提供了在国际视野范围进行研究的便利。访学过程,既便于在更广阔范围搜集与"资源效率"相关的学术资料,又便于提升自身认知水平。正是在此前提下,在书中,作者不仅大量阐述了国际上广为流行的"因子 X"测定标准及与《工业生态学》的经典著述紧密相关的案例,而且还引入了与"资源效率"课题紧密联系的其他诸多信息。所有这些,不仅对完成本书,而且对促进我国生态文明建设将起到参考性作用。

　　除了已经介绍的前述著作,《文库》还增设了《大数据与生态文明》一书。本书由太原师范学院经济系讲师延鑫撰写。延鑫现正在韩国全州大学攻读博士学位。他对大数据与生态文明建设二者间的关系非常关心,因而在其读博期间,也将之作为自己的专题性研究项目,并使之成书。作者认为,当今时代,大数据与生态文明建设的有机整合,将会更有效地促进我国生态文明建设。因为大数据是信息化时代的重要科技,其作用不仅存在于数字与数字间的统计学分析,同时也体现在对人的决策行为的直接影响方面。大数据是多元、复杂的数字化管理系统,借助数据挖掘、信息筛选、云计算等操作方式,可将国家生态文明建设的决策,准确、科学地贯穿于实践过程。譬如,IBM(国际商业机器公司)推行的"绿色地平线计划",既是运用大数据、物联网、云计算、GIS(地理信息系统)等对大气污染防治、资源可持续性回收利用、节能减排等生态文明建设范畴的内容,智能化、数字化的系统管理过程,也是与大数据紧密关联的生态文明建设具体目标的实施或运作。故此,在本书中,作者将体系化地探讨大数据与生态文明建设二者间的关系,以使之更有效地服务于我国生态文明建设的实践过程。

　　除此,《文库》关注的另外理论重点还有时下国际上热议的"人工智能"和"机器人"这些当代科技。关于"人工智能对社会就业的影响",以及"大学生就业难"等问题,我们特意安排了两本专著,即《人工智能的冲击与社会生态共生》和《"资本有机构成学说"视域中的社会就业失衡》。这两本书,从不同角度对当今时代的社会就业问题进行了理论探讨。其中,《人工智能的冲击与社会生态共生》一书,由山西省社会科学院思维科学研究所副研究员李国祥撰写;而《"资本有机构成学说"视域中的社会就业失衡》一书,则由重庆外语外事学院讲师谢露和何林二位女士承担。他们都根据自己的专业特点,从不同角度瞄准并关心着同一个问题——社会就业。其中,《人工智能的冲击与社会生态共生》作者李国祥所在的山西省社科院思维科学研究所,其创始人张光鉴先生在建所之初,就将"相似论"和"人工智能"等问题作为全所研究重点。而作者作为该所的后继研究者,"人工智能问题"同样是其关注的重要范围。加之,马克思主义哲学乃其读大学和研究生期间的主修课程,这对其从事本书的理论研究大有裨益。也正是在此条件下,作者投入并完成了本书的撰写工作。作者认为,当今时代,人工智能越来越多地渗透到我们生活的各个方面,它对人类社会发展产生了深刻的影响。随着人工智能的深入研发和机器人的普及,也相应引发了诸如就业等十分严峻的社会性问题的出现。这种情况,是当今时代任何国家和政府都不能回避的重要事实。人工智能对社会就业的冲击,也要求我们在推动科技进步、重视人工智能促进生产力发展的同时,还必须考虑它与人类社会协调发展的重要性。换言之,必须重视在共生理念前提下的社会进步与和谐,因为这是我国构建和谐社会不可或缺的重要环节。

而《"资本有机构成学说"视域中的社会就业失衡》一书的研究重点同样是社会就业问题。作者谢露、何林二位女士,均为重庆外语外事学院讲师,也都面对着大学生就业难的现实问题。在学院,谢露主要从事"马克思主义基本原理"课的教学工作。而何林除了承担一定的教学任务外,其所在职能部门还与校方招生及学生毕业安排有关。二人常常对社会就业方面的突出问题进行讨论。相应地,她们所从事的教学专业课——马克思主义的许多经典论述,也为其指引着探讨问题的基本方向。在书中,二人依据马克思主义基本原理,结合当今时代的现实,详细阐述了社会就业中存在的许多问题。作者不仅批评了作为资本主义国家意识形态的新自由主义及其风行所导致的灾难性后果——它使得马克思在19世纪早就预言过的"相对人口过剩"问题于21世纪的今天又重新上演,而且更加显著地促成了资本主体财富积累的激增。在资本增值过程中,同时也异化性地利用技术进步优势,使之成为服务于"资本主体自身利润最大化"的强有力手段。换言之,马克思在19世纪早就科学论证过的"资本有机构成"中的"技术构成",依然是当代资本主体扩大资本积累的最有效方式。这种情况,今天不是有所缓解,相反地,而是更加重了无视社会就业的趋势。因为,人工智能的广泛推行,是以机器人代替社会劳动力为目的的,客观上,就势必造成马克思早就预言过的"相对人口过剩",亦即失业者的大量增加成为事实,因而必将促使当今时代"失业大军"的不断出现。正因如此,作者在其著作的命题之初,便直接嵌入马克思经典著述中的"资本有机构成"概念,以向社会提出忠告:马克思"资本有机构成学说",即使是在 21 世纪的今天,依然有着强大的生命力和理论指导价值。

不难看出,《人工智能的冲击与社会生态共生》和《"资本有机构成学说"视域中的社会就业失衡》两本书,各自都有着自己的显著特点,也都围绕时下全社会都关心的就业问题系统性地进行理论分析与研究。二者的共同点则在于:在书中,均详细阐述了马克思主义经典理论,及习近平同志在党的十九大报告中强调的"人与自然和谐共生"的指导思想,对构建和谐社会乃至生态文明建设的理论重要性。

在生态文明建设中,人的心理与环境的关系问题也颇受关注,故此,环境危机问题,同样是心理学理论所讨论的重要问题。本《文库》与心理学相关的著述是《环境危机下的社会心理》。本书由重庆工商大学融智学院副教授李娟女士和重庆外语外事学院心理学讲师、国家二级心理咨询师张玥女士共同撰写。在书中,她们系统梳理了心理学发展史上不同的流派对环境与人的心理之间关系的相关研究,并将之陈述其中。作者指出:机能主义学派认为,人之心理对环境是有适应功能的;行为主义则是在对机能主义的批评中,通过个体外在的行为考察其内在的心理机制,从而揭示个体心理与环境间的关系;格式塔学派认为,人们对环境的认知,是以整体的方式,而非被割裂的片段展开的;精神分析学派弗洛伊德更注重心理过程的"无意识"特征,旨在考察变态的环境氛围"无意识"地对个体梦境心理形成的影响,进而对个体"无意识"梦境心理状态进行解析,亦即弗氏的《梦的解析》。继之,荣格则将"无意识"概念上升到了社会心理学范畴,强调"集体无意识"对环境认知的重要;而人本主义心理学更注重"需要层次说"和"自我价值实现"对个体生理心理过程的理论意义,并从中展示出处于环境中的人的心理动力学原因,等等。

在系统梳理了心理学发展史上各流派的主要观点后,作者全面、深入地论述了本课题——"环境危机下的社会心理"。她们认为,当前环境危机日益严重,已经成为亟待解决的全球性突出问题。在紧迫的环境危机情况下,无疑会造成人的压力的激增,从而影响到社会成员的心理或行为的各种反应。书中进一步指出:环境危机对社会心理的影响是多方面的,具体呈现在个体、群体乃至整个人类社会的不同层次。其内容的纷繁复杂,也涵盖了人的认知、行为或情绪的各个方面。故此,本书主要是从社会心理学角度出发,多学科探讨了引发环境危机的社会根源,也着重分析了环境危机对各个层面之主体心理所形成的诸如焦虑、恐慌、怨恨、冷漠乃至应激性的群体反应等影响。在此基础上,作者从社会心理学角度切入,多维度给出了促进人与自然关系良性循环及互动的方法与路径。

《生态女性主义与中国妇女问题研究》是《文库》第二辑的最后一本著作,它由重庆外语外事学院讲师毕扬、张静和乐志红三位女士共同撰写。三人均从事思政课教学工作,教书之余,均对"中国妇女问题"十分关注,同时做了一些针对中国妇女问题的相关研究。其中,毕扬女士还多次参加全国性妇女研讨大会并宣读与会论文。本书的撰写,一方面是依据她们的前期研究成果,另一方面则立足于生态文明建设实践中妇女工作的现实需要。在撰写过程中,她们不仅严格遵循了党的十九大报告中有关生态文明建设的指示精神,而且还参考了国外生态女性主义思潮的许多内容,并对比性地探讨我国妇女问题。所谓生态女性主义,是一种将女性主义和生态学思想相结合认识问题的国际妇女运动思潮。生态女性主义的最大特点是反男权(尤其是反资本为主体的男权),强调妇女解放和男女平等,强调生态环境保护的重要性。生态女性主义,是 20 世纪 70 年代中期,法国妇女运动领袖弗朗西斯娃·德·奥波妮在其《女性主义·毁灭》一书中最早提出的。之后,在此基础上又逐渐发展了许多分支。它不仅在西方,而且在第三世界国家也产生了不小的影响。本书能够结合生态女性主义探讨处于生态文明建设实践之中的中国妇女问题,确实不失为一个全新的视角。

以上是对《文库》第二辑全部著作的简单介绍,大体反映了《文库》第二辑的整体内容和理论架构,同时也概括性地指出了其中每一本书的基本内涵及其与生态文明建设之间的内在联系。十本书,有对顶层设计下的生态文明之治的系统论述,有环境保护法范畴的理论创新,有对基于生态正义前提的"经济协同论""资源效率论"与"能源变革论"的全面思考和论证,有对信息化时代大数据与生态文明建设之间关系的创新性认知,有对生态共生原则下的就业问题的关注,有对马克思"资本有机构成学说"进入人工智能时代的全新阐释与解读,有对环境危机下社会心理的实证性分析,还有对具有强烈环保意识的国外"生态女性主义"与正处于生态文明建设实践之中的我国妇女二者关系的对比性探索。总之,其中每一本书的作者,都为本《文库》完成付出了应有的努力,也都对其从事的专业领域做了与生态文明建设直接相关的创新性思考。但是,由于时间仓促,加之作者知识底蕴的局限,难免存在一些不足之处,故此,还望学界方家大雅指正。

2020 年 1 月

引　言

　　"法律文化的中心和它发展的主要动力不应在由政府所设置的司法制度中寻求,而应见之于社会本身。"① 对于以保护生态与环境为目标的公益诉讼来说,它的产生本身就是对日趋严峻的环境问题的积极回应。生态环境为人类的生存与发展提供了不可缺少的一切,同时它对于人类来说又是唯一的、有限的和不可替代的。然而以自然的主人自居的人们却常常有意无意地忘记这一点,肆意地从生态环境中索取财富又不加节制地向环境倾泻废物,并最终步入加勒特·哈丁所说的"公地悲剧"。可以说,今天对于生态环境的侵害已经到了既无法忽视也难以继续容忍的地步。特别是在中国,与国内令人瞩目的经济增长相伴而生的,还有正在面临着的"环境压力比任何国家都大,环境资源问题比任何国家都突出,解决起来比任何国家都困难"的紧迫问题。值得注意的是,这一结论并非由某个危言耸听的环境保护组织作出,而是来自国务院授权开展的中国环境宏观战略研究。该项研究指出:我国水土流失面积占国土面积的37%,沙化土地占18%,90%的草原不同程度退化,受污染的耕地高达上千万公顷,1.9亿人的饮用水有害物质含量超标——这就是我们的环境压力;石油对外依存度升至57%,2/3的城市缺水,年均缺水量多达536亿吨,耕地逼近18亿亩红线——这是我们的资源瓶颈;到2011年,中国已连续3年成为世界机动车产销第一大国,机动车保有量超过两亿辆,比1980年增加30倍,尾气排放总量增加14倍,煤炭消费34.25亿吨,占能源消费总量近七成,而且仍在以

---

① 〔美〕H.W.埃尔曼:《比较法律文化》,贺卫方、刘鸿钧译,清华大学出版社,2002,第200页。

年均 10%的速度增长——这是我们的消耗排放。① 以上的种种数据,都在说明我国的资源环境承载能力已经达到或接近上限,而这一点恰恰是 2014 年底中央经济工作会议所着重强调的。

与生态环境恶化同时涌现的,还有环境纠纷尤其是环境群体性事件的激增。据统计,近年来因环境污染和环境类项目引发的群体性事件大约以年均 29%的速度递增,而且对抗的程度总体上明显高于其他群体性事件。在所发生的环境群体性事件中,既有因公众对已经发生的污染事件及其处理不满而引发的,也有在污染尚未发生的情形下因公众对环境风险的担忧所导致的,并且都呈现出较明显的暴力抗争特征。② 这一现象在反映了环境保护与经济发展之间的冲突日益尖锐的同时,也揭示了环境行政执法和传统司法救济在维护环境公共利益时存在的不足,才会使得普通民众"动辄"走上街头以主张其环境利益的诉求。特别是对于弱势群体来说,当其环境利益诉求难以通过正当合法的途径予以表达和满足时,往往会趋向于采取体制外的方式抗争,而不论这种方式本身是合法抑或违法的。然而过多的体制外利益表达本身就是对政府环境公共治理的否定,同时还反映了民众寻求司法救济的路径可能过于狭窄,或者说通过传统司法途径难以有效地预防、救济即将受到或已经受到侵害的环境公共利益。此时,司法作为维护社会正义的最后一道防线,必须与时俱进地对大量涌现的社会环境纠纷给予救济。从这一点来看,生态环境保护的公益诉讼产生的动力就在于社会本身。正是为了应对日益严峻的生态环境问题,以及克服环境行政执法和传统司法救济的局限性才催生了这项制度。这项制度从产生的那一刻起,就是以保护好生态与环境本身,亦即生态环境所承载的社会公共利益作为目标和至高追求的。也正是在这个意义上,本书将通常所说的环境公益诉讼称为生态环境保护的公益诉讼。

---

① 任仲平:《生态文明的中国觉醒》,人民网,http://opinion.people.com.cn/n/2013/0722/c1003-22270820.html,访问日期:2019 年 1 月 30 日。

② 汪伟全:《风险放大、集体行动和政策博弈——环境类群体事件暴力抗争的演化路径研究》,《公共管理学报》2015 年第 1 期。

我国在 2012 年修正的《民事诉讼法》^①中正式确立了环境民事公益诉讼制度，2014 年 4 月修订的《环境保护法》又对可以提起环境公益诉讼的社会组织的条件作出明确界定，12 月最高人民法院发布了《关于审理环境民事公益诉讼案件适用法律若干问题的解释》(以下简称《环境民事公益诉讼司法解释》)。2015 年 7 月，全国人大常委会授权最高人民检察院在部分地区开展公益诉讼试点工作，随后最高人民检察院、最高人民法院相继就公益诉讼试点工作制定了实施办法等规范性文件。在为期两年的试点工作结束后，2017 年修订的《民事诉讼法》《行政诉讼法》分别赋予检察机关提起环境民事公益诉讼、环境行政公益诉讼的职权。至此，环境行政公益诉讼制度在法律层面也正式确立。伴随着环境公益诉讼立法的重大推进，是环境公益诉讼在司法实践中的勃兴。截至 2018 年底，全国法院共设立环境资源审判庭、合议庭或者巡回法庭等环境资源审判专门机构 1271 个，^② 这同时成为环境司法在国家环境治理体系中地位提升和功能有所发挥的重要标志。与过去环境公益诉讼有"叫好不叫座"之嫌相比，随着检察机关环境公益诉讼试点工作的推进，以及符合规定条件的社会组织的增多，最近两年法院受理的环境公益诉讼案件在数量上呈现了较明显增长，同时案件在所涉及的环境要素、所涵盖的地域分布上均有所拓展，法院审判环境公益诉讼案件的司法能力也得以提升，这些都充分说明了环境公益诉讼正在成为国家环境治理的有效模式之一。

不过，环境公益诉讼作为社会公共利益不可或缺的守护者，仍需对其制度的预设功能进行科学定位。毕竟从有效保护生态环境的角度，环境行政执法和环境司法对于遏制环境污染、生态破坏都是必不可少的，然而两者所发挥的功能却不能够等量齐观。对于具有综合性、复杂性、动态性、不确定性等特征的现代环境问题来说，是应以具有宏观性、预先性、主动性的环境行政执法为主导，

---

① 为行文及阅读方便，本书所涉我国的法律及法规名称中带有"中华人民共和国"字样的，均统一省去，简写为《×××法》《×××条例》，例如《中华人民共和国民事诉讼法》简称为《民事诉讼法》。

② 《最高法环境资源审判庭庭长王旭光谈环境资源审判工作》，法制网，http://www.legaldaily.com.cn/direct_seeding/node_101925.htm，访问日期：2019 年 5 月 17 日。

还是以具有个案性、事后性、被动性的环境司法为主导？与此同时，从对受侵害的环境公共利益进行司法救济的角度，环境私益诉讼与环境公益诉讼应以何标准进行区分，二者各自应在什么样的场合发挥维护环境公共利益的效用？从而使得对于环境公共利益的司法救济能够通过私益诉讼、公益诉讼"双轮驱动"的方式更好地实现。对于这些问题的解答，都会涉及环境公益诉讼的功能定位问题。在对环境公益诉讼的功能进行定位时还应看到，环境公益诉讼的制度功能绝不仅限于传统诉讼的"定纷止争"及救济功能。环境公益诉讼通过将复杂的社会问题转化为法律问题的方式，为普通民众表达自己的环境利益诉求打开了一扇大门，在司法层面为社会公众参与环境治理提供了一个入口。法院通过倾听来自社会不同利益主体的声音，有助于在司法这个正义的平台上修复紧张失衡的社会关系，进而维系社会的和谐稳定；对行政机关在环境执法方面的缺漏与不足予以提示和警醒，促使其始终如一地依法行政、勤勉执法；通过对各种与环境公共利益相关的社会关系进行间接调整，使得司法的触角广泛地伸向社会的各个领域，包括促使立法机关、行政机关调整或制定有关公共政策，以积极回应社会现实对于生态环境保护的迫切需求，等等。以上种种都表明，环境公益诉讼具有传统诉讼不可替代的独特功能，它不仅成为国家环境治理的有效模式，还具有超越个案不断激发和促进社会变革的重要功能。

以上对于环境公益诉讼独特功能的描述，为我们展现了一幅司法参与国家环境治理和促进社会变革的美好图景。然而要把这副图景转变为现实的场景，还需立足于我国的国情和司法实践，对环境公益诉讼制度的技术构造进行合理、细致的设计。因此，本书基于"目的是全部法律的创制者""制度的技术构造总是以制度的预设功能为前提、基础和目标的"[①]，在内容上首先以环境公共利益的界定为逻辑起点，对环境公益诉讼制度的目的及其功能进行了探讨。进一步地，以环境公益诉讼的目的、功能作为目标和逻辑主线，结合司法实践中存在的一些突出问题，重点探讨了环境公益诉讼的受案范围与管辖、适格主体、审理程序中的特别规则、社会组织提起环境公益诉讼的激励机制问题，以期为环境公益诉讼制度的不断完善提供有益的一点参考。

---

① 傅郁林：《民事司法制度的功能与结构》，北京大学出版社，2006，第 1 页。

目　录

第一章　环境公益诉讼的目的与功能

第一节　环境公益诉讼的界定

一、何为"环境公共利益"

环境公共利益是生态环境保护的公益诉讼即环境公益诉讼的利益基础，明确何为"环境公共利益"是研究这项制度的逻辑起点。在缺乏对环境公共利益的内涵探讨的情况下，去尝试建立和完善环境公益诉讼制度无异于沙滩作画。从立法来看，虽然 2012 年修订的《民事诉讼法》第 55 条、2014 年修订的《环境保护法》第 58 条关于环境公益诉讼的规定均采用"社会公共利益"的概念，但是根据最高人民法院环境资源审判庭的阐释，在关于环境民事公益诉讼的司法解释稿中曾使用过"环境公共利益"的概念，之所以最终未予采用并非这一概念不具有合理性，而是为了遵循上述法律规定，所以沿用了"社会公共利益"的概念。① 实际上，由于环境公益诉讼保护的是与生态环境相关的社会公共利益，"故与生态环境相关的社会公共利益可以称之为公共环境利益或者环境公共利益"②。《贵州省高级人民法院关于推进环境民事公益诉讼审判工作的若干意见》中，就明确了环境民事公益诉讼是针对危害环境公共利益的污染

---

① 最高人民法院环境资源审判庭：《最高人民法院关于环境民事公益诉讼司法解释理解与适用》，人民法院出版社，2015，第 34、393 页。

② 万挺：《环境民事公益诉讼中责任方式的适用要点》，武汉大学环境法研究所微信公众号，https://mp.weixin.qq.com/s/twfhbaeH6_QBNqZxeZYMxQ，访问日期：2019 年 10 月 1 日。

环境、破坏生态行为而提起的诉讼,其目的在于维护环境公共利益。[1] 不过,对于环境公共利益的界定并不容易, 这是因为 "公共利益有着一张普罗修斯的脸"[2] "公益之概念只能被描述而无法定义"[3]。但是对于环境公共利益的内涵进行阐释,仍然是构建环境公益诉讼制度不可回避的重要问题,下文试图从环境公共利益的主体、主要特征及外延界分三个方面对其进行探讨。

(一)环境公共利益的主体

环境公共利益的主体就是"公共",又常常以"公众"或"社会公众"来替代。"公共"是与"私人"相对应的一个概念,根据《辞海》的解释,公共谓公众共同也。《现代汉语词典》将"公共"解释为"属于社会的;共有公用的"[4]。显然,公共是许多个私人的集合体,但多少个私人才可以组成一个"公共",才是对"公共"概念进行阐释的关键。

一种观点认为"公共"就是指的大多数人。不过在何为"大多数人"的判断标准上,学者们的认识有所不同。早期德国学者洛厚德提出了"地域基础理论标准",即以地域作为判断的基础,该地域多以国家的(政治、行政)组织为单位,在一个地域内的大多数人的利益就足以构成公共利益,而不必是该地域内全体成员的利益才成为公共利益。不过,这一理论由于过于强调地域的区分,而很难回答属于某一区域的人们,亦可以到另一区域去享受利益的问题,如越区使用文教设施、交通设施等。[5] 并且时至今日,经济全球化的推波助澜使得各国之间的共同利益在拓广和加深,应对生态环境恶化、反恐等问题也早已超越一国的边界而成为人类的共同需要,从这一点来看,即使公共利益在某些情况下仍然表现为一定的地域性, 但继续将公共利益局限在一定的地域之内恐怕已不合时宜。在洛厚德之后,德国学者纽曼提出了"不确定多数人理论",他

---

①陈小平、潘善斌、潘志成:《环境民事公益诉讼的理论与实践探索》,法律出版社,2016,第231页。

②黄学贤、王太高:《行政公益诉讼研究》,中国政法大学出版社,2008,第65页。

③蔡志方:《行政救济与行政法学(三)》,台湾学林文化事业有限公司,1998,第526页。

④《现代汉语词典》,商务印书馆,2016,第451页。

⑤陈新民:《德国公法学基础理论(上)》,山东人民出版社,2001,第184页。

认为"公共"指的是利益效果所及之范围,即以受益人多寡的标准来判断,只要大多数的、不确定数目的利益人存在,即属公益,这个不确定的多数受益人就是"公共"的含义。①纽曼的观点由于以多数人的利益作为公益的基础,符合现代民主制度所倡导的少数符合多数的理念,因此直到今天仍被广泛接受。目前被多数学者认可的"公共"指的就是不特定多数人的利益,其范围在数量上既难以也无须具体化和精确化。只要在范围上是开放、非封闭的,在数量上是不确定的多数人,就符合"公共"的意义。②最高人民法院也认同将不特定多数人作为公共利益的主体,指出"社会公共利益的核心在于公共性,涉及不特定多数人的利益"。③从这一点来看,不能将作为公共权利主体的"不特定多数人"等同于集体或国家,当然也就导致了公共利益与国家利益、集体利益之间必然有所区别。

　　另一种观点认为"公共"等同于"共同","公共"就是指一个共同体的全体成员。并认为较之于将"公共"界定为不特定的多数人,这种观点由于赋予了全体社会成员参与共同体内事务管理的机会,而在事实上防止了将少数人排除在公共事务的参与之外,④避免了多数人基于数量优势而使公共利益沦为其私人利益的集合,因而更具有合理性,同时援引了美国《侵权行为法重述第二版》第821B注释g作为依据。不过,从该注释所指出的"某一行为并不会仅仅因为剥夺了许多人对土地的使用和享有而成为公害。公害必须是对公共权利的某种侵犯。公共权利是全体社会成员共同享有的权利。它在性质上具有集合性,而不是人人享有的、任何人不得侵犯的个人权利。因此,如果河流的污染剥夺了50个或100个下游河岸土地所有人的水资源使用权,这种污染还不是公害。如果该污染使得公共海滨浴场无法使用,或者毒死了可航行水域的鱼类并

---

① 陈新民:《德国公法学基础理论(上)》,山东人民出版社,2001,第186页。

② 最高人民检察院民事行政检察厅:《检察机关提起公益诉讼的实践与探索》,中国检察出版社,2017,第2页。

③ 最高人民法院环境资源审判庭:《最高人民法院关于环境民事公益诉讼司法解释理解与适用》,人民法院出版社,2015,第33页。

④ 陈亮:《环境公益诉讼研究》,法律出版社,2015,第64—65页。

因此剥夺了该共同体内全体成员的捕鱼权,那么该污染变成了公害"来看,[①]一方面,"50 个或 100 个下游河岸土地所有人"是一个特定的、数量可以精确的群体,并且该群体具有的封闭性使其不足以构成"公共";另一方面,就被污染的区域而言,无论是公共海滨浴场还是可供航行的水域都不是封闭的,从而使得进入该区域的群体的人数实际上是不特定的,即该群体在范围上是面向"该共同体内全体成员"开放的,实际上和纽曼所提出的"不确定多数人理论"并无实质冲突。所以有学者指出,环境公益诉讼所涉及的社会公共利益"即为社会全部或部分成员所享有的利益,其主体是公众,在内容上是普遍的而非特殊的利益"[②]。

当然,从可持续发展的角度,还可以对"公共"或"公众"做拓展性的解释,即环境公共利益的主体不仅是当代人,还包括未来将生活在这个地球上的人。如 1990 年 45 名菲律宾儿童由他们的监护人代表为原告,代表他们这一代人及其下一代向法院提起诉讼,要求停止大规模出租供采伐的森林特别是原始森林的行为,理由是菲律宾政府环境资源部门所签发的木材许可证已经超出了森林的采伐能力。最终菲律宾最高法院确认了该 45 名儿童的原告资格,并作出判决迫使政府下令取消了 65 个出租森林的合同项目。[③]

(二)环境公共利益的主要特征

关于"利益",马克思曾指出"人们奋斗所争取的一切,都同他们的利益有关"[④]。但何为利益?在中国古代典籍中,"利"与"益"都是具有独立意义的词,后因演变、引申为具有"好处"之义,进而组合成"利益"一词,《现代汉语词典》关于利益的解释就是"好处"。[⑤]学者们对于利益的概念也是各抒己见,如马克思认为"利益是基于一定生产基础上获得了社会内容和特定的需

①　陈亮:《环境公益诉讼研究》,法律出版社,2015,第 66 页。

②　王春业:《论检察机关提起"预防性"行政公益诉讼制度》,《浙江社会科学》2018 年第 11 期。

③　吕忠梅主编《环境法原理》,复旦大学出版社,2018,第 42 页。

④　《马克思恩格斯全集》第 1 卷,人民出版社,1956,第 82 页。

⑤　《现代汉语词典》,商务印书馆,2016,第 805 页。

要"①；庞德提出利益是"人类个别的或者集团社会中谋求得到满足的一种欲望或要求，因此人们在挑战人与人之间的关系和安排人类行为时，必须考虑这种欲望或要求"②；霍尔巴赫则说，"利益是被我们每个人视为对自己幸福所不可缺少的东西"③。另据德国 Waltdr Klein 的分析，德国公法学界一般对于"利益"的解释，不外是"一个主体对一个客体的享有""主体及客体间的关系"，抑或在主体与客体关系中，存在价值判断等。④

至于公共利益的概念，《西方哲学英汉对照辞典》将其解释为任何人都可以享受的利益，而不管他们是否对这些利益作出过贡献。⑤康德认为"社会利益"，即我们通常所说的社会公共利益，"是从社会生活角度出发，为维护社会秩序、社会的正常活动而提出的主张、要求和愿望"⑥。梁慧星先生在其主持起草的《物权法草案建议稿》第 48 条中指出，所谓公共利益，是指公共道路交通、公共卫生、灾害防治、科学及文化教育事业、环境保护、文物古迹及风景名胜区的保护、公共水源及引水排水用地区域的保护、森林保护事业，以及国家法律规定的其他公共利益。不过学者也普遍承认，公共利益所具有的不确定性使得对其定义极其困难，甚至指出公共利益是"一个罗生门式的概念"⑦，其最特别之处就在于其概念的不确定性。与此同时，法律及相关司法解释也未对"公共利益"或"环境公共利益"进行明确的界定。不过，尽管定义公共利益的概念并不容易，但还是可以通过对其特征的描述去尝试把握它的内涵。

就环境公共利益来说，它的特殊性主要体现在作为其客体的"生态环境"的特殊性上。目前对于生态环境的概念存在多种理解，如黄秉维院士指出"顾

---

① 王浦劬：《政治学基础》，北京大学出版社，1995，第 53 页。

②〔美〕庞德：《通过法律的社会控制——法律的任务》，沈宗灵、董世忠译，商务印书馆，1987，第 81 页。

③ 霍尔巴赫：《自然的体系》，商务印书馆，1999，第 262 页。

④ 王珂瑾：《行政公益诉讼制度研究》，山东大学出版社，2009，第 22 页。

⑤ 尼古拉斯·布宁、余纪元：《西方哲学英汉对照辞典》，人民出版社，2001，第 836—837 页。

⑥ 沈宗灵：《现代西方法理学》，北京大学出版社，1992，第 291 页。

⑦ 陈新民：《德国公法学基础理论（上册）》，山东人民出版社，2001，第 181 页。

名思义,生态环境就是环境,污染和其他的环境问题都应该包括在内,不应该分开"[1];将生态环境作为与人类环境相区别的概念加以界定等。本书中所指的生态环境就是生态与环境。其中,环境法上的"环境"是指环绕着人类而存在的由自然要素所构成的物质环境。[2] 根据《环境保护法》第 2 条规定,环境是指"影响人类生存和发展的各种天然的和经过人工改造的自然因素的总体,包括大气、水、海洋、土地、矿藏、森林、草原、湿地、野生生物、自然遗迹、人文遗迹、自然保护区、风景名胜区、城市和乡村等"。"生态"通常指一切生物的状态,以及不同生物个体之间、生物与环境之间的关系,与生态相关联的概念就是生态系统。[3] 可以看出,环境与生态既有联系又有区别。生态偏重于生物与其周边环境的相互关系,更多地体现出系统性、整体性、关联性,而环境更强调以人类生存发展为中心的外部因素,更多地体现为人类社会的生产和生活提供的广泛空间、充裕资源和必要条件。[4] 基于生态环境维系着人类社会的存续并具有公共性、不可分割性等特征,决定了由其所承载的社会公共利益即环境公共利益具有以下特征:

第一,环境公共利益具有重大社会价值性。"公益之为公共利益,是一个超越具体的、个别的个人之利益,凡任何多数(不必全部)个人均有可能以该事物之存续,主观上认为对其生活有利,而享受之,即存在一公益,例如生存、尊严、正义、自由、安全、发展与方便,即为人类最需要之公益。"[5] 显然,作为生命支持系统的生态环境给予了我们最重要的公益——生存。不仅如此,生态环境作为人类社会赖以生存和发展的重要基础,还承载着包括经济价值、娱乐价值、科学价值、历史价值、审美价值、基因多样化评价、文化象征价值等多种价值,[6]

---

① 黄秉维:《地理学综合工作与跨学科研究》,载《陆地系统科学与地理综合研究:黄秉维元素学术思想研讨会文集》,科学出版社,1999,第 12—13 页。

② 吕忠梅主编《环境法原理》,复旦大学出版社,2018,第 2 页。

③ 吕忠梅主编《环境法原理》,复旦大学出版社,2018,第 5 页。

④ 陈百明:《何谓生态环境?》,《中国环境报》2012 年 10 月 31 日,第 2 版。

⑤ 蔡志方:《行政救济与行政法学(三)》,台湾学林文化事业有限公司,1998,第 526 页。

⑥〔美〕霍尔姆斯·罗尔斯顿:《环境伦理学:大自然的价值以及对大自然的义务》,杨通进译,中国社会科学出版社,2000,第 3—35 页。

必然地，以生态环境为载体的环境公共利益也就成为人类社会存在和延续的必要前提，其因承载着人类集体的健康、福祉等基本生存利益而具有重大的社会价值性。

第二，环境公共利益具有共享性及不可分割性。生态环境在为每一个社会成员和人类整体的生存提供物质基础的同时，也被作为生产资料或劳动对象被人们加以开发、利用并获得经济利益。当环境作为后一种形式存在时，如土壤、水、森林等一部分环境要素可以通过权属制度等分割并由私人占有，此时的环境利益往往表现为私人的利益并可排他性使用。然而当环境作为前一种形式存在时，由于"人类只有一个地球"，生态环境又作为一个整体维系着人类生存所必需的物质和能量交换系统，尤其是清洁的空气与水、光照、气温、生态平衡、生物多样性等共同为人类集体提供自然生存的必要条件，因而根本无法加以分割，也不可能由任何人以任何方式独占。此时的环境就只能作为公共物品而存在，其所产生的利益就表现为环境公共利益。环境公共利益不仅由社会成员共同享有，其共享时间也是没有任何限制的，任何个人既不能单独享有也不能排除其他社会成员从中获益，因而环境公共利益具有共享性、不可分割性而非私人物品的独占性或排他消费性。正如萨克斯教授所言："人们不能将清洁的大气和水这类共有的财产资源仍然视为企业的垃圾场，或者任由渴求利润的人们尽情消费免费的美味，而必须将其视为全体市民共有的利益。"①

第三，环境公共利益覆盖范围的广泛性。这种广泛性体现在两个方面：一是环境公共利益辐射的地域范围非常广泛。环境污染、生态破坏行为所导致的公共利益损害常常不限于某个特定的区域，而是表现为跨区域的甚至全球性的损害。以印度 M.C.Mehta 律师诉恒河流域市政机构环境污染公益诉讼案为例，该案法官在持续的诉讼过程中，将案件的审查范围扩展到了该河盆地所有大城市的市政当局，②可见该案所涉的环境公共利益辐射的地域之广，因为恒河水污染引发的妨害已经大范围地威胁、侵害着饮用该水的居民的生命健康。

① 〔美〕庞德：《通过法律的社会控制》，沈宗灵、董世忠译，商务印书馆，1984，第 57 页。
② 杨严炎：《环境诉讼：从案例到制度的深层分析》，法律出版社，2017，第 101—102 页。

二是环境公共利益所涵盖的主体范围的广泛性。环境公共利益主体范围的广泛性往往与其地域范围的广泛性相关联。并且由于环境公共利益所覆盖的地域空间不是封闭的,因而能够辐射进入该地域的不特定多数人,所涉及的人群常常是十分广泛的。

第四,环境公共利益的内容具有多样性与发展性。环境公共利益在性质上体现了人类对生态环境本身的需求的利益,而生态环境所具有的多种价值必然导致环境公共利益的内容具有多样性。就其内容来说,既包括直接利益,又包括间接利益;既包括现实利益,又包括未来利益;既包括经济利益,又包括健康利益、娱乐利益、美学利益等多种利益。[1]并且,环境公共利益还会随着人类文明的发展、经济社会的进步而不断增加新的内容。例如,人们逐渐认识到环境公共利益不仅包括当代人的利益,还涉及后代人的利益;生态环境除了具有经济利益及生态利益之外,其所具有的美学、休闲娱乐等利益也是社会生活的重要组成部分,并考虑将其纳入环境公共利益的范畴加以保护。如在 2014 年,贵阳市生态保护"两庭"就率先探索了将影响、破坏公共环境美学等新类型案件纳入环境公益诉讼案件的受案范围。[2]

(三)环境公共利益的外延界分

现代社会的利益格局是由国家利益、社会公共利益和个体利益共同组成的,在此主要探讨环境公共利益与个体利益、环境公共利益与国家利益之间的界分。

就环境公共利益与个体利益的差别而言,由于个体利益体现的是个人的偏好,是局部的、特殊的利益,显然不同于以社会公众作为权利主体的,具有整体性、普遍性特征的公共利益。个体利益还可以区分为个别化的个体利益与普遍性的个体利益,其中只有普遍性的个体利益在获得法律形式之后才具有公共利益的性质,当然公共利益也并非个体利益的简单叠加。按照我国环境法学

---

[1] 陈小平、潘善斌、潘志成:《环境民事公益诉讼的理论与实践探索》,法律出版社,2016,第 7 页。

[2] 赵福全:《贵阳法院环境资源审判创新发展历程》,载王立主编《环保法庭案例选编——贵州省贵阳市生态保护"两庭"成立十周年特辑》,法律出版社,2017,第 3 页。

者的观点，可依据环境对人的生态服务功能将与环境有关的人类利益分为三类：人格利益，是指与环境质量息息相关的人的生命和健康等人格利益；财产利益，是指以良好环境作为获取、维持和实现财产的基础和条件的利益；环境利益，是指环境因具有多种生态服务功能而蕴含的利益。其中，环境利益在本质上属于公共利益的范畴，人格利益和财产利益因归属于个体而被纳入私益范畴，不过当这些人格和财产利益涉及不特定的多数人时，也会常常因具有公益的某些特征（如广泛性）而被纳入广义公益的范畴。① 由此可见，环境公共利益与个体利益之间的界限并非泾渭分明，环境公共利益无法脱离个体的利益而存在，个体的人格和财产利益的实现也依赖于环境公共利益的有效维护。同时，个体在实现其利益的过程中还会产生生态环境的外部性问题，尤其是无限度地从大自然攫取财富和无止境向环境倾泻废弃物的行为必然会损害环境公共利益，由此导致个体利益与公共利益之间的冲突。不过，"承认公众环境利益的存在并不抹杀个体性、群体性环境利益的存在，二者不是同一层面上的问题。公众环境利益体现的是公众对环境的共同需求，其只在涉及公共安全、生存发展、环境公平和环境伦理的基本层面存在。至于个体对环境的偏好，各种个人环境利益、区域环境利益、群体环境利益，只要其不与公众环境利益相抵触，在法律许可范围内尽可以实现"②。

　　关于环境公共利益与国家利益的外延界分，既有认为二者难分彼此也没有必要加以区分的观点，也有认为国家利益与社会公共利益应有所区别的观点。一般认为，国家利益一词有两层含义：一是国际政治范畴中的国家利益，指的是一个民族国家的利益，与之相对的概念是集团利益、国际利益或世界利益；二是指国内政治意义上的国家利益，指的是政府利益或政府代表的全国性利益。③ 从《民法典》第 132 条关于"民事主体不得滥用民事权利损害国家利

---

　　① 杨朝霞：《论环境公益诉讼的权利基础和起诉顺位——兼谈自然资源物权和环境权的理论要点》，《法学论坛》2013 年第 3 期。

　　② 史玉成：《环境利益、环境权利与环境权力的分层建构——基于法益分析方法的思考》，《法商研究》2013 年第 5 期。

　　③ 阎学通：《中国国家利益分析》，天津人民出版社，1997，第 4 页。

益、社会公共利益或者他人合法权益"的规定来看,我国立法并未将国家利益等同于社会公共利益。有学者指出,严格意义上的国家利益应等同于公共利益,但由于国家是由国家机器组成并由政府作为代表的,因此政府又会有自己独立的利益,从而导致国家利益具有双重性:相对于个人利益,国家利益是一种"公"的利益;相对于公共利益,国家利益又具有"私"的色彩。[1]至于环境公共利益与国家利益的区别,至少从权利主体的角度来看,环境公共利益的最终归属主体只能是社会公众而非国家。结合《水法》来看,虽然该法第3条明确规定"水资源属于国家所有。水资源的所有权由国务院代表国家行使"。但是不能据此得出由国家专属享有水资源所承载的生态服务功能的结论。理由就在于水资源既是每一个社会成员生存和发展的物质基础,是生态系统的重要组成部分,同时还是能够引起生态系统变化的重要因素,它所具有的经济价值和生态价值的多重功能,决定了水资源兼具私人物品和公共物品的特征。尤其是水资源所承载的生态价值不能由国家划归某个个体排他性使用,而只能由社会公众共同享有。因此,上述规定只是"从经济功能的角度界定了水资源所有权,但我们并不能从这条法律规则中推出水的环境功能也专属国家所有,因为河流流域的所有居民共同享受着河流容纳污染物的环境功能"[2]。也就是说,即使自然资源的所有权归属于国家,但是由其提供的环境功能作为环境公共利益却无论如何不能视为由国家专有。因此,在环境保护的领域区分国家利益、公共利益具备正当性基础,毕竟不管国家所有权如何扩张也不能将公共利益完全吸收。[3]

综上,环境公共利益正是由于在利益的归属主体、主要特征等方面都别具特色,因而成为构建环境公益诉讼制度的利益基础。我国诉讼法学者因此将环境公共利益定义为"公众对环境所享有的经济利益、健康利益、娱乐利益、美学利益等多种利益的总称"[4];"环境公共利益是由不特定多数主体所享有的,具

---

[1] 黄学贤、王太高:《行政公益诉讼研究》,中国政法大学出版社,2008,第79页。

[2] 王小钢:《论环境公益诉讼的利益和权利基础》,《浙江大学学报（人文社会科学版）》2011年第3期。

[3] 黄忠顺:《环境公益诉讼制度扩张解释论》,《中国人民大学学报》2016年第2期。

[4] 陈亮:《环境公益诉讼研究》,法律出版社,2015,第73页。

有整体性、层次性、多元性和发展性的环境重大利益"①。环境法学者则指出，"环境法的目的和环境问题的现实告诉我们，环境公共利益就是人与自然的和谐相处，就是生态平衡。如果要以人类的利益形式加以衡量的话，那就是大多数人在良好的环境中生存和发展的权利不受侵害的普遍状态"②。并进一步地，将环境公共利益区分为广义、中义与狭义三个层面：（1）广义的环境公共利益包括了与环境有关的三类人类利益，包括人格利益、财产利益和环境利益。（2）中义的环境公共利益指的就是环境利益，即环境因具有生态服务功能而能满足人的多种需要所承载的公共利益，是体现了人们对环境"本身"的需求的利益。中义的环境公共利益进一步又可分为经济性环境公共利益和生态性环境公共利益两类，其中经济性环境公共利益是指环境要素因能提供具有财产价值的产品而蕴含的利益，生态性环境公共利益则指环境要素因能提供不具有直接经济价值的生态产品所蕴含的利益。（3）狭义的环境公共利益仅包括生态性环境公共利益，具体又可区分为人居性环境公共利益和调节性环境公共利益两种类型，前者是指大自然因提供作为人类生产、生活所需要的良好人居环境类生态产品而蕴含的环境利益；后者是指大自然因提供具有调节生态平衡、保障生态再生力等生态服务功能的生态环境类生态产品而蕴含的环境利益。③

笔者赞同将环境公益诉讼所涉及的环境公共利益界定在中义层面的观点，即环境公共利益就是环境利益，涵盖了经济性环境公共利益和生态性环境公共利益。这是因为中义层面的环境公共利益具有典型的公共性、整体性、广泛性、弱私利性等特征，所以是实在的、纯粹的公共利益。④ 目前对生态性环境公共利益属于环境公共利益的范畴并无争议。另外，就经济性环境公共利益的

---

① 刘益：《环境民事公益诉讼目的论——兼评最高法院〈关于审理环境民事公益诉讼案件适用法律若干问题的解释〉》，《重庆理工大学学报（社会科学）》2015 年第 2 期。

② 吕忠梅、吴勇：《环境公益实现之诉讼制度构想》，载别涛主编《环境公益诉讼》，法律出版社，2007，第 24 页。

③ 杨朝霞：《论环境公益诉讼的权利基础和起诉顺位——兼谈自然资源物权和环境权的理论要点》，《法学论坛》2013 年第 3 期。

④ 杨朝霞：《论环保部门在环境民事公益诉讼中的作用——起诉主体的正当性、可行性和合理性分析》，《太平洋学报》2011 年第 4 期。

权利归属来说,根据我国《宪法》《水法》《森林法》《草原法》《物权法》等法律规定,水流、海域、森林、山岭、草原、荒地、滩涂等自然资源除部分为集体所有外均属于国家所有,即全民所有,从这一点来看将国有自然资源承载的经济性环境公共利益作为环境公共利益的一部分并无不妥。也就是说,"从我国社会主义国家的特殊国情出发,国有财产是牵涉公共利益的""全民所有制是与国家全体公民整体利益相一致的,应当属于公共利益"。① 作为自然资源的水流、海域、森林等不仅承载着向人类提供具有财产价值的天然资源的经济性环境公共利益,还作为环境要素承载着提供涵养水源、保持水土、调节气候、净化污染、保存物种等生态功能的利益。正是由于很多自然资源集经济性功能与生态性功能于一身,或者说经济性环境公共利益与生态性环境公共利益同时以自然资源作为载体,二者的增加或减损呈现"一荣俱荣、一损俱损"的特点,使得我们只要保护好自然资源所承载的经济性环境公共利益,即保护好自然资源本身,就可以实现对其所承载的生态性环境公共利益的有力维护。

二、环境公益诉讼的概念

公益诉讼有广义、狭义之分。广义的公益诉讼是从"客观为公益"的角度进行界定的,即不管原告起诉的动机如何,初衷如何,只要其诉讼行为在客观上起到了维护公益的作用,就是公益诉讼,并且认为公益诉讼不是一种独立的诉讼形态。② 狭义的公益诉讼则是从"主观为公益"的角度进行界定的,是指原告基于维护公共利益之目的而提起的,与诉争案件并无直接利害关系的诉讼形态。梁慧星先生指出,公益诉讼"是指与自己没有直接的利害关系,就是诉讼针对的行为损害的是社会公共利益,而没有直接损害原告的利益。我们这里用了'没有直接损害'一语,当然损害社会公共利益最终要损害个人利益,但这里要做狭义的理解,只是指没有'直接损害'"。③ 从外延来看,以上两种观点的区别

---

① 潘申明:《比较法视野下的民事公益诉讼》,法律出版社,2011,第45页。

② 敖双红:《公益诉讼概念辨析》,《武汉大学学报(哲学社会科学版)》2007年第2期。

③ 梁慧星等:《关于公益诉讼制度的对话》,载吴汉东主编《私法研究(第1卷)》,中国政法大学出版社,2002。

主要在于,那些"主观为私益、客观为公益"的诉讼不属于狭义的公益诉讼,却可以划入广义的公益诉讼的范畴。由于这个问题关系到环境公益诉讼的界定及制度设计,因此需要从以下两个方面加以考虑:

其一,从制度设立的角度,但凡通过已有制度就能实现对环境公共利益的保护,就没有必要另起炉灶去创设一个新的制度。"主观为私益、客观为公益"的诉讼在客观上的确可以起到一定的保护环境公益的效果,不过要明确这种诉讼在性质上仍然属于私益诉讼。或者说,环境公益保护之效果系通过私益诉讼的途径"附带"地取得,具体来说就是依靠传统的民事诉讼程序或行政诉讼程序。并且,原告作为追求自身利益最大化的"理性经济人",往往有充足的动力去提起此类诉讼,进而在维护自身利益的同时连带地保护了环境公共利益,这也是私益诉讼亦能在一定程度上维护公共利益的体现。此时,就会涉及第二个问题,即需要判断为维护私益而提起的诉讼能否实现对环境公共利益的有效维护? 如果通过私益诉讼的途径即能实现充分保护公益之目的,就没有必要再在传统的私益诉讼框架之外创设一个新的制度。正如梁慧星先生所言,"如果说,与原告自己的利益有关,或者主要是原告的利益,我们现有的体制完全能够解决它,当务之急是如何充分利用的问题"。如果通过传统的私益诉讼制度不足以维护公共利益,那么就需要专门以维护公益为目的去设计一套不同于私益诉讼的制度。这种情形下原告起诉的动机将是保护公共利益不受损害,公益诉讼成了一种几乎完全独立于原告自身利益的诉讼形式。此时如再将"主观为私益、客观为公益"的诉讼形态归入公益诉讼的范畴,至少从环境公益诉讼制度设计和运作的角度来看并无太大意义。

其二,通过"主观为私益、客观为公益"的诉讼,能否实现对环境公共利益的有效维护? 虽然通常来说"公共政策得到执行的最佳方式是通过私人提起民事案件的形式显现"[①],但是在涉及环境公益保护的领域,这种通过私益诉讼间接保护公益的方式无论是在保护公共利益的范围还是在保护的力度上都存在很大局限。以环境污染为例,由于环境污染纠纷具有不同于传统侵权纠纷的特

---

① 〔美〕史蒂文·苏本、玛格瑞特·伍:《美国民事诉讼的真谛——从历史、文化、实务的视角》,蔡彦敏、徐卉译,法律出版社,2002,第 226 页。

点,表现在传统侵权纠纷往往直接发生于冲突的双方当事人之间,后果表现为对人的人身权、财产权或二者兼有的损害;而环境污染纠纷的发生则需以环境作为"媒介",即首先污染行为造成了对环境的侵害,继而才导致了对人的人身权、财产权的损害。在环境污染已经导致个体权益受损的情形下,由于个体作为自身权益的最积极维护者通常会有充足的动力去提起诉讼,因而就在其保护私益的过程中,的确可以在客观上起到维护环境公共利益的效果,如受害方请求法院判决污染者赔偿其人身、财产损失的同时还须停止排污行为。但是,当受害的个体在诉讼中仅考虑对其私益的填补,而不针对环境公共利益受损提出停止侵害、恢复原状等诉讼请求时,又如何实现对环境公共利益的有力维护? 更何况在某些情形下,如已经发生了环境污染的事实,但没有造成人的人身或财产权益损害的结果,或者由于这种损害的潜在性、隐蔽性而使得损害后果尚未显露时,又可以寄希望于谁去通过私益诉讼的途径保护受到侵害的环境公共利益? 又比如,生态破坏行为往往与人的人身或财产损害并无明显的特别联系,甚至还不一定会造成特定的人的利益受损,例如因生态破坏导致某种野生动植物濒临灭绝或已经灭绝的情形。此时,由于不会形成特定的人与人之间的纠纷,自然无法期望某个人以提起私益诉讼的方式"附带地"去保护环境公益。不仅如此,传统民事诉讼和行政诉讼均规定了原告须与诉争案件具有直接利害关系,此时由于仅发生了生态环境本身的损害而没有或不能确定发生了私益损害,将会出现在传统民事和行政诉讼的框架之下,无适格主体可以提起诉讼、环境公共利益也无人维护的情形。然而,我们每一个人都应该清楚,野生动植物不仅具有极高的经济价值,而且在维系生态平衡和保持生物多样性方面还具有重大的生态价值和生态功能,并且该价值大大超过了其直接的经济价值。[1] 由上可知,通过"主观为私益"的当事人提起"客观为公益"的诉讼,事实上难以实现对环境公共利益的有效维护。

与此同时,在受害人数量众多的环境污染纠纷中,虽然依据传统的民事诉讼制度,这些受害人因具备提起私益诉讼的资格进而可以"附带地"保护环境公益,但对于环境公益的保护而言又出现了一个新的"阻碍",那就是并非所有

---

[1] 曹明德:《生态法原理》,人民出版社,2002,第 501 页。

的受害人都愿意挺身而出做环境公共利益的积极维护者，甚至不可避免地会出现"勇敢者缺位"的情形。这种情形的出现，往往基于受害方与污染者在社会地位、经济实力上的悬殊，导致受害方对提起诉讼心存畏惧；受害方知识的欠缺或对高昂诉讼成本的顾虑；即使环境公共利益受损严重，但就个体的私益受损而言并不严重；受害人的"搭便车"心理以及更加看重对自身利益而非公共利益的保护等原因。此时，由于存在受害人提起私益诉讼的动力不足的问题，即使通过代表诉讼、团体诉讼制度也不足以使受损的环境公共利益得到有力救济。

结合司法实践来看，通过私益诉讼的途径保护环境公共利益的效果有限。据一项针对 2010 年 7 月 1 日至 2016 年 12 月 31 日发布于中国裁判文书网上的 3761 份环境侵权裁判文书的统计，在 3761 份裁判文书中仅有 137 份直接涉及恢复原状的责任方式的适用，并且与环境公益诉讼中恢复原状的请求多数获得支持不同，环境侵权诉讼中高达 97%的恢复原状的诉讼请求未获法院支持。①

基于上述理由，不宜将"主观为私益、客观为公益"的诉讼形态纳入环境公益诉讼的范畴。即使是受害人人数众多的环境诉讼，只要其诉讼动因源于对私人利益的保护，就不宜将其纳入环境公益诉讼的范畴，毕竟这种情形下所着重追求的是对"同质化"的众多私人利益的保护，而非对环境公共利益的维护。因此，"不能将具有社会影响的众多人利益的纠纷等同于社会公共利益的纠纷，将具有社会影响的诉讼等同于公益诉讼"，对于"涉及众多利害关系人的纠纷应当尽可能地通过私益诉讼方式加以解决"②。环境公益诉讼制度应突出其在诉讼目的上的公益性，公益性应成为环境公益诉讼最显著的本质特征。并且，既然环境公共利益是构建环境公益诉讼制度的利益基础，"环境公益是人们对环境'本身'需求的利益"③，那么在制度设计上也应当贯彻保护生态环境以维

---

① 张宝、窦海阳：《环境侵权案件的逻辑与经验》，载吕忠梅等《中国环境司法发展报告（2015—2017）》，人民法院出版社，2017，第 73 页。

② 张卫平：《民事公益诉讼原则的制度化及实施研究》，《清华法学》2013 年第 4 期。

③ 杨朝霞：《论环境公益诉讼的权利基础和起诉顺位——兼谈自然资源物权和环境权的理论要点》，《法学论坛》2013 年第 3 期。

护公共利益的方针,其救济的对象是"对环境的侵害"而非"对人的损害"。由此可见,环境公益诉讼正是通过对生态环境本身的保护,去实现维护生态环境所承载的社会公共利益之目的,因此环境公益诉讼实质上就是生态环境保护的公益诉讼。这一点可以从吕忠梅教授对环境公益诉讼的定义,以及颜运秋教授对生态环境保护公益诉讼的定义中看出:即"环境公益诉讼是指在任何行政机关或其他公共权力机构、法人或其他组织及个人的行为有使环境遭受侵害或有侵害之虞时,任何公民、法人、公众团体或国家机关为维护环境公共利益而向法院提起诉讼的制度"[1];"生态环境保护公益诉讼是指任何组织和个人根据法律的特别规定,在生态环境受到或可能受到破坏的情形下,为维护生态环境公益不受损害,针对有关民事主体或行政机关而向法院提起诉讼,由法院依法追究行为人法律责任的诉讼"[2]。

从以上定义来看,可以提起环境公益诉讼的原告具有广泛性,包括与诉争案件无直接利害关系的公民、法人、公众团体或国家机关;原告起诉的动机是为维护环境公共利益,其诉讼目的具有公益性;请求救济内容的不仅针对过去,还具有指向未来的意义,即原告既可以针对有关民事主体或行政机关致使环境遭受侵害的行为,又可以针对这些主体使环境有遭受侵害之虞的行为请求法院救济。这些都构成环境公益诉讼区别于私益诉讼的鲜明特征。特别值得一提的是,环境公益诉讼与环境私益诉讼在救济内容上的差别,凸显了环境公益诉讼制度对于环境公共利益维护的特殊优势与效用。这是因为环境私益诉讼作为提供私益救济的一种手段,其适用必须以个体的合法权益包括人身、财产利益受到损害为前提,而此时生态环境被侵害的事实可能早已发生,因此私益诉讼对环境公共利益所提供的救济总是被动的、事后的。相比之下,环境公益诉讼既可以针对已经发生的环境损害,又可以针对"潜在的环境损害"请求法院救济,所以可以将危害环境公益的行为及时遏止在萌芽状态。正是因为环

---

① 吕忠梅、吴勇:《环境公益实现之诉讼制度构想》,载别涛主编《环境公益诉讼》,法律出版社,2007,第23页。

② 颜运秋、罗婷:《生态环境保护公益诉讼的激励约束机制研究》,《中南大学学报(社会科学版)》2013年第3期。

境公益诉讼改变了私益诉讼事后补救的被动性，能够通过对环境公益事先保护从而防范更加严重的环境侵害后果发生，所以充分体现了法律制度的预防功能。而"从经济学的角度看，法律只有充分实现其预防功能，才能实现社会利益的最大化"①。在实务中，通过各具特色的环境公益诉讼与环境私益诉讼的双轮驱动，可以在司法层面更充分地实现对环境公共利益的维护。

从环境公益诉讼的外延来看，受民事诉讼与行政诉讼的传统划分方法，以及域外普遍在行政法典中规定环境公益诉讼制度的影响，学者普遍接受将环境公益诉讼区分为环境民事公益诉讼、环境行政公益诉讼的观点；②同时认为公益诉讼不包括刑事诉讼，其理由在于公益诉讼主要是为了恢复、补偿和保护公共领域的利益和秩序，而非着眼于惩罚。③我国分别在《民事诉讼法》第55条、《行政诉讼法》第25条对环境公益诉讼予以规定的做法就是上述"二分法"的体现。最高人民法院环境资源审判庭在其所编著的《环境资源审判指导》中也指出，环境公益诉讼审判工作承担环境污染公益诉讼和生态破坏公益诉讼两类案件审判任务，跨越民事、行政两大诉讼门类。④可见我国实际上选择了在传统民事、行政诉讼机制体系下构建环境公益诉讼制度。对此，以吕忠梅为代表的学者对此进行了反思，认为环境公益诉讼是一类特别诉讼，主要理由在于：我国目前的民事诉讼与行政诉讼都是公民、法人或其他组织为维护自己的利益而提起的诉讼，明显不同于为维护公益而提起的公益诉讼，因而民事诉讼与行政诉讼都属于私益诉讼的范畴；在以污染者为被告的环境公益诉讼中，公民、法人团体都只有获得国家或法律的特别授权才能代表公共利益提起诉讼，此时原告因代表公共权力不再是私人主体，与被告不可能处于平等的地位上，显然这种诉讼已难以纳入民事诉讼的范畴；在以国家行政机关为被告的环境公益诉讼中，获得特别授权的原告代表公共利益提起的诉讼已经丧失了行政诉讼的本质特征，即行政诉讼本质上是一种私权对公权的限制，而这种诉讼却

---

① 王太高：《论行政公益诉讼》，载别涛主编《环境公益诉讼》，法律出版社，2007，第160页。

② 别涛：《环境公益诉讼的立法构想》，《环境保护》2005年第12期。

③ 宋朝武：《论公益诉讼的十大基本问题》，《中国政法大学学报》2010年第1期。

④ 江必新主编《环境资源审判指导》，人民法院出版社，2016，第46页。

是两个公权之间的博弈或制衡。①结合 2019 年《最高人民检察院工作报告》来看,其中就有关于"刑事、民事、行政、公益诉讼'四大检察'法律监督总体布局有力推进"的表述,将公益诉讼作为与刑事、民事、行政诉讼相并列的诉讼类型。②的确,环境公益诉讼在诉讼的目的、功能、适格原告、请求救济内容等方面都有别于传统的诉讼制度,所以说"公益诉讼应当是一种独立的诉讼类型,其最终应当是与现在三大诉讼并列的一种诉讼";但同时考虑到公益诉讼的诉讼请求的特点及与现行诉讼制度的和谐发展,可以将其分为民事公益诉讼及行政公益诉讼。③鉴于我国目前尚未建立专门的公益诉讼制度,环境公益诉讼只能依附于传统的民事诉讼及行政诉讼,因此下文仍在现有的法律框架下对环境公益诉讼进行探讨。

第二节　环境公益诉讼的目的及功能定位

一、环境公益诉讼的目的

德国法学家耶林指出:"目的是全部法律的创制者。每条法律规则的产生都源于一种目的,即一种实际的动机。"④环境公益诉讼制度的背后也蕴含着目的,正是这一目的决定了建立环境公益诉讼制度的必要性,以及环境公益诉讼制度与其他法律制度的质的差异性。与传统的民事诉讼、行政诉讼都服务于保护公民、法人或其他组织的合法权益的终极目标不同,公益诉讼制度的"最

---

① 吕忠梅:《环境公益诉讼辨析》,载吕忠梅、王立德主编《环境公益诉讼中美之比较》,法律出版社,2009,第4—6页。

② 《最高人民检察院工作报告——2019 年 3 月 12 日在第十三届全国人民代表大会第二次会议上》,中国新闻网,http://www.chinanews.com/gn/2019/03-19/8784189.shtml,访问日期:2019 年 10 月 4 日。

③ 宋朝武:《论公益诉讼的十大基本问题》,《中国政法大学学报》2010 年第 1 期。

④ 〔美〕E.博登海默:《法理学、法律哲学与法律方法》,邓正来译,中国政法大学出版社,1999,第 109 页。

主要特质是对公益的至高追求,维护公益是其唯一的方向"。① 正如印度最高法院大法官 Bhagwaiti 所指出的,"与普通诉讼不同,向法院提起公益诉讼不是为了实现向对方提出的个人权利,而是为了促进和维护公共利益,即使得穷人和其他不幸的大众的宪法或法律权利不能受到漠视或侵害"②。可见,公益诉讼制度最鲜明的特质就在于诉讼目的的公益性,即公益诉讼的目的在于主持社会正义、实现社会公平、维护国家和社会公共利益。③ 就环境公益诉讼来说,立法者预先设定的、通过环境公益诉讼制度所期望达到的目标就是要实现对环境公共利益的有效维护,即有效预防和救济对环境本身之损害。其中,环境民事公益诉讼的目的"在于预防环境公共利益受到环境污染、生态破坏行为的损害,或在损害发生后通过法院的审理和执行予以最大限度的修复"④。环境行政公益诉讼的目的"在于通过对失职的环保行政机关提起诉讼促使其履行职责,从而保障公众环境利益"⑤。

从制度设计的角度来看,环境公益诉讼特有的目的直接影响着环境公益诉讼的制度设计,导致一系列不同于私益诉讼的受案范围、管辖规定、诉讼请求、当事人制度、诉讼程序等特殊规则的确立。并且,还会在司法实践中,指引着环境公益诉讼的具体解释和今后发展变动的方向。从这个意义上说,对环境公共利益的维护和追求不仅成为设立环境公益诉讼制度的目的,同时还是其各项具体制度设计的轴心和归宿。不过,虽然如此,却不能简单化地认为环境公益诉讼的目的就是实现环境公共利益的最大化。这是因为社会公共利益的内容具有多元性和层次性,如清新舒适的自然环境、良好的经济秩序、安宁的社会生活、安全卫生的食品等体现出来的是不同领域和内容的社会公共利益。

---

① 黄学贤、王太高:《行政公益诉讼研究》,中国政法大学出版社,2008,第 45 页。

② 孔祥俊:《行政行为可诉性、原告资格与司法审查》,人民法院出版社,2005,第 189—190 页。

③ 吕忠梅:《环境公益诉讼辨析》,《法商研究》2008 年第 6 期。

④ 最高人民法院环境资源审判庭:《最高人民法院关于环境民事公益诉讼司法解释理解与适用》,人民法院出版社,2015,第 67 页。

⑤ 秦天宝、段帷帷:《论我国环境行政公益诉讼制度的发展——以全国首例检察机关提起环境行政公益诉讼案为例》,《环境保护》2015 年第 1 期。

并且，正如人们所普遍认识到的，促进经济发展和保护生态环境都维系着全体社会成员的共同利益，虽然如今二者之间的冲突已变得异常尖锐，但完全舍弃其中一种利益均属不可能。假设环境公益诉讼制度以实现环境公益的最大化为目标，那么在涉及环境污染和生态破坏的案件中，只需将实施环境污染、生态破坏行为的企业一停了之即可实现这一目标，然而这种做法明显不适用于所有情形。

从可持续发展的角度加以分析，也并非把环境公共利益作为排除经济发展利益的唯一追求。结合布伦特兰委员会对可持续发展的界说来看，它在《我们共同的未来》报告中指出，可持续发展是旨在"寻求满足现代人的需要和欲望，而又不危害后代人满足其需要和欲望的能力"的发展。① 1992 年联合国环境与发展大会通过的《21 世纪议程》进一步提出了可持续发展的战略，旨在引领人类社会朝着可持续发展的方向转变。这一战略思想的核心不仅涉及代际公平与代内公平问题，还涉及人与自然和谐相处的问题，反映了对经济、社会和生态综合认识与研究的基本思想。布伦特兰在 1986 年的一次演讲中指出，可持续性有很多方面，其中最重要的就是，"它要求在所有层次的决策中把经济和生态统一起来"②。可见，理解可持续发展的关键就在于将经济与生态"统一起来"，具体到环境公益诉讼的价值取向与目的，就是要平衡社会经济发展和生态环境保护之间、社会公共利益与个人利益之间的矛盾。所以，将生态环境保护与社会经济发展相隔离的观点绝不可取，但是把环境利益、生态利益看成是排除一切的至上价值也并不合适，毕竟维系人类社会生存的利益是多元的。

不过，虽然环境公益诉讼的目的不宜将环境公共利益作为绝对至上的追求，但是将经济发展利益与环境公共利益等量齐观的观点也不可取。结合实践来看，不少地方就是以"兼顾""协调"经济发展与环境保护的名义，来行以牺牲环境为代价的发展经济之实。尤其是许多环境污染或生态破坏企业是地方政府的纳税大户，经济发展又成为评价地方政府官员政绩的关键指标，这种情形下不仅导致选择执法、懈怠执法、执法不严等情形难以避免，也无法有力遏制、

---

① 世界环境与发展委员会：《我们共同的未来》，吉林人民出版社，1997，第 48 页。

② 〔英〕大卫·皮尔斯：《绿色经济的蓝图》，北京师范大学出版社，1996，第 151 页。

防范环境违法者对社会公共利益的频繁侵害。因此,在社会经济发展利益与环境公共利益发生冲突时,必须对二者进行价值比较,即究竟应选择"经济优先"还是"环境优先"? 具体判断的标准就是"质高而量寡者"优于"量多而质低者",其中,"量"的多少是依据受益人的数量多少进行判断,"质"的高低则依据受益人的生活对其需要的强度而定。① 显然,无论从自然资源的有限性出发,还是从生态环境对于人类生存的价值以及代际公平等角度出发,都只能选择"环境优先"而非"经济优先"。实际上,即使从经济效益的角度,且不说当前快速增长的经济已对生态环境形成巨大压力,并进一步危及今后经济的持续发展,仅仅就污染治理和生态恢复的费用而言也是极其高昂的,更何况在很多情形下是无法进行生态环境修复的。因此,"经济优先"运作的结果最终是得不偿失,更不用说人类在这个过程中已经付出的种种环境代价。

以日本为例,1967 年日本的《公害对策基本法》以"保护国民健康和维护生活环境"作为立法目的,并确立了"维护生活环境的目的应与经济健全发展相协调"的协调条款。但正是在法律实施过程中该条款受到了日本社会的强烈反对,原因就在于经济与环境相协调的原则往往成为企业界抵制公害防治的借口,而演变为"经济优先"原则。因此,日本在 1970 修订的《公害对策基本法》中删除了协调条款,并在该法第 1 条中明确规定:"鉴于防治公害对维护国民健康和文明生活有极大重要性,为了明确企业、国家和地方政府对防治公害的职责,确定基本的防治措施,以全面推行防治公害的对策,达到保护国民健康和维护其生活环境的目的。"② 我国《环境保护法》第 5 条确立的环境保护坚持保护优先的原则,也体现了在环境利益与其他利益发生冲突时应优先考虑环境利益。该原则的核心就在于妥当处理经济发展与环境保护的关系,将经济发展的速度、规模控制在环境承载力即环境的自净能力和资源的承载能力之内。③而环境公益诉讼既然以维护环境公共利益为己任,必然决定了它应始终坚持环境利益优先于经济利益的价值理念,包括立法机关在设计相关制度时应优

---

① 城仲模主编《行政法之一般法律原则(二)》,台湾三民书局,1997,第 161 页。

② 曹明德:《生态法原理》,人民出版社,2002,第 212 页。

③ 王旭光:《论当前环境资源审判工作的若干基本关系》,《法律适用》2014 年第 11 期。

先考虑保护环境利益的需要，以及法院在案件裁判中要体现出保护、恢复生态环境的司法目的。①正是基于这一点，环境公益诉讼的目的宜表述为最大限度地维护环境公共利益，而非实现环境公共利益的最大化，毕竟环境公益"最大化"的表述有可能产生使其他利益"最小化"的误解。"最大限度"地维护环境公益意味着在对环境利益进行倾斜式保护时，还需在环境承载力的限度之内综合考虑其他利益。在最高人民法院环境资源审判庭编著的《环境资源审判指导》中，就强调环境资源审判工作"要在加强生态环境和受害人保护的前提下，综合考量合理利用环境容量的现实需要、生产经营行为的性质以及社会整体利益等因素，合理运用容忍限度理论，积极创新审判执行方式，实现环境效益和经济效益、社会效益的共赢"②。

在司法实践中，如贵州省清镇市人民法院关于贵阳市两湖一库管理局诉某化工公司水污染一案的裁决，就体现了在保护环境的前提下尽可能兼顾企业生存发展的理念。③又如在泰州的"天价环境公益诉讼案"中，二审判决对赔偿的履行期限和方式作出调整：若6家涉案企业能够在指定期限内提供有效担保，赔偿款项的40%可以延期至判决生效之日起一年内支付；若涉案企业通过技术改造对副产酸进行循环利用使得环境风险明显降低，且一年之内未因环境违法行为而受到处罚，其已支付的技术改造费用可以凭环保行政主管部门出具的企业环境守法证明、项目竣工环保验收意见和具有法定资质的中介机构出具的技术改造投入资金审计报告，向泰州市中级人民法院申请在延期支付的40%额度内抵扣。这一判决体现了环境公益诉讼的发展方向绝不是对于污染企业"治其病的同时索其命"，而是要鼓励其通过技术改造走绿色低碳循环发展之路。只是对那些污染严重又治理无望、过剩产能的企业以及使用淘汰工艺的企业才予以坚决淘汰。④可以说，上述判决也是在司法实践中贯彻可

---

① 肖建国、黄忠顺：《环境公益诉讼基本问题研究》，《法律适用》2014年第4期。

② 江必新主编《环境资源审判指导》，人民法院出版社，2016，第20页。

③ 王立主编《环保法庭案例选编——贵州省贵阳市生态保护"两庭"成立十周年特辑》，法律出版社，2017，第8页。

④《为什么是治病而不是索命？》，《环境经济》2015年第5期。

持续发展理念的具体体现。

二、环境公益诉讼的功能定位

"功能这一概念主要包括两层意思,即部分对于整体的维持所发挥的作用及其活动效果,以及为此所必须满足的必要条件。"① 法的功能,通常是指法作为一种特殊的社会规范所固有的功用或性能。由于"制度的技术构造总是以制度的预设功能为前提、基础和目标的,不考虑功能的技术设计是盲目的,不能体现并实现预设功能的制度设计是失败的"②,因此,在明确环境公益诉讼目的的基础上,还需对环境公益诉讼制度的功能进行探讨。基于环境公益诉讼不同于私益诉讼的特殊目的, 环境公益诉讼制度在承载诉讼的基本功能之外还具有以下功能:

(一)预防、救济对环境公共利益的侵害

如前所述,私益诉讼在救济受到侵害的环境公共利益时存在不足,这一不足正好被环境公益诉讼的救济及预防功能所弥补。这是因为:环境的公共性、开放性使得生产经营者可以毫无节制地向自然索取资源, 又肆无忌惮地向环境倾泻废物而无须担责,最终生态环境被破坏的后果却是由社会公众承担,并由国家出资进行生态环境的修复,从而形成了"破坏环境者获利、社会公众买单"的极不公平现象。如欲通过私益诉讼的途径纠正这一现象,又常常遭遇无适格主体可以提起诉讼,或者有关主体因环境污染、生态破坏的缓释性及科学技术有限等原因难以发现自身利益受损而无法起诉等情形, 致使受损的环境公共利益无法获得有效的司法救济。这种情形下,设立环境民事公益诉讼制度恰恰可以落实环境损害者担责原则, 不仅能使受损的环境公共利益得到司法救济, 还能通过将生产经营者的环境成本内部化, 倒逼其采取有效措施以防止、减少对生态环境的不利影响,从而在威慑其他潜在被告的同时还发挥了一定的预防效果。除了实施环境污染、生态破性行为的生产经营者以外,行政权

---

① 季卫东:《法律程序的意义——对中国法制建设的另一种思考》,中国法制出版社,2004,第 59 页。

② 傅郁林:《民事司法制度的功能与结构》,北京大学出版社,2006,第 1 页。

的不当行使和滥用也是导致环境公共利益受损的另一原因。设立环境行政公益诉讼制度则可以使民众能够监督环境行政执法，通过纠正违法及不当行政行为以维护受到侵害的环境公共利益，同时促使行政机关积极发挥其处于维护环境公益链条的"上游"的优势，采取有效措施严格控制新的环境污染和生态破坏，严格执行环境影响评价和"三同时"制度,对可能发生重大环境污染的生产经营者采取加强防范措施等。

环境公益诉讼的预防功能还体现在请求救济的内容上。与私益诉讼对受损的环境公益提供事后、被动的救济有所不同,环境公益诉讼的适格原告既可以针对已经损害环境公共利益的行为，还可以针对有侵害环境公共利益之虞的行为提起诉讼,也就是说环境公益诉讼请求救济的内容不仅可以针对过去，还具有指向未来的意义。这同时也是预防为主原则在环境公益诉讼中的体现，是由生态环境问题本身的特殊性决定的。在很多情况下,一旦造成环境污染、生态破坏的损害后果往往难以消除和修复，甚至是不可逆转的，如重金属污染、土壤沙化、地下水污染很难消除,而原始森林的破坏、物种的灭绝、自然景观的破坏等均无法恢复。并且即使能够修复但治理、修复的费用极其高昂且难度很大,经济学家认为预防污染费用与事后治理费用的比例高达 1：20,[①]如对泰晤士河的治理就用了一百多年的时间且耗资巨大。由此可见,环境公益诉讼的预防功能是与环境问题本身的特点相匹配的，通过环境公益诉讼能够将严重危及环境公共利益的行为遏止在萌芽阶段,因而能给予生态环境更充分、更有效的保护。

（二）弥补环境执法的不足,促进环境法的充分实施

从本源上看,立法权、行政权、司法权都应以维护社会公共利益为根本,其中对公共利益施以最广泛、最经常影响的是行政权,因而从根本上讲行政权成为保护、实现公共利益的重心所在。并且,政府以社会公共利益为价值取向,以公共事务的管理为内容,以主动、灵活、高效为执法优势的特点使得它在现代国家中占据越来越重要的位置。尤其是在环境危机日益深化的今天,环境问题作为现代社会的典型公共问题往往具有多样性、系统性、综合性、动态性、科技

---

① 曹明德:《生态法原理》,人民出版社,2002,第 216 页。

性、复杂性、不确定性等特点,对环境问题的治理要直接依赖于行政权这一积极、灵活、富有效率的公共权力,而非立法权或司法权。[①]因而政府不仅被视为环境公共利益的主要代表,而且被赋予维护环境公共利益和实施环境公共政策的重要职责。相比之下,司法权基于中立性、被动性等特点使其无法成为环境公益的主要维护者,因此环境公益诉讼虽然对于维护公共利益有着不可替代的独特优势,但是司法机关终究不能取代行政机关而成为第一序位的环境公益维护者。以美国为例,美国侧重于通过公民诉讼等方式来达到威慑环境侵害者进而保护生态环境的目的,环境公民诉讼也因此被称为"美国环境法的核心元素",被美国人誉为"现代环境时代最普遍、最显著、最具持续性的创新",[②]但即便如此,美国公民诉讼制度的目的也"在于弥补政府执法之不足",并设置了提起公民诉讼的前置程序。如《清洁水法》规定公民如果没有在起诉前60天将起诉通告通知联邦环保局、违法行为所在的州和违法者本人,则禁止公民依据该法提起诉讼。[③]可见,环境公益诉讼制度的主要功能在于弥补环境行政执法的不足,而非去创设另一个平行的环境执法管道抑或取而代之。

与此同时,虽然政府是环境公共利益的最主要维护者,但在其执法过程中却存在一些自身难以避免的不足和局限,从而影响到环境公共利益的充分实现。而环境公益诉讼的设立正好弥补了这一不足,主要体现在该制度作为政府实施环境法的重要补充的功能上。具体而言:

一方面,环境公益诉讼有助于克服行政机关执法资源的不足,填补其监管漏洞、突破其监管极限。由于环境污染行为的常发性、随机性和难以监督性,行政机关不可能拥有足够的执法资源确保其监控到每一个污染源,此时居住在污染源附近的公民常常是监督违法排污行为最经济、最有效的监控者。[④]换言

---

①王明远:《我国环境公益诉讼的发展方向:基于行政权与司法权关系理论的分析》,《中国法学》2016年第1期。

②杨严炎:《环境诉讼:从案例到制度的深层分析》,法律出版社,2017,第45页。

③李艳芳:《美国的公民诉讼制度及其启示——关于建立我国公益诉讼制度的借鉴性思考》,载别涛主编《环境公益诉讼》,法律出版社,2007,第121页。

④李静云:《美国的环境公益诉讼》,《中国环境报》2013年7月4日。

之,即使行政机关能够做到依法行政、勤勉执法,也会因其执法资源的不足而导致一些力所不及的监管漏洞。如 2002 年福建省屏南县 1721 人诉榕屏化工厂环境污染损害赔偿一案,屏南县环保局监测站在 1 年内对该化工厂检测了 160 多起都未发现超标排污现象,然而当地村民们并不认可这一说法。[1] 这种情形下,借助于作为"最经济、最有效的监督者"的公民或者环保组织的力量,并通过提起环境公益诉讼的途径来弥补执法资源的不足、填补其监管漏洞就成为必要。同时,行政机关行使环境监督管理职权是有其主管范围限制的,对于一些超出其监管极限但又在客观上造成生态环境破坏的行为,环境行政机关常常陷入鞭长莫及的执法困境。实践中较常见的情形包括:对合法排污并造成生态环境损害的分散型排污行为,环境行政机关因无权对其实施处罚而导致监管"失灵";对于那些违法成本低、守法成本高的环境污染行为,行政机关屡屡处罚仍然不足以制止;对环境污染、生态破坏行为所造成的环境功能损害和由此产生的应急处理、生态修复等费用,环境行政机关即使穷尽了行政手段也难以使受损的环境公共利益得到弥补。

例如,2005 年中石油吉林石化公司双苯厂发生爆炸而造成的松花江重大水污染事故,在事故发生后环境行政机关依法对中石油吉林石化公司处以 100 万元罚款,中石油又向吉林省政府捐助了 500 万元以支援松花江污染防控工作。然而这些费用远不足以弥补此次事故所导致的巨大生态损失,仅事故发生 5 年内国家就为防治松花江流域水污染累计投入了高达 78.4 亿元的治污资金。虽然当时以北京大学汪劲教授为代表的 6 名师生将自然物(鲟鳇鱼、松花江、太阳岛)作为共同原告状告中石油等被告污染了生态环境,汪劲教授指出为此向中石油"索赔 100 亿都并不多",但最终因原告资格问题未能立案。[2] 可见,该案中环境行政机关由于受到行政手段尤其是行政处罚"上限"的局限,不具有对违法行为所导致的生态环境损害后果的消除功能,从而在修复遭受污染、破坏的生态环境上难有大的作为。此时,唯有通过建立环境公益诉讼制

---

[1] 杨严炎:《环境诉讼:从案例到制度的深层分析》,法律出版社,2017,第 228 页。

[2] 《中石油松花江污染事故国家买单近 80 亿》,新浪网,http://finance.sina.com. cn/roll/20110607/09179954335.shtml,访问日期:2019 年 2 月 10 日。

度赋予有关主体以起诉资格，并经由司法途径突破行政机关的监管极限才能给予环境公共利益更充分的保护。从这个意义上说，"正是环境公益行政救济的种种'失灵'催生了环境公益诉讼制度，环境公益诉讼制度的建构是以承认环境公益行政救济存在固有缺陷为前提的"[①]。

另一方面，环境公益诉讼可以通过监管"监管者"的方式，防范、纠正行政机关在执行环境法律中的违法与不当行为，从而促使其积极实施环境法。从有效保护生态环境的角度看，既然政府是环境公共利益的主要监管者与维护者，那么"把有限的精力、时间和经费用在迫使政府完善或执行环境法律法规上比用于取缔个别污染源更有意义"[②]。并且，随着现代科技进步和社会关系的日趋复杂化，行政权力日益扩张并成为"无处不在、无时不有"的巨大能量。虽然维护社会公益是政府肩负的职责所在，但不可否认行政机关及其人员对权力、利益和业绩的追求，都有可能违背其以维护公益为己任的初衷。特别是在步入生态环境危机的今天，行政权不仅广泛介入社会经济生活的方方面面，而且其自由裁量的范围愈加宽泛，从而导致行政权的不当行使和滥用有可能成为环境公共利益的最大威胁。具体而言，不仅行政机关及其人员本身有可能违反环境法律的规定，如被某些污染企业"俘获"而充当其"保护伞"，导致不充分实施法律、怠于执行法律甚至根本不去执行法律的情形发生；而且行政机关受地方经济发展的影响选择牺牲环境利益，包括为追求政绩而放任企业继续实施侵害生态环境的行为，甚至滥用职权阻止受害人对污染企业提起诉讼等情形也屡见不鲜。除此之外，地方政府的某些决策也有可能导致破坏生态环境的严重后果，如日本于 1989 年开始实施的、以大规模围海造田为目的的国营谏早湾土地改良事业工程，由于谏早湾被海潮堤坝所分割，结果造成了海湾内的江珧（贝类）几乎绝迹，以及有明海的目鱼、鲽鱼等海底鱼种数量的大量减少，进而导致渔民们向法院提出了以中止堤坝工程为内容的民事暂行处分的申请和民

---

① 黄锡生、谢玲:《环境公益诉讼制度的类型界分与功能定位——以对环境公益诉讼"二分法"否定观点的反思为进路》，《现代法学》2015 年第 6 期。

② 陈虹:《环境公益诉讼功能研究》，载吕忠梅、王立德主编《环境公益诉讼中美之比较》，法律出版社，2009，第 19 页。

事诉讼。①

可见,承担着维护公共利益职责的公共权力部门的作为或不作为,发生侵害公共利益的可能性最大,并且其他社会组织或个人危害社会公共利益的行为,在一定意义上也可以说是公共权力部门疏于管理或管理不力造成的。②所以,为了防止行政权力侵蚀环境公共利益、促使其积极执行环境法,将行政机关的活动纳入社会监督和司法监督的范围就很有必要。相比较而言,司法监督是最直接、最公正也是最有效的方式,可以借助于公民或环保组织等力量并使之与审判权相结合,从而形成监督行政机关依法行政的强大力量。通过环境公益诉讼不仅有助于破解行政机关被污染企业"俘获"的弊病,使行政机关关注涉及公共利益的执法盲区,而且提供了一个公民、环保组织与行政机关对话的场所,能够促使行政机关对其决策进行反思与重新评估。在实务中,环境公益诉讼制度正是通过对"环境监管者"的监管,并以对违法或明显不当的行政行为采取撤销或确认违法等方式,以此倒逼、促进行政机关积极致力于维护环境公共利益。显然,这正是环境公益诉讼"具有以众人为耳目及其智慧协助确保行政合法,并扩大人民整体权益的功能"的体现。③

(三)创制或扩展权利

从 20 世纪中叶起,伴随着科技进步与社会化大生产引起的社会体制和经济体制的急剧变化,涌现了包括环境污染纠纷在内的许多新型社会纠纷。对于这些新型纠纷,人们在普遍关注已被法律明确规定的权益之外,还纷纷寄希望于法院去保护那些尚未得到传统理论体系和实体法规范所承认的利益,并将这些利益作为法律上的权利加以主张并请求法院予以承认,如环境利益。按照传统的民事诉讼抑或行政诉讼的原告适格规则,都强调现行法律所保护的权益存在是取得原告资格的必要条件,即原告必须积极地证明其受法律保护的

---

① 日本律师协会主编《日本环境诉讼典型案例与评析》,中国政法大学出版社,2011,第176—178 页。

② 王立主编《环保法庭案例选编——贵州省贵阳市生态保护"两庭"成立十周年特辑》,法律出版社,2017,第 77 页。

③ 李震山:《行政法导论》,台湾三民书局,1999,第 465 页。

权益已经或正在遭受损害。然而由于法律的滞后性不可能将所有需要保护的社会关系都一一纳入其中,特别是随着社会关系的发展,在出现一些新的社会关系受到侵犯却缺乏法律保护的情况下,如果仍然固守利害关系人当事人的法律规定,必然会将一些期待司法最终救济的受害者挡在法院的大门之外,从而有违司法救济的初衷和社会公平的原则。① 基于此,诉的利益理论突破了原有的防止当事人滥用诉权和浪费司法资源的消极功能,其通过审判创设法和权利的积极功能日益受到重视。实践中法院对于环境纠纷等现代型纠纷也不再拘泥于传统的原告适格规则,而是采用"事实上损害标准"或"裁判保护利益说"。如美国要求原告确定,他所指控的政府违法行为与他所享用的环境的某些组成部分所遭受的损害之间具有因果关系,这种损害不必是物质损害或经济损失,仅仅是美学上的损害即已足够。② 于是,一旦原告所主张的"形成中的权利"通过环境公益诉讼被赋予了诉讼救济的机会,就开始了迈向新的权利生成的第一步。

就我国来说,虽然目前实体法尚未确认公民享有"环境权",但是《环境保护法》第 58 条、《民事诉讼法》第 55 条、《行政诉讼法》第 25 条授权法律规定的机关、有关组织可以提起环境公益诉讼,即赋予了程序法上原告的诉权。由于程序法具有独立于实体法的价值和意义,因此"在必要的时候,程序法完全有可能通过程序规则的制定和实施对实体法进行查缺补漏,并创制新的权利"③。即可以在环境公益诉讼的实践中,通过司法能动主义的发挥将法律上值得保护的环境利益上升为环境权。实际上,现代法院尤其是美国的法院,十分热衷于创设新的权利和扩展已有的权利,这种情况在公益诉讼中极为突出。④ 环境公益诉讼不仅可以促使法院将存在于宪法和法律中的权利实质化,同时还具有拓展这些权利的功能。如在印度,环境权虽然不是宪法中所列举的可以提起

① 江伟主编《民事诉讼法(第 2 版)》,高等教育出版社,2003,第 92 页。

② R.W.芬德利、D.A.法贝尔:《美国环境法简论》,程正康等译,中国环境科学出版社,1986,第 7—8 页。

③ 最高人民法院环境资源审判庭:《最高人民法院关于环境民事公益诉讼司法解释理解与适用》,人民法院出版社,2015,第 351 页。

④ 江伟、苏文卿:《公益诉讼社会功能论》,《政法学刊》2009 年第 1 期。

司法审查的基本权利,但印度最高法院正是在审理公益诉讼案件中,通过扩大解释生命权而使得环境权得到保护,如今生命权在印度已经被扩展到包括享有健康环境的权利,有尊严地生活的权利,以及作为一个物种存在的权利。[①]可见,即使目前我国实体法对环境权是否成为法律保护的权利尚未明确规定,但通过环境公益诉讼完全有可能将这种权利演变为法律权利。

(四)形成环境公共政策

环境公益诉讼最鲜明的特质就在于对环境公共利益的维护,其诉讼对象不是以私人权益为中心的个体之间的纠纷,而往往基于环境公共利益的普遍性与整体性指向了有关公共政策,即对涉及众多利害关系人的环境公共政策问题发生争议并请求法院进行法律判断。具体在诉讼过程中,原告不仅会要求污染者采取有效措施停止侵害、消除危险或修复被损害的生态环境,还可能请求通过法院的禁止令或判决去影响、改变环境公共政策,从而防止环境公共利益损害后果的产生或扩大。如1969年起诉、1984年因和解成立而暂告终结的日本大阪国际机场公害诉讼,在这起因喷气式飞机起降该机场造成的噪声污染而提起的要求损害赔偿、在晚21时到次日清晨7时期间禁止飞机在该机场起降的诉讼中,原告的请求实质上是对国家运输政策的合理性提出了质疑,并期待法院改变之。该案诉讼活动的一大成果就是,环境省于1973年公布了有关飞机噪音的环境标准。1981年运输大臣在与原告团、辩护团的谈判席上明确表示,如无特殊原因将不会编制21时以后的航班。此外,该案第四次诉讼于1984年3月和解成立,21时以后禁止飞行的要求已根据运输省与11市协所签署的文件而确定,并且至今21时至次日清晨的飞行依然被禁止。[②]由此可见,这起公害诉讼在推进环境公共政策方面所发挥的巨大作用。

正是由于原告的目的"在于公共政策的改变或公共利益的实现",所以环境公益诉讼也就成了"实质上是动员个人的利益动机来实现一定公共目的或

---

① 蒋小红:《通过公益诉讼,推动社会变革——印度公益诉讼制度考察》,载别涛主编《环境公益诉讼》,法律出版社,2007,第139页。

② 日本律师协会主编《日本环境诉讼典型案例与评析》,中国政法大学出版社,2011,第118—122页。

公共政策的手段之一"①。从这一点来看,环境公益诉讼在司法层面为普通民众参与环境公共政策的制定提供了入口,公民和环保组织不再局限于传统的被动守法者的角色,而是转变成为影响环境公共政策形成的积极参与者。一旦法院在立法者授权的一定范围内,基于司法能动主义就涉及公共政策问题的个案作出维护环境公益的法律判断,就开启了通过审判活动推动环境公共政策形成的进程。此时法院的裁判不仅是针对具体的环境纠纷作出事后的、个别的评判,还在于超越具体个案对将来保护环境公共利益的行动制定规则。进一步地,由于法院对于环境公益诉讼案件的裁判具有扩张效力,该裁判除了直接拘束案件的当事人,还会对当事人以外的一般公众或准司法机关产生类似于立法规范的效果,即提供了今后指导类似事件的具有约束力或引导力的准绳。与此同时,环境公益诉讼的过程和法院判决还会"对社会政治状况形成一定的压力,促使立法机关、行政机关调整或制定相应的公共政策"②。在此意义上讲,环境公益诉讼对环境公共利益的维护实际上具有强烈的公共政策导向,发挥着修改现行环境公共政策或确立一项新的环境公共政策的功能,从而使得环境公益诉讼的机能不断地向法庭之外延伸。这一过程还对法院的传统职能提出了挑战,即法院要实现从处理私人之间的纠纷向制定环境公共政策的转变,即法院不能仅仅以解决纠纷为目的,同时还需考虑各种环保的、经济的及社会的因素,旨在通过法院的裁判使司法获得促进环境公共政策更加理性化的力量,从而实现对环境公共利益最大限度的保护。

(五)激发与促进社会变革

环境公共利益所具有的重大社会价值性、辐射地域及人群范围的广泛性等特点,决定了环境公共利益一旦遭受侵害极易引发群体性事件。尤其是在环境问题日益突出的今天,由于执法不力及法定的救济渠道过窄等原因,有可能致使民众的委屈、不满、愤怒无处宣泄而造成环保自力救济的盛行,进而引发社会的混乱。此时,司法作为维护社会正义的最后一道防线,必须与时俱进地

---

① 谷口安平:《程序的正义与诉讼》,王亚新、刘荣军译,中国政法大学出版社,2002,第254页。

② 肖建国:《论现代型民事诉讼的结构和功能》,《朝阳法律评论》2010年第2期。

对大量涌现的社会环境纠纷给予救济。环境公益诉讼制度的建立,正是通过将复杂的社会问题转化为法律问题的方式,为普通民众表达自己的意见和愿望打开了一扇大门,能够将体制外的环保自力救济转化为体制内的利益诉求。在环境公益诉讼中,法院通过倾听来自社会不同利益主体的声音,有助于缓解、消除环境公共利益与个人利益之间的紧张对立关系,防止民众的不满与愤怒升级为更激烈的对抗性活动,从而修复失衡的社会关系并实现社会的和谐稳定。

在环境公益诉讼中,法院一改过去的消极裁判者角色,通过与原告的合作积极地为社会弱势群体寻求正义。正如印度最高法院在人民民主权利联盟诉中央政府(People's Union For Democratic Right v. Union of India)一案中指出的,公益诉讼的本质是原告、政府和法院之间合作以实现宪法或法律权利以及赋予社会弱势群体的利益和特殊利益,确保社会正义能够抵达社会弱势群体。[①]基于司法能动主义的发挥,法院在解决具体环境纠纷的同时,还对各种与环境公益相关的社会关系进行了间接调整,从而使得司法的触角广泛地伸向社会的各个领域。成功的环境公益诉讼会提示、警醒行政机关在环境执法方面的缺漏与不足,从而促使其积极实施环境法,并始终如一地维护并实现环境公共利益;会为民众提供一个愿望能够表达、利益能被关注的场所,使得环境公共利益的社会价值得到认可,从而唤起民众对环境公共利益的重视并积极投身于保护生态环境的实践中;会对准司法机关产生类似于立法规范的效果,从而促使立法机关、行政机关调整或制定有关公共政策,以积极回应社会现实对于生态环境保护的迫切需求。以上种种都表明,环境公益诉讼的判决具有超越个案的意义,并不断地激发、促进社会的变革。法院的裁决不管能否立即实行,至少具有很大的象征意义,它对未来的社会变革提供了合法性并起着引领作用,它催生的政策和机构,它赋予的合法性,它所带来的观念上的变化以及新闻媒体对案件的报道,都对社会变革产生了潜移默化的、不可低估的巨大影响力。[②]

---

① 杨严炎:《环境诉讼:从案例到制度的深层分析》,法律出版社,2017,第51页。

② 蒋小红:《通过公益诉讼,推动社会变革——印度公益诉讼制度考察》,载别涛主编《环境公益诉讼》,法律出版社,2007,第143—144页。

以印度为例,印度的公益诉讼制度虽然因越权司法和滥诉等问题而饱受争议,但不可否认的是,公益诉讼即便无法解决印度所面临的所有社会问题,但其社会价值已经远远超过了它在司法制度上的价值。公益诉讼不但使印度普通民众尤其是弱势群体有了运用法律武器保卫自己的权利,同时还实现了能动司法对社会的管理。[①]正如一名印度学者所评价的,"有人说司法太活跃了,其结果却是——我们看到了蓝天"[②]。

[①] 胡云红:《比较法视野下的域外公益诉讼制度研究》,《中国政法大学学报》2017 年第 4 期。

[②] 李傲:《法官引领下的印度公益诉讼制度》,《环球法律评论》2010 年第 4 期。

第二章　环境公益诉讼的受案范围与管辖

第一节　环境公益诉讼的受案范围

"案件决定程序"是法学领域的一条颠扑不破的真理。环境公益诉讼有别于传统民事、行政诉讼的目的和功能决定了它在受案范围上的特殊性，并进一步决定了它在程序设置上的特殊性。所谓受案范围，简言之就是指法院可以受理什么样的诉讼案件，又称为法院裁判权的范围或审判权的作用范围。环境公益诉讼的受案范围反映了法院对于关涉环境公益纠纷的可接纳程度及范围，是此类纠纷能否进入法院的第一道门槛，进而直接制约着环境公益诉讼的目的能否实现。如果环境公益诉讼的受案范围过小，将会使一部分本应得到司法救济的案件被排斥在法院的大门之外，从而影响到环境公益诉讼功能的发挥；如果环境公益诉讼的受案范围被确定得过大，又会因审判权功能力所不及而不利于环境公益诉讼目的的实现，同时还会有损司法的权威。毕竟"司法的权威并非与司法权的范围成正比关系，相反，司法管辖范围的不当扩张可能恰恰是导致司法权威下降的原因之一。因为权力伸向社会生活的每一个触角都可能面临来自社会生活的挑战，再假如没有足够的强制手段和其他国家机构的支持，司法只能在腹背受敌的情形下面临四面楚歌的境地"①。

与此同时，法院的受案范围还直接制约着当事人诉权的受保护范围和裁判请求权的实现程度。虽然我国现行法律仅有关于受案范围的规定而未出现"可诉范围"一词，但通常认为可诉范围解决的是当事人对什么可以提起诉讼

---

① 胡云红：《比较法视野下的域外公益诉讼制度研究》，《中国政法大学学报》2017年第4期。

的问题。①并且受案范围与可诉范围具有内在的一致性，只是二者界定的角度有所不同，即受案范围是从法院对纠纷的主管权限方面来界定的，是国家权力对社会管理的体现；而可诉范围是当事人有权请求法院对纠纷进行处置的具体范围，是当事人进行权利救济的体现。②由于受案范围实际影响着当事人诉权行使的范围，以及决定着环境公共利益能够在多大程度和范围上得到司法保护，因此合理界定环境公益诉讼的受案范围对于促进诉讼目的的实现具有重要意义。下文分别就环境民事公益诉讼、环境行政公益诉讼的受案范围进行探讨。

一、环境民事公益诉讼的受案范围

关于环境民事公益诉讼受案范围的界定，相关法律依据主要见于 2014 年修订的《环境保护法》、2017 年修订的《民事诉讼法》及最高人民法院的有关司法解释中。根据《环境保护法》第 58 条规定，符合法律规定条件的社会组织对污染环境、破坏生态，损害社会公共利益的行为可以向人民法院提起诉讼，人民法院应当依法受理。《环境民事公益诉讼司法解释》第 1 条进一步将"损害社会公共利益的污染环境、破坏生态行为"明确为"已经损害社会公共利益或者具有损害社会公共利益重大风险的污染环境、破坏生态的行为"。相应地，2015 年《最高人民法院关于审理环境侵权责任纠纷案件适用法律若干问题的解释》（以下简称《环境侵权责任纠纷司法解释》）第 18 条将环境污染、破坏生态的行为一起并列为环境侵权的原因行为。在此基础上，《民事诉讼法》第 55 条规定，法律规定的机关和有关组织对污染环境损害社会公共利益的行为，可以向人民法院提起诉讼；人民检察院在没有法律规定的机关和有关组织或者法律规定的机关和有关组织不提起诉讼的情况下，可以对破坏生态环境和资源保护的损害社会公共利益的行为向法院提起诉讼。可见，上述法律规定主要是从被诉行为、诉讼拟救济利益两个方面对环境民事公益诉讼的受案范围进行了界定。

---

① 左卫民：《诉讼权研究》，法律出版社，2003，第 57 页。
② 乔刚、赵洋：《我国环境民事公益诉讼的可诉范围研究》，《河南财经政法大学学报》2018 年第 2 期。

（一）被诉行为

1.环境污染行为

从被诉行为来看，环境民事公益诉讼针对的是污染环境、破坏生态的行为。其中，"环境污染"的定义最早是在 1974 年由经济合作与发展组织（OECD）环境委员会提出的，[①] OECD 环境委员会在《关于跨界污染原则的建议》中指出，"污染指人直接或间接将物质、能量引入环境，导致对自然的有害影响，以致因居于有害资源和生态系统而危及人类健康，以及损害或者妨害人类对环境的舒适和其他合法利用的行为"[②]。这一定义强调了环境污染的突出特征是"人直接或间接将物质、能量引入环境"进而导致对自然的有害影响，该特征已成为环境污染行为与破坏生态行为的重要区别之一。相类似地，我国环境法学者在定义环境污染时也强调了"向环境排放物质或能量"的特征，同时沿用了自然科学的标准对其进行界定，如吕忠梅教授认为"环境污染是指人的活动向环境排入了超过环境自净能力的物质或能量，从而使自然环境的物理、化学、生物学性质发生变化，产生了不利于人类及其他生物的正常生存和发展的影响的现象"[③]。从立法来看，现行《环境保护法》第 42 条以列举的方式指出，环境污染是人们在生产建设或者其他活动中产生的废气、废水、废渣、医疗废物、粉尘、恶臭气体、放射性物质以及噪声、振动、光辐射、电磁辐射等对环境的污染和危害。同时，一些单行法律也对某些特定类型的环境污染进行了界定，如《水污染防治法》第102 条第 1 项将水污染定义为"水体因某种物质的介入，而导致其化学、物理、生物或者放射性等方面特性的改变，从而影响水的有效利用，危害人体健康或者破坏生态环境，造成水质恶化的现象"。需要特别注意的是，立法并非对所有类型的环境污染都沿用上述自然科学的标准进行定义，如向环境排放噪声、放射性污染等行为，而以是否超过国家规定的排放标准为尺度进行界定，只有超过国家规定的排放标准的才构成环境污染，否则就不认为是环

---

① 汪劲：《环境法学》，北京大学出版社，2011，第 155 页。

② 竺效：《论环境侵权原因行为的立法拓展》，《中国法学》2015 年第 2 期。

③ 吕忠梅：《论环境侵权的二元性》，北大法律信息网，http://article.chinalawinfo. com/ArticleFullText.aspx?ArticleId=87459，访问日期：2019 年 3 月 3 日。

境污染行为。如《噪声污染防治法》第 2 条第 2 款规定,环境噪声污染是指所产生的环境噪声超过国家规定的环境噪声排放标准,并干扰他人正常生活、工作和学习的现象;《放射性污染防治法》第 62 条第 1 项规定,放射性污染是指由于人类活动造成物料、人体、场所、环境介质表面或者内部出现超过国家标准的放射性物质或者射线。不过,虽然采用了不同的界定标准,但是这一类环境污染行为同样具有向环境排放、投入某种物质或能量,进而影响人类和其他生物的正常生存和发展的特征。

2.生态破坏行为

所谓破坏生态,是指人类不合理地开发利用环境的一个或数个要素,过量地向环境索取物质和能量,使它们的数量减少、质量降低,以致破坏或降低其环境效能、生态失衡、资源枯竭而危及人类和其他生物生存与发展的现象。[1]可见,作为人类利用自然环境的另一种方式,破坏生态行为往往表现为向生态环境的"索取式"行为,这一点与环境污染通常表现为"排放式"的行为有着明显区别。典型的生态破坏行为包括乱砍滥伐、过度放牧;毁林造田、围湖造田、过度垦荒;建设大坝,导致下游的生态系统被破坏;开采矿产致使土地塌陷、水土流失;不合理地引入物种;乱捕滥猎、过度采挖珍稀动植物。[2]例如在盛产虫草的青藏高原及周边地区, 过度挖采虫草不仅导致这种可谓中国独一无二的物种资源枯竭,还破坏了本就稀疏的植被进而极易引发水土流失、草场退化甚至沙化等生态问题。需要说明的是,《民事诉讼法》第 55 条第 2 款规定了人民检察院可以针对损害社会公共利益的"破坏生态环境和资源保护的行为"向法院提起诉讼。鉴于现代环境保护中的"环境"概念常常包括资源,又称为环境资源或环境与自然资源,1972 年联合国环境规划署对此的解释是,"所谓资源,特别是自然资源,是指在一定时间、地点条件下能产生经济价值,以提高人类当前和将来福利的自然环境因素和条件"[3];同时自然资源又具有环境属性,作

---

① 吕忠梅:《论环境侵权的二元性》, 北大法律信息网,http://article.chinalawinfo.com/ArticleFullText.aspx?ArticleId=87459,访问日期:2019 年 3 月 3 日。

② 沈德咏主编《最高人民法院环境侵权责任纠纷司法解释理解与适用》,人民法院出版社,2016,第 224 页。

③ 周柯、谭柏平、欧阳杉主编《环境法》,中国人民大学出版社,2018,第 6 页。

为生态因子发挥着特定的生态功能,因此根据破坏资源保护的方式是属于"排放式"抑或"索取式",仍然可以将破坏资源保护的行为归入污染环境、破坏生态这两种基本类型。该条规定将破坏生态环境与资源保护的行为分别列出,体现了人民检察院对涉及不特定多数人的环境公共利益,以及我国基于大多数自然资源由国家所有的国家利益的维护。事实上,由于自然资源本身同时具有经济性功能与生态性功能,而从经济性功能的角度来看我国大多数自然资源由国家所有,使得我们只要保护好了自然资源,或者说维护好自然资源的经济性功能,通常就能实现对其生态性功能的有效保护。

此外,虽然破坏生态与环境污染在行为的表现方式上有所不同,并且其内部表现形态各样,但两者并不能截然分开,而是互为因果、经常发生转化。① 严重的环境污染常常导致生物栖息地的破坏,造成生物数量锐减甚至生物多样性的减少,尤其是关键种的丢失将严重影响生态系统的功能;而一旦生态系统遭受破坏将会降低环境本身的自净能力,从而进一步加剧环境受到污染的程度。可见环境污染与生态破坏往往共生、共促并最终导致生态环境的失衡,如开采矿产资源就是常见的兼具污染环境和破坏生态特征的活动,不仅会导致地下含水层被污染、固体废弃物排放压占毁损土地、地貌景观被破坏等环境问题,还会导致地面塌陷、地下水位下降、苗木死亡、矿产资源枯竭等一系列生态问题。

从地方法院对环境民事公益诉讼受案范围的探索来看,2015 年《贵州省高级人民法院关于推进环境民事公益诉讼审判工作的若干意见》主要按照案件所涉的环境要素,明确了法院受理下列环境民事公益诉讼案件:①危害水资源、水生生态系统安全案件;②危害大气环境安全案件;③危害土地环境安全案件;④危害矿产资源安全案件;⑤危害地质构造安全案件;⑥危害森林、草原等陆生生态系统安全案件;⑦危害珍稀动物、植物安全案件;⑧固体废物污染案件;⑨放射性污染、噪声污染、光污染案件;⑩其他危害环境公共利益的民事

---

① 吕忠梅:《环境侵权的遗传与变异——论环境侵害的制度演进》,《吉林大学社会科学学报》2010 年第 1 期。

案件。①

　　结合司法实践来看,《环境保护法》第 2 条列举了 15 个环境要素,据统计2015 年环境民事公益诉讼案件一共涉及 9 个环境要素, 分别是大气、水、土地、森林、人文遗迹、野生生物、海洋、矿藏及湿地;2016 年环境民事公益诉讼案件共涉及 6 个环境要素,分别是大气、水、土地、森林、人文遗迹及矿藏。2015年、2016 年数量最多的三类案件均为涉及水、土地和大气受到污染和破坏的案件,这三类案件的数量之和分别占当年案件总数的 88.06%、86.72%。②虽然目前立法将污染环境、破坏生态案件均纳入环境民事公益诉讼的受理范围,但环境民事公益诉讼案件仍然存在类型化不足的问题, 主要表现为相对于受理的环境污染类民事公益诉讼案件,生态保护类民事公益诉讼案件的数量偏少。另据统计,虽然近年来环保组织将目光由局部的“小环境”拓展至“大生态”,使得生态保护类民事公益诉讼案件的数量有所提升,如 2015 年、2016 年生态保护类民事公益诉讼案件的数量分别为 4 件、12 件, 但仅占环境民事公益诉讼案件总数的 7.14%、13.79%(其余为环境污染类环境民事公益诉讼案件)。③从环境民事公益诉讼的地域分布来看,只有环境资源较为丰富的新疆、四川、广西、海南、河南等省提起了较多的生态保护类环境民事公益诉讼,如河南涉及人文遗迹的环境民事公益诉讼案件占据该省环境民事公益诉讼案件总量的2/3。④之所以如此,一方面可能是环境污染行为通常会造成对“环境”的损害和对“人”的损害,而破坏生态行为往往与“人”的损害之间并无明显的直接联系,也无确定的标志性行为,并且由于生态关系自身的多元化,使得是否会造成对

---

　　①贵州省高级人民法院关于印发《贵州省高级人民法院关于推进环境民事公益诉讼审判工作的若干意见》的通知（黔高法〔2015〕71 号）, 贵州省高级人民法院,http://www.guizhoucourt.cn/app.jspx?id=1310,访问日期:2019 年 3 月 1 日。

　　② 张忠民等:《环境公益诉讼的数量与质量》, 载吕忠梅等《中国环境司法发展报告（2015—2017）》,人民法院出版社,2017,第 176 页。

　　③ 张忠民等:《环境公益诉讼的数量与质量》, 载吕忠梅等《中国环境司法发展报告（2015—2017）》,人民法院出版社,2017,第 174 页。

　　④ 张忠民等:《环境公益诉讼的数量与质量》, 载吕忠梅等《中国环境司法发展报告（2015—2017）》,人民法院出版社,2017,第 179 页。

"人"的损害、会造成怎样的损害后果通常具有不确定性,①因此相对而言,人们往往更容易关注直观程度较高的环境污染而非破坏生态行为。另一方面,由于立法对于破坏生态法律责任形式的规定主要集中在刑事责任和行政责任上,而对生态破坏型环境侵权行为的民事责任的规定相对不足,以及对生态破坏侵权证明责任等的相关法律规定与理论研究不足等原因,也会在一定程度上影响着生态保护类民事公益诉讼案件的数量。

(二)诉讼拟救济利益

除了被诉行为的类型之外,环境民事公益诉讼的受案范围还涉及拟救济利益的类型。如前所述,环境民事公益诉讼应以修复、预防环境公共利益受损为目的,其迥异于私益诉讼的救济利益决定了二者在受案范围上的区别。根据《环境保护法》第 58 条的规定,污染环境、破坏生态的行为必须是损害社会公共利益的,才能纳入环境民事公益诉讼的受理范围。在判断某一案件是否涉及社会公共利益时,应以原告提出的诉讼请求所保护的利益指向为基准,即判断原告所请求保护的法益是否超过了私人利益的范围,②如果超出了就涉及公共利益,否则就为私益诉讼。不过由于在环境纠纷中往往私益与公益并存,如在河流污染纠纷中,既有周边农民因直接饮用被污染的水体而造成的健康受损,以及使用污水灌溉农田而遭受的农产品减产等私益损害,同时还会发生水环境质量下降、整个水域内鱼虾大量死亡甚至绝迹、附近耕地因工业废水的污染而被迫荒废等公益损害。此时只有基于维护公共利益之目的而提起的,即诉讼请求不涉足私人利益的诉讼才宜纳入环境公益诉讼的受案范围。毕竟涉及私人利益的环境纠纷可以通过私益诉讼的途径予以解决,无须纳入环境民事公益诉讼的受案范围之中。

根据《环境民事公益诉讼司法解释》第 1 条规定,法律规定的机关和有关组织对已经损害社会公共利益或者具有损害社会公共利益重大风险的污染环境、破坏生态的行为提起诉讼,符合《民事诉讼法》第 119 条第 2 项、第 3 项、第

---

① 吕忠梅:《论环境侵权纠纷的复合性》,中国法院网,https://www.chinacourt.org/article/detail/2014/11/id/1481992.shtml,访问日期:2019 年 3 月 3 日。

② 江伟、肖建国主编《民事诉讼法(第 8 版)》,中国人民大学出版社,2018,第 158 页。

4 项规定的,人民法院应予受理。该规定是对《环境保护法》第 58 条规定的进一步细化,除了将环境民事公益诉讼的受案范围进一步界定为已经损害或严重危及社会公共利益的污染环境、破坏生态的行为之外,还明确了对此类行为提起诉讼须满足"起诉必须符合有明确的被告,有具体的诉讼请求和事实、理由,属于人民法院受理民事诉讼的范围和受诉人民法院管辖"的条件。从最高人民法院的阐释来看,划分环境民事公益诉讼和私益诉讼受案范围的主要标准是比较清晰的,就是原告与诉讼标的或案件是否有法律上的利害关系,如果原告与案件存在利害关系即为私益诉讼,如果不存在利害关系,原告是为了维护社会公共利益而提起的诉讼就属于环境民事公益诉讼。[①]从 2015 年《贵州省高级人民法院关于推进环境民事公益诉讼审判工作的若干意见》来看,其中明确规定"为维护环境公共利益,对有关单位和个人在生产、生活中污染环境、破坏生态,危害环境公共利益的行为提起的民事诉讼,属于环境民事公益诉讼。为了自身利益而提起的普通环境诉讼,不管原告人数多少,均不属于环境民事公益诉讼"[②]。从上述规定可知,对环境民事公益诉讼受案范围的界定应以是否维护环境公共利益为标准。环境民事公益诉讼针对的污染环境、破坏生态行为必须是"已经损害或具有损害社会公共利益的重大风险",诉讼目的就在于救济或预防污染环境、破坏生态行为对环境公共利益的侵害。

1.已经损害环境公共利益

将"已经损害环境公共利益"作为界定环境民事公益诉讼受案范围的标准之一,体现了环境公益诉讼制度救济受损的环境公共利益的功能。从《侵权责任法》第 65 条和《民法典》关于环境污染和生态破坏责任的规定来看,对于作为环境侵权原因行为的污染环境及破坏生态行为,当事人主张司法救济的请求权基础是"有损害有救济",而非传统侵权责任的"有权利有救济"。从损害后

[①] 最高人民法院环境资源审判庭:《最高人民法院关于环境民事公益诉讼司法解释理解与适用》,人民法院出版社,2015,第 395 页。

[②] 贵州省高级人民法院关于印发《贵州省高级人民法院关于推进环境民事公益诉讼审判工作的若干意见》的通知（黔高法〔2015〕71 号）,贵州省高级人民法院,http://www.guizhoucourt.cn/app.jspx?id=1310,访问日期:2019 年 3 月 1 日。

果来看,由于环境污染与生态破坏行为均直接作用于生态环境本身,即使又造成了特定个体的人身或财产损害,也是以生态环境作为媒介进一步导致的。换言之,环境污染与生态破坏行为的损害后果具有二元性,在某些情形下可能同时造成对"环境"和对具体的"人"的损害,而在某些情形下则可能只有对"环境"的损害而无对具体的"人"的损害。[①] 显然,上述两种情形下都发生了生态环境本身的损害,不过只有在原告请求救济的是环境的损害而非对人的损害时,该案件才能被纳入环境民事公益诉讼的受理范围。这是因为"在本质上,生态环境本身遭受到侵害才是环境公共利益受损的表现形式,环境公共利益受损意味着不特定多数人因环境公共物品和公共服务的供应能力下降而产生了不利影响"[②]。

进一步地,对于环境污染、生态破坏行为是否"已经损害社会公共利益"的认定,实际上是判断该行为是否造成了生态环境本身损害的后果。参考2018年1月1日施行的《生态环境损害赔偿制度改革方案》来看,该方案所称的生态环境损害,"是指因污染环境、破坏生态造成大气、地表水、地下水、土壤、森林等环境要素和植物、动物、微生物等生物要素的不利改变,以及上述要素构成的生态系统功能退化。"这一定义为判断是否造成了生态环境损害提供了依据。同时,鉴于《生态环境损害赔偿制度改革方案》不适用于涉及海洋生态环境的损害赔偿,所以结合海洋生态环境损害的认定来看,海洋生态环境损害包括"海洋环境污染损害"与"海洋生态损害"。其中,根据《海洋环境保护法》第94条规定,海洋环境污染损害是指直接或间接地把物质或者能量引入海洋环境,产生损害海洋生物资源、危害人体健康、妨害渔业和海上其他合法活动、损害海水使用素质和减损环境质量等有害影响。可见对于是否造成海洋自身的损害,需要考察是否因污染行为产生了损害海洋生物资源、危害人体健康、损害海水使用素质、减损环境质量等有害影响。同时,参照《海洋生态损害评估技术

---

① 吕忠梅:《论环境侵权的二元性》, 北大法律信息网, http://article.chinalawinfo. com/ArticleFullText.aspx?ArticleId=87459,最后访问时间:2019年3月3日。

② 乔刚、赵洋:《我国环境民事公益诉讼的可诉范围研究》,《河南财经政法大学学报》2018年第2期。

指南(试行)》的规定,海洋生态损害是指由于人类活动直接、间接改变海域自然条件或者向海域排入污染物质、能量,而造成的对海洋生态系统及其生物因子、非生物因子的有害影响。可见对于是否造成海洋生态损害的认定,需要判断是否因人的活动造成了对海洋生态系统及其生物因子、非生物因子的有害影响,如导致了海水水质损害、海洋沉积物损害、海洋生物损害及海洋生态系统功能的退化等。简言之,对于是否造成生态环境的损害,往往需要从污染或破坏行为是否导致了环境质量的下降、生物因子或非生物因子的损害、生态系统的功能退化等方面加以考察。

2.具有损害环境公共利益的重大风险

将"具有损害环境公共利益的重大风险"作为界定环境民事公益诉讼受案范围的标准之一,体现了该制度预防环境公共利益遭受侵害的功能。人类社会在生存发展的过程中必然要利用环境资源,而利用环境资源无外乎采取两种方式——从自然界获取物质、能量或者向自然界排放物质、能量,很明显这两种利用方式都可能招致环境风险。环境法学者对于"环境风险"的定义是,由于人类活动或者自然运动所引发的,在自然环境中发生或者经过自然环境传递给人类,能对人体健康、社会财富或生态环境产生破坏、损失乃至毁灭等不利后果的不确定事件。[1] 1992 年联合国环境和发展大会通过的《里约环境与发展宣言》原则十五被认为是确立风险预防原则的里程碑——"为了保护环境,各国应根据本国能力广泛采取预防性措施。遇有严重或不可逆转损害的威胁时,不得以缺乏科学充分确实证据为理由,延迟采取符合成本效益的措施防止环境恶化。"由此可见,只有环境风险的危害需要被怀疑到一定程度,才是风险预防原则的适用前提,如严重的、不可逆转的或重大的风险。[2] 毕竟一定意义上任何开发利用环境资源的行为都会导致环境风险,而人类的生存与发展又必须建立在开发利用环境资源的基础之上,因此面对环境风险没有必要一律采取"草木皆兵"的态度。基于此,能够纳入环境民事公益诉讼受案范围的,应该是"具有损害社会公共利益重大风险"的污染环境、破坏生态行为。

---

[1] 曾维华、程声通:《环境灾害学引论》,中国环境科学出版社,2000,第 136—137 页。
[2] 吕忠梅主编《环境法原理》,复旦大学出版社,2018,第 80 页。

至于对"重大风险"的界定,《环境民事公益诉讼司法解释》未明确作出规定。由于从风险预防原则的角度,只有当环境风险达到一定阈值即风险预防的临界线时,才能依据风险原则去采取符合成本—效益分析的措施加以防范。据此可以将重大风险理解为是满足一定的阈值,如可能对生态环境造成严重的、不可逆转的或重大的危害后果的行为。当然,到底在不同场合采用何种阈值,取决于不同国家或社会组织的解释以及不同的社会、文化背景与环境风险的具体情形。① 结合最高人民法院环境资源审判庭对于《环境民事公益诉讼司法解释》的理解来看,目前对于"重大风险"的界定需要在司法实践中进一步探索,以通过案例的积累和类型化逐步形成裁判规则;对于具有损害社会公共利益重大风险的污染环境、破坏生态行为,因其尚未发生实际的损害后果,因此在司法实践中应从严把握。同时还指出,可以将《环境保护法》第 63 条规定的四种情形视为具有损害社会公共利益重大风险的污染环境、破坏生态行为,包括:建设项目未依法进行环境影响评价,被责令停止建设,拒不执行的;违反法律规定,未取得排污许可证排放污染物,被责令停止排污,拒不执行的;通过暗管、渗井、渗坑、灌注或者篡改、伪造监测数据,或者不正常运行防治污染设施等逃避监管的方式违法排放污染物的;生产、使用国家明令禁止生产、使用的农药,被责令改正,拒不改正的。此外,超过污染物排放标准或超过重点污染物排放总量控制指标排放污染物的行为;生产经营者虽然在生产过程中并无违法排污污染环境的行为,但其生产的产品因存在缺陷或质量瑕疵,导致在被社会公众消费的过程中对环境造成危害,也可以视为具有损害社会公共利益重大风险的环境污染行为。②

此外,对于环境民事公益诉讼受案范围的界定还涉及以下两个问题:

一是能否允许符合法定条件的社会组织对国家所有的环境资源遭受损害,以及对公民、法人或其他组织享有所有权或使用权的环境资源遭受损害提起环境民事公益诉讼。这个问题实际上关涉环境民事公益诉讼受案范围的界

---

① 唐双娥:《环境法风险防范原则研究》,高等教育出版社,2004,第 161 页。
② 最高人民法院环境资源审判庭:《最高人民法院关于环境民事公益诉讼司法解释理解与适用》,人民法院出版社,2015,第 38、132 页。

定。鉴于环境资源本身同时承载着经济性功能与生态性功能，即使从经济功能的角度来看某一环境资源属于国家所有，抑或由其他主体享有所有权或使用权，但由于环境资源既是每一个社会成员生存与发展的物质基础，又是生态系统的重要组成部分和能够引起生态系统变化的重要因素，因而不能据此说环境资源的生态服务功能也专属国家或其他主体所有。正是由于社会公众共同享受着环境资源所承载的生态服务功能，或者说共同享有由环境资源提供的不具有直接经济价值的生态产品所蕴含的利益——生态性环境公益，因此生态性环境公益的最终归属主体只能是社会公众。既然如此，那么在环境资源本身遭到污染或破坏时，常常就是环境资源所承载的经济性功能与生态性功能的损坏或退化之时，应准许社会组织就国有的环境资源以及公民、法人或其他组织享有所有权或使用权的环境资源的生态功能损害提起环境民事公益诉讼。特别是在法律规定的机关、公民、法人或其他组织均不对其享有所有权或使用权的环境资源损害提起诉讼，或者即使起诉却不要求被告承担生态环境修复的责任时，允许符合法定条件的社会组织代表社会公众，就其享有的由环境资源提供的生态性环境公益受损提起环境民事公益诉讼是必要的。

二是行政机关对国家所有的自然资源遭受破坏提起的损害赔偿诉讼，是否属于环境民事公益诉讼的受案范围。行政机关作为原告提出损害赔偿诉讼的权利基础是国家对自然资源的所有权，而国有自然资源同时承载着经济性环境公益和生态性环境公益。如上文所说，即使是根据宪法和法律规定由国家所有的自然资源，也仅仅是从经济功能的角度界定了该自然资源的所有权，并不能得出自然资源的生态服务功能也专属国家所有的结论。所以，国家基于对自然资源享有所有权的国家利益，只能吸收该自然资源所承载的经济性环境公益，而不能吸收自然资源所承载的生态性环境公益。当然，基于我国是社会主义国家的特殊国情，自然资源由国家所有即为全民所有，因此经济性环境公益亦可被视为环境公共利益的一部分，本文也正是在中义层面界定环境公共利益的。因此，在经济性环境公益属于环境公共利益的前提下，由于国有自然资源遭受破坏往往同时涉及其经济功能与生态功能受损，因此无论行政机关仅就自然资源的经济功能受损提出损害赔偿请求，还是就自然资源的经济功能与生态功能受损都提出损害赔偿请求，均属于环境民事公益诉讼的受案范围。退一步说，即使将环境公共利益界定在狭义层面即仅限于生态性环境公益，那么根据 2017 年印发的《生态环境损害赔偿制度改革方案》所规定的赔偿范围来看，行政机关请求赔偿的范围"包括清除污染费用、生态环境修复费用、生态环境修复期间服务功能的损失、生态环境功能永久性损害造成的损失以及生态环境损害赔偿调查、鉴定评估等合理费用"。由于这里的赔偿范围涵盖了自然资源的经济功能损害及生态功能损害，因此行政机关提出的损害赔偿诉讼应被纳入环境民事公益诉讼的受案范围。需要说明的是，《民法典》第1235 条关于国家规定的机关对造成生态环境损害的侵权人，有权请求的赔偿范围与上述规定基本一致，区别主要是增加了"防止损害的发生和扩大所支出的合理费用"。

二、环境行政公益诉讼的受案范围

在 2017 年修订的《行政诉讼法》正式确立行政公益诉讼制度之前，关于确定环境行政公益诉讼受案范围的法律依据，主要见于 2015 年 7 月 1 日起施行的全国人民代表大会常务委员会《关于授权最高人民检察院在部分地区开展公益诉讼试点工作的决定》，以及最高人民检察院、最高人民法院制定的有关司法文件中。其中，全国人民代表大会常务委员会的上述决定指出，检察机关开展提起公益诉讼试点的范围包括生态环境和资源保护、国有资产保护、国有土地使用权出让、食品药品安全等领域，针对的是行政机关危害国家利益和社会公共利益的违法行政行为。进一步地，最高人民检察院制定的《检察机关提起公益诉讼试点方案》《人民检察院提起公益诉讼试点工作实施办法》将试点案件范围明确为，生态环境和资源保护、国有资产保护、国有土地使用权出让等领域负有监督管理职责的行政机关违法行使职权或者不作为，造成国家和社会公共利益受到侵害，公民、法人和其他社会组织由于没有直接利害关系，没有也无法提起诉讼的，检察机关可以提起行政公益诉讼。同时，最高人民法院制定的《人民法院审理人民检察院提起公益诉讼案件试点工作实施办法》将人民检察院提起行政公益诉讼的被诉主体扩展为除了在有关领域负有监督管理职责的行政机关之外，还包括法律、法规、规章授权的组织。在为期 2 年的试点工作结束后，2017 年修订的《行政诉讼法》第 25 条第 4 款明确规定，人民检察院在履行职责中发现生态环境和资源保护等领域负有监督管理职责的行政机关违法行使职权或者不作为，致使国家利益或者社会公共利益受到侵害的，应当向行政机关提出检察建议，督促其依法履行职责。行政机关不依法履行职责的，人民检察院依法向人民法院提起诉讼。在此基础上，2018 年施行的最高人民法院最高人民检察院《关于检察公益诉讼案件适用法律若干问题的解释》（以下简称《检察公益诉讼司法解释》）第 21 条第 2、3 款进一步明确规定，行政机关应当在收到检察建议书之日起两个月内依法履行职责，并书面回复人民检察院。出现国家利益或者社会公共利益损害继续扩大等紧急情形的，行政机关应当在 15 日内书面回复。行政机关不依法履行职责的，人民检察院依法向人民法院提起诉讼。从上述规定来看，现有法律主要是从被诉主体、被诉行政行为、诉讼拟救济利益三个方面对环境行政公益诉讼的受案范围进行了界定。

（一）被诉主体

根据《行政诉讼法》第 25 条第 4 款规定，环境行政公益诉讼的被诉主体就是生态环境和资源保护领域负有监督管理职责的行政机关。从我国拥有一定职权的环境行政管理机构的构成来看，可以分为环境行政机关、授权的环境行政机构、受委托的机构与社会组织三种类型。其中，环境行政机关主要包括国务院、生态环境部、各级地方人民政府及其环境保护主管部门。从《环境保护法》第 10 条第 1 款的规定来看，生态环境部与地方各级环境保护主管部门是环境行政执法的主要主体。授权的环境行政机构是指依据有关法律、法规、规章的授权而获得相应环境行政职权的执法主体，如《环境保护法》第 10 条第 2 款规定的"依照有关法律的规定，对资源保护和污染防治等环境保护工作实施监督管理的县级以上人民政府有关部门和军队环境保护部门。"授权的环境行政机构又可进一步分为对某些方面的污染防治实施监督管理的部门、对某些方面的资源保护实施监督管理的部门两类。前者包括军队环境保护部门、国家海洋行政主管部门、港务监督、渔政渔港监督、各级公安、交通、铁路及民航管理部门等；后者包括县级以上人民政府的土地、矿产、农业、林业、水行政主管部门等。显然，这两类部门都不是专门的环境行政执法机构，它们只是在与自身业务相关的范围内对环境污染防治或资源保护行使监督管理权。除此之外，其他一些政府行政职能部门，如卫生、园林、核安全、市政管理、文物保护等行政主管部门也负有某些环境行政执法的职责。①受委托的机构和社会组织在我国主要是指各级环境保护主管部门的职能机构,如环境监察机构、环境监测站、环境应急与事故调查中心以及生态环境部设置的环境保护六大督察中心等各类派出机构。②从《行政诉讼法》第25条第4款的规定来看,环境行政公益诉讼的被告应为环境行政机关及法律授权的环境行政机构。但是,受委托的机构和社会组织以环境行政机关的名义所实施的行为,也应当纳入环境行政公益诉讼的受案范围,只不过由于受委托的机构和社会组织所实施行为的法律责任归于委托行政机关,此时委托的行政机关就成为环境行政公益诉讼的被诉主体。依据最高人民检察院《关于深入开展公益诉讼试点工作有关问题的意见》的规定,对于行政机关的派出机构,如其职权来源于法律法规规章授权,应直接以其为被告提起行政公益诉讼;如其职权来源于行政机关委托,则应以委托的行政机关为被告提起行政公益诉讼。

随着检察机关提起公益诉讼试点工作的开展,2016年环境行政公益诉讼的案件数量出现大幅度上升。据统计,2016年检察机关一共提起68件环境行政公益诉讼案件,其中被告是县级人民政府工作部门的比例接近89%,同时不乏县级和乡级人民政府成为被告的案例。环境行政公益诉讼的被诉主体之所以集中在县级人民政府工作部门,主要原因是在我国的环境行政管理体制之下,地方各级人民政府应当对本行政区域的环境质量负责,地方政府尤其是县级人民政府的相关工作部门承担了大量的环保事权。并且,在2016年县级人民政府工作部门作为被告的总计60起环境行政公益诉讼案件中,国土资源局、环境保护局、林业局作为被告的案件数量之和达43件,此外还包括水务局、水利局、财政局、生态保护局、住房和城乡建设局、城市管理综合行政执法局、规划和国土资源管理委员会、农林局作为被告的案件。③

---

① 周柯、谭柏平、欧阳杉主编《环境法》,中国人民大学出版社,2018,第85—86页。

② 吕忠梅主编《环境法原理》,复旦大学出版社,2018,第177页。

③ 吕忠梅、张忠民等:《理性检视:检察机关提起环境公益诉讼试点》,载吕忠梅等《中国环境司法发展报告(2015—2017)》,人民法院出版社,2017,第276—279页。

（二）被诉行政行为

我国环境行政公益诉讼所指向的被诉行为，包括生态环境和资源保护领域负有监督管理职责的行政机关违法行使职权及不作为两种基本类型。从国外立法来看，将这两种行为纳入环境行政公益诉讼的受理范围较为普遍。如在法国，"任何环保团体均得向行政法院提起行政诉讼，从而纠正违法行为，排除环境侵害；对国家在行政上之过失，均得请求法院作出对不法行为之判决；对国家之不作为或在环境污染监督及监测方面的严重疏漏行为，均得提起诉讼；对违背法律法规的行政措施，均得请求废止之等"①。又如意大利1986年发布的第349号法令规定，如果行政行为的许可、拒绝或者不作为违反了对自然的保护及对自然景观的维护，那么某些被认可的团体，尽管其权利并没有受到侵害，也有权提起诉讼。②事实上，无论是违法行使职权的行为还是不作为，在性质上均属行政机关违反法定职责的行为，只是二者的外在表现形式有所不同。

1.违法行使职权的行为

违法行使职权的行为是作为形式的行政违法行为，表现为行政机关在履行职责的过程中，存在事实认定上的错误、违反法定程序或者滥用职权等违反规定行为。以环境保护主管部门为例，其被作为检察机关监督对象的违法行使职权的行为主要是：不符合行政许可条件而准予行政许可，具体涉及环评审批、排污许可证核发、危险废物经营许可证核发、辐射安全许可证核发、固体废物进口许可、废弃电器电子产品处理资格证核发等众多事项；基于地方保护主义、权力寻租或者迫于相关部门压力而对环境违法行为进行包庇；伪造、篡改或者指使伪造、篡改监测数据；将征收的排污费截留、挤占或挪作他用的行为。③据统计，在检察机关提起环境行政公益诉讼的案件中，涉及被诉行政机关"违法行使职权"的行为主要包括以下六类：一是违法倾倒垃圾或违法建设

---

① 柯泽东：《环境法论》，台湾三民书局，1993，第119页。

② 吴长军：《社会组织参与公益诉讼的法律保障机制研究》，《首都师范大学学报（社会科学版）》2014年第5期。

③ 最高人民检察院民事行政检察厅：《检察机关提起公益诉讼实践与探索》，中国检察出版社，2017，第136页。

和使用垃圾场;二是违法对不符合政策标准和条件的企业或公民发放、允许发放相关专项补贴;三是违法向不满足政策要求的企业或项目发放相关证明书、许可证;四是擅自决定行政相对人缓交相关费用;五是擅自降低相关费用标准,如矿山生态环境恢复治理保证金等;六是违法出让、转包土地,如违法出让土地用于砂石加工、转包林场、出让国有建设用地使用权等。①

除了上述几类行为之外,地方法院制定的司法文件还将行政机关在进行重大决策活动中未听取公众意见的违法行为纳入环境行政公益诉讼的受案范围中。如贵阳市中级人民法院清镇市人民法院《关于大力推进环境公益诉讼、促进生态文明建设的实施意见》第5条规定:公民、法人或者其他组织对贵阳市各级人民政府及有关部门在进行涉及公共环境利益的生态文明建设重大决策活动中,未通过听证、论证、专家咨询或者社会公示等形式广泛听取意见,并接受公众监督的,可以提起环境行政公益诉讼。② 显然,上述行为属于行政机关在行使职权过程中的程序违法行为,并且是事关环境公共利益的重大决策行为,所以应成为环境行政公益诉讼的被诉行为。又如,依据《环境影响评价法》第11条规定,除了国家规定需要保密的情形之外,专项规划的编制机关对可能造成不良环境影响并直接涉及公众环境权益的规划,应当在该规划草案报送审批前,通过举行论证会、听证会或其他形式,征求有关单位、专家和公众对环境影响报告书草案的意见。据此可以认为,如果编制机关对直接关涉环境公益并可能导致环境损害的规划,未征求有关单位、专家和公众对环境影响报告书草案的意见,那么可以将这一行为纳入环境行政公益诉讼的受案范围中。此外,上述《实施意见》第6条还将县级以上人民政府有关部门未依法主动公开有关生态文明建设有关信息的行为作为环境行政公益诉讼的被诉行为,包括生态文明建设城乡规划、生态功能区的范围及规范要求、生态文明建设量化指标及绩效考核结果、建设项目的环境影响评价文件审批结果和竣工环境保

---

① 秦鹏、何建祥:《论检察环境行政公益诉讼受案范围的实证分析》,《浙江工商大学学报》2018年第4期。

② 陈小平、潘善斌、潘志成:《环境民事公益诉讼的理论与实践探索》,法律出版社,2016,第247页。

护验收结果、财政资金保障的生态文明建设项目及实施情况、生态补偿资金使用和管理情况、环境保护及规划建设的监督检查情况以及社会反映强烈的生态文明违法行为的查处情况。[①]

2.不作为

不作为是负有监督管理职责的行政机关不履行或不充分履行法定职责的行为。根据最高人民检察院民事行政检察厅编写的"检察机关提起公益诉讼实务指引",不作为形式的违法行为包括完全不履职、不完全履职两种情形。站在公众的立场,这两种形式的不作为都是对侵害社会公共利益的行为的放纵,理应纳入行政公益诉讼的受案范围。其中,完全不履职表现为行政机关违背其监管职责,对行政违法行为不立案调查,也没有采取任何处罚措施予以纠正;不完全履职表现为行政机关对于应为的监管职责没有达到要求,因而导致没有实现监管目的。[②]以环境保护主管部门为例,其被检察机关作为监督对象的完全不履职行为是指其完全不履行自身职责,对主管范围内存在的超标排放污染物、采取逃避监管方式的排污行为、造成环境事故、不落实生态保护措施造成生态破坏等行为,发现或者接受举报后未及时查处的违法行为;不完全履职行为主要包括环境保护主管部门实施行政处罚不充分、方式单一,不注重复查监督,未及时消除污染或危险,以及怠于实施强制措施的行为。[③]同时,依据《行政诉讼法》第25条第4款的规定,对于行政机关违法行使职权的行为和不作为,只有在经检察机关提出检察建议督促其依法履行职责后仍然不履行的,才能纳入法院司法审查的范围。在司法实践中,相对于行政机关违法行使职权的行为,不作为是环境行政公益诉讼的主要被诉行为,例如在2016年环境行

[①] 陈小平、潘善斌、潘志成:《环境民事公益诉讼的理论与实践探索》,法律出版社,2016,第248页。

[②] 最高人民检察院民事行政检察厅:《检察机关提起公益诉讼实践与探索》,中国检察出版社,2017,第114页。

[③] 最高人民检察院民事行政检察厅:《检察机关提起公益诉讼实践与探索》,中国检察出版社,2017,第137—140页。

政公益诉讼案件中的行政作为类与不作为类案件的数量比约为 1：5。①

　　需要说明的是，由于受案范围的确定不能动摇分权与制衡这一现代民主政治的基石，以及行政机关对环境公共利益的维护所承担的"主导者"角色，因此在确定环境行政公益诉讼的受案范围时，一般不宜将属于行政机关自由裁量范围内的"不作为"纳入。例如美国，虽然 16 部联邦环境法律的公民诉讼条款规定了任何人有权代表自己，以任何人为被告（包括美国政府及其政府机构）提起一项民事诉讼，以实施授权该公民诉讼条款的环境法律，以及依据该成文法颁布的行政规章、其他诸如许可证以及行政命令等特定的法律要求，但同时亦对环境公民诉讼的提起采取了诸多的立法限制，其中就包括对于联邦环保局局长的起诉只能针对其非自由裁量行为提起，以避免打击行政机关为追求公益而合理运用有限资源的能力。② 在最高人民法院副院长江必新所作的《深入贯彻五大发展理念稳步推进环境公益诉讼》的讲话中，也强调了"要注意处理好行政机关依法履职和人民法院监督的关系""不能把行政机关自由裁量范围内的事项一律划为不作为范围"③。

　　目前，由于我国刚在法律层面确立了行政公益诉讼制度，因此尚未以列举方式规定被诉行政行为的具体类型。从检察机关提起环境公益诉讼的实务指引来看，是将《环境保护法》第 68 条所列举的地方各级人民政府、县级以上人民政府环境保护主管部门和其他负有环境保护监督管理职责的部门存在的九类违法行为作为监督的重点，包括：不符合行政许可条件准予行政许可的；对环境违法行为进行包庇的；依法应当作出责令停业、关闭的决定而未作出的；对超标排放污染物、采用逃避监管的方式排放污染物、造成环境事故以及不落实生态保护措施造成生态破坏等行为，发现或者接到举报未及时查处的；违反本法规定，查封、扣押企业事业单位和其他生产经营者的设施、设备的；篡改、伪造或者指使篡改、伪造监测数据的；应当依法公开环境信息而未

---

　　① 张忠民等：《环境公益诉讼的数量与质量》，载吕忠梅等《中国环境司法发展报告（2015—2017）》，人民法院出版社，2017，第 175 页。

　　② 朱谦：《公众环境公益诉权属性研究》，《法治论丛》2009 年第 2 期。

　　③ 江必新主编《环境资源审判指导》，人民法院出版社，2016，第 45 页。

公开的;将征收的排污费截留、挤占或者挪作他用的;法律法规规定的其他违法行为。

此外,关于抽象行政行为是否属于环境行政公益诉讼的被诉行为的问题,从《行政诉讼法》第 13 条第 2 项的规定来看,公民、法人或者其他组织对行政法规、规章或者行政机关制定、发布的具有普遍约束力的决定、命令提起诉讼,人民法院不予受理。但是,公民、法人或者其他组织如果认为行政行为所依据的除规章之外的、国务院部门和地方人民政府及其部门制定的规范性文件不合法,可以依据《行政诉讼法》第 53 条规定,在对行政行为提起诉讼时一并请求对该规范性文件进行审查。就行政公益诉讼的受案范围来说,既然理论上公共利益"是国家行政机关乃至其他行政权行使主体存在的基本依据,是其行使各种行政权的最终合理性标准, 是行政权介入私人领域的最为根本的合理性理由"[1],那么一切背离公共利益目标的行政行为——无论是积极的作为还是消极的不作为,也不论是具体行政行为还是抽象行政行为,都是行政机关对其法定职责的违背,都不具有合法性与正当性,因而理应受到追诉。并且,设立环境公益诉讼制度的目的就在于最大限度地维护环境公共利益,而抽象行政行为通常是作出具体行政行为的前提, 并且其具有的适用对象的广泛性和可以反复适用等特点,使得它与环境公共利益的联系往往更为紧密,当然也就更容易造成对环境公共利益的侵害。与此同时,部门、行业通过制定规范性文件为己"圈利"、损害环境公共利益并使之合法性的现象时有发生,因此,有条件地将规章以下的抽象行政行为纳入环境行政公益诉讼的受案范围中, 是遏制违法、不当抽象行政行为侵害环境公共利益的现实需求所决定的,同时也是环境行政公益诉讼制度所追求的目的决定的。如在美国,公民诉讼针对的是除了自由裁量行为以外的所有行政行为,不论其是具体的还是抽象的,如果行政主体的抽象行政行为侵犯了公共利益, 普通民众亦可对此行为提起诉讼。[2] 例如《濒危物种法》规定的公民诉讼的可诉范围颇广,其中就包括了执行该法的内

① 杨建顺:《公共利益辨析与行政法政策学》,《浙江学刊》2005 年第 1 期。

② 李艳芳:《美国的公民诉讼制度及其启示——关于建立我国公益诉讼制度的借鉴性思考》,别涛主编《环境公益诉讼》,法律出版社,2007,第 120 页。

政部和商务部依据该法所颁布的任何行政规章。①

　　还有学者提出，对于国务院环境保护主管部门等有权机关制定的环境标准等规范性文件，由于会极大地影响到环境公共利益，因此也应当纳入司法审查的范围之中。②这种观点具有合理性，当然通常情况下法院应高度尊重国务院环境保护主管部门制定的国家环境质量标准及省、自治区、直辖市人民政府制定的地方环境质量标准。毕竟相对于法院来说这些机关在环境问题上具有高度的专业性。但是也不排除由于有权机关制定的环境标准不科学，而造成即使排污者并无过错却仍然造成污染加剧、环境品质下降等问题，这种情形下将有关环境标准纳入审查范围对于维护环境公共利益是必要的。在国外也有相应立法例，如美国《清洁空气法》第 307 条（D）款所列举的公众可提起行政诉讼进行司法审查的行为中，就包括了制定或修订国家环境空气质量标准、新源排放标准、危险空气污染物排放标准等。实际上，美国社会公众对环境行政机关行使自由裁量权的制约，主要就体现在通过司法审查程序对联邦环保局制定行政规章的抽象行政行为进行监督。③

　　（三）诉讼拟救济利益

　　与环境民事公益诉讼相类似，确定环境行政公益诉讼的受案范围还涉及拟救济利益的类型。只有当被诉行政行为同时符合违法及公益范畴的条件时，才能将该行政行为纳入司法审查的范围。从现行《行政诉讼法》的规定来看，仅明确赋予了检察机关提起行政公益诉讼的原告资格，但是在司法实践中又有社会组织提起环境行政公益诉讼的案例。就检察机关作为原告的情形而言，根据《行政诉讼法》第 25 条第 4 款规定，生态环境和资源保护领域负有监督管理职责的行政机关违法行使职权或不作为，必须是"致使国家利益或者社会公共利益受到侵害的"，才能由法院进行司法审查。如前所述，国家所有的自然资源同时承载着经济性环境公益和生态性环境公益。因此，一方面将行政机关违法

　　① 陈冬：《美国环境公益诉讼研究》，中国人民大学出版社，2014，第 97 页。

　　② 刘超：《环境行政公益诉讼受案范围之实践考察与体系展开》，《政法论丛》2017 年第 4 期。

　　③ 朱谦：《论环境权的法律属性》，《中国法学》2001 年第 3 期。

履行职责致使国家利益受到侵害的行为纳入法院的审查范围，往往可以通过对国家利益即自然资源本身的保护，去实现对自然资源所承载的经济性环境公益与生态性环境公益的维护。另一方面，这种指向"国家利益"的保护方式也存在一定缺陷，如空气、阳光等并不能作为自然资源为国家所有，并且就行政机关违法履行职责所导致的大气污染问题来说，通常情况下并不会产生国有自然资源受损的后果，此时就需要将"环境公共利益"特别是生态性环境公益受到侵害作为判断某一诉讼能否纳入环境行政公益诉讼受理范围的标准。可见，将检察机关提起环境行政公益诉讼的利益标准确定为"致使国家利益或者社会公共利益受到侵害"，可以更全面、更有力地实现对生态环境本身的保护。

需要补充的一点是，由于对生态环境和资源保护领域的"国家利益""社会公共利益"的理解存在不同看法，可能导致对上文中提到的由学者统计的六类行政机关违法行使职权的行为是否都属于环境行政公益诉讼的被诉行为发生争议。例如，被统计纳入第二类的山东省临沂市兰山区人民检察院诉临沂市兰山区农业机械局一案，该案被告兰山区农机局工作人员在明知购机户申请购机补贴资金不符合政策规定的情形下，仍滥用职权违规为其办理补贴，导致国家遭受直接经济损失 97.82 万元。兰山区农机局虽然明知其工作人员发放补贴资金存在错误，却未积极采取相关措施收回被套取的资金，并且经公益诉讼人提出检察建议之后仍不履行其职责。[1]该案被告兰山区农机局工作人员违规为不符合条件的购机户发放补贴基金的行为属违法行使职权的行为，兰山区农机局明知其工作人员违法发放补贴资金但未采取措施收回被套取资金的行为属于行政不作为，上述行为既未侵害国家基于对自然资源享有所有权的国家利益，也未损害生态环境所承载的社会公共利益，所以不宜纳入环境行政公益诉讼的范围，而是属于国有资产保护的行政公益诉讼案件。

从《行政诉讼法》第 25 条第 4 款的规定来看，检察机关提起环境行政公益

---

[1] 山东省临沂市兰山区人民法院行政判决书(2017)鲁 1302 行初 88 号，中国裁判文书网，http://wenshu.court.gov.cn/content/content?DocID=670efbfa-3fa1-4493-86ca- a82d000f4e15 &KeyWord=%E9%B2%81%7C1302%7C%E8%A1%8C%E5%88%9D%7C88%7C%E5%8F%B7，访问日期：2019 年 3 月 17 日。

诉讼仍然属于一种事后救济类型诉讼制度。但是,从环境公益诉讼制度的目的及其救济、预防环境公共利益受到侵害的功能出发,可由法院进行审查的行政机关违法履行职责的行为,不仅应涵盖已经致使国家利益或者社会公共利益遭受损害的情形,还需涵盖尚未发生实际损害的严重危及国家利益或环境公共利益的情形。

1.已经损害国家利益和环境公共利益

在环境行政公益诉讼中,对于行政机关违法履行职责的行为已经损害国家利益的判断,主要是针对国家所有的自然资源来说的,其判断标准是该行政行为是否造成了自然资源本身受到损害的结果。当然在这种情况下,由于自然资源作为环境要素通常兼具经济功能与生态服务功能,因此还会导致自然资源所承载的经济性环境公益和生态性环境公益的损害。对于被诉行政行为已经损害环境公共利益的判断,包括是否造成了生态环境所承载的经济性环境公益、生态性环境公益的损害,实质上就是看该行为是否造成了生态环境本身损害的结果。

需要说明的是,有学者提出只有当行政行为导致的环境污染或者生态破坏没有导致特定主体的权益损害时,才能够纳入环境行政公益诉讼受案范围,理由是既能避免环境诉讼制度设计中的架床叠屋和司法资源浪费,也可以避免现实中的诸多争议。[①]从环境公益诉讼所追求的维护环境公共利益的目的,以及促进行政机关积极实施环境法的功能来看,这一观点似有不妥。显然,该观点对于环境行政公益诉讼受案范围的确定,是将行政行为所导致的环境污染或者生态破坏并致使"特定主体的权益损害"的情形排除在外的,然而这里需明确两点:

一是这种情形下已经发生了环境公共利益受损的事实,并且遭受损害的程度往往较严重。具体来说,虽然行政行为最终导致了特定主体的权益受到损害,但是这种损害是以生态环境作为媒介进一步导致的。或者说,在造成了对特定主体的权益损害之前,已经先行发生了生态环境本身遭受损害的结果,即

---

① 刘超:《环境行政公益诉讼受案范围之实践考察与体系展开》,《政法论丛》2017年第4期。

此时环境公共利益已经处于受到侵害的状态。不仅如此,由于生态环境具有一定的自我恢复、自我调节、自我更新的功能,因而在发生后续的特定主体的人身权或财产权损害时,生态环境所遭受的损害往往已经比较严重。尤其是在造成了特定的人的生命健康权受损时, 由于判断是否造成生命健康权受损必须符合相应的医学标准,如是否导致了疾病或造成伤亡。而如经判断确因环境污染发生了生命健康受损的情形,此时的生态环境损害可能已经十分严重,甚至到了即使着手补救都已为时太晚的地步。

二是在上述行政行为致使环境公益受损已比较严重的情形下, 通过行政私益诉讼的途径救济受损的环境公益存在明显的局限性。这是因为虽然有特定受害主体的存在,可以通过由其提起行政私益诉讼的方式"附带地"保护环境公共利益,但不可否认这种方式对于环境公共利益的保护明显不足,其主要原因就在于特定受害主体提起行政私益诉讼的动力普遍不足。在我国,由于受"民不告官""信访不信法"等观念影响,相对于民事、刑事案件来说行政案件的数量极低。根据 2017 年《最高人民法院工作报告》发布的数据,2016 年全国各级法院审结的一审民事案件、一审行政案件的数量分别为 673.8 万、22.5 万件,两类案件的数量之比约为 30 : 1。① 还有学者依据中国裁判文书网的裁判文书数量进行统计,2016 年资源类行政管理案件占当年行政案件总数的14.6%,而环保类行政管理案件的占比仅为 0.41%。② 虽然正常情况下案件数量少说明社会矛盾与冲突的程度低,但是在环境行政诉讼领域却并非如此。与此形成鲜明反差的是,随着我国经济的高速增长,全国因环境问题引发的群体性事件激增,仅其中的10 年时间就上升了 11.6 倍,年均递增 28.8%。③ 另据 2017年发布的《全国环境统计公报(2015 年)》,2015 年全国环保系统共收到电话及网络投诉 164.7 万件,接受群众来访 4.8 万批次、群众来访 10.4 万人次,办理

---

① 《最高人民法院工作报告(2017 年)》,中国法院网,https://www.chinacourt.org/article/detail/2017/03/id/2627702.shtml,访问日期:2019 年 3 月 24 日。

② 咸建刚等:《环境行政案件的法律供给与需求》,载吕忠梅等《中国环境司法发展报告(2015—2017)》,人民法院出版社,2017,第 89—90 页。

③ 杨严炎:《环境诉讼:从案例到制度的深层分析》,法律出版社,2017,第 55—56 页。

行政处罚案件 10.2 万件。[①] 同时,据学者对一审环境行政判决的统计,原告胜诉率仅为26.7%,而被告的胜诉率高达 73.3%,[②] 原被告的胜诉比例悬殊可能是导致特定受害主体不愿、不敢提起行政诉讼的另一原因。由此可见,在当前环境纠纷居高不下的背景之下,特定受害主体提起行政诉讼的动力明显不足,决定了通过行政私益诉讼的途径"附带地"保护环境公益存在很大局限。

除此之外,在发生因违法或不当行政行为所造成的生态性环境公益受损时,由于生态性环境公益是生态环境提供不具有直接经济价值的生态产品而蕴含的利益,对于私人的影响通常较小且不具有明显紧迫性。[③] 因此即使生态性环境公益受损已达到比较严重的程度,也会因其对特定主体的私益影响不大或者影响并不紧迫,而使得特定主体提起行政私益诉讼的积极性大打折扣。总之,在环境公共利益已经受到侵害的情形下,如果因特定受害主体"不敢告、不愿告、不会告"相关行政机关,同时又将导致环境污染、生态破坏的行政行为排斥在环境行政公益诉讼的受案范围之外,那么不仅受损的环境公益将处于无法获得司法救济的危险境地,而且也难以纠正行政机关所实施的违法或不当行政行为。

基于上述理由,不宜将"没有导致特定主体的权益损害"作为确立环境行政公益诉讼受案范围的标准,而应基于环境行政公益诉讼的目的及其功能,将被诉行政行为致使国家利益、环境公共利益处于被侵害的状态,作为可以由法院进行司法审查的标准。实际上,致使国家利益、环境公共利益受到侵害的被诉行政行为涵盖了两种情形,即已经造成与尚未造成特定主体的权益损害的情形。显然,这两种情形下都发生了环境公共利益受到侵害的后果。就前一种情形来说,如果特定受害主体没有或者无法提起行政私益诉讼的,那么从维护

---

① 《全国环境统计公报（2015 年）》,生态环境部网站,http://www.mee.gov.cn/gzfw_13107/hjtj/qghjtjgb/201702/t20170223_397419.shtml,访问日期:2019 年 3 月 24 日。

② 戚建刚等:《环境行政案件的法律供给与需求》,载吕忠梅等《中国环境司法发展报告（2015—2017）》,人民法院出版社,2017,第 97 页。

③ 杨朝霞:《论环境公益诉讼的权利基础和起诉顺位——兼谈自然资源物权和环境权的理论要点》,《法学论坛》2013 年第 3 期。

环境公共利益的角度将行政公益诉讼作为救济手段是必不可少的；在后一种情形下，由于并不存在与行政行为有利害关系的特定受害主体可以提起诉讼，当然应当将致使环境公益遭受侵害的行政行为纳入法院的司法审查范围。并且，最高人民检察院、生态环境部及国家发展和改革委员会、司法部、自然资源部、住房城乡建设部、交通运输部、水利部、农业农村部、国家林业和草原局印发的《关于在检察公益诉讼中加强协作配合依法打好污染防治攻坚战的意见》中明确规定："对于一个行政执法机关涉及多个行政相对人的同类行政违法行为，检察机关可作为一个案件立案"，可见检察机关在办理行政公益诉讼案件时，是将涉及特定的行政相对人的行政违法行为纳入立案范围的，并未将行政违法行为"导致特定主体的权益损害"的情形排除在外。

还需要说明的是，根据《行政诉讼法》第 25 条第 4 款的规定，必须是经检察机关向行政机关提出司法建议督促其履行职责后，行政机关不依法履行职责的，检察机关才依法向人民法院提起诉讼。由此可见，人民法院受理检察机关提起的环境行政公益诉讼，必须是行政机关拒不履行法定职责，从而使得国家利益或社会公共利益仍然处于受侵害状态的案件。这同时也是环境公益诉讼制度的"弥补行政执法的不足、促进环境法的有效实施"功能的具体体现。

2.严重危及国家利益或环境公共利益

在普通行政诉讼中，公民、法人或其他组织的权益受到实际损害是其提起诉讼必不可少的条件。这主要是因为普通行政诉讼的目的是将受损私益恢复到受侵害前的状态，而在没有发生个体的实际损害时，既无法得知其遭受了多大损失且法院也难以实施救济；若允许提起预防性行政诉讼，极易成为某些公民为其私益而滥用诉讼权利的借口，从而导致对诉讼秩序的破坏。[①] 相比之下，检察机关提起环境行政公益诉讼的目的是为了监督行政机关依法行政、维护国家利益和环境公共利益，其实质就在于保护好承载这两种利益的生态环境（包括自然资源）。而生态环境本身的特点决定了它一旦遭受破坏就难以修复

① 王春业：《论检察机关提起"预防性"行政公益诉讼制度》，《浙江社会科学》2018 年第 11 期。

甚至是不可修复的,并且即使能够修复如初也将耗费巨大的经济和时间成本。同时,检察机关作为国家法律监督机关,其提起环境行政公益诉讼并非出于维护自身利益的动机,而是在履行维护国家利益和社会公共利益的法定职责。可以说,检察机关在实践中能够做到客观、公正地决定是否提起预防性的环境行政公益诉讼,这一点可从检察机关进行公益诉讼试点工作的实践中得到验证。据统计, 在试点期间检察机关提起环境公益诉讼案件的胜诉率高达 100%,[①]这除了说明检察机关在提起诉讼前作了充足的准备之外, 还充分说明检察机关对于提起环境公益诉讼是持慎重态度的。所以有理由相信,即使准许检察机关提起预防性的环境行政公益诉讼,也不会发生引发滥诉、扰乱诉讼秩序等负面后果。基于上述两方面的理由,如果准许检察机关就严重危及国家利益、环境公共利益的违法履职行为提起预防性公益诉讼, 就能够将此类行为及时遏止在萌芽状态,从而避免一旦生态环境发生了实际的损害而无法修复,或者即使能够修复但所耗费的成本极其高昂的问题。

事实上,虽然法律未明确规定可以对严重危及国家利益、环境公共利益的行政行为提起环境行政公益诉讼,但是在司法实践中已有类似的规定与做法。例如,在最高人民检察院民事行政检察厅编写的《检察机关提起公益诉讼实务指引》中,对作为监督重点之一的环境保护主管部门的不当履职行为是这样界定的:"不当履职主要是指环境保护主管部门在环境行政执法过程中违法作为,造成环境污染的事实或危险,给国家利益和社会公共利益造成损害。"[②]可见,这里将造成环境污染的"事实"与"危险"并列为损害国家利益和社会公共利益的两种情形,而在造成环境污染的"危险"的情形下,一般来说尚未发生国家利益、社会公共利益实际受损的结果。又如,根据贵阳市中级人民法院、清镇市人民法院《关于大力推进环境公益诉讼、促进生态文明建设的实施意见》第3条、第4条的规定,公民有权监督、检举、控告污染环境的行为,并有权要求

---

① 吕忠梅、张忠民等:《理性检视:检察机关提起环境公益诉讼试点》,载吕忠梅等《中国环境司法发展报告(2015—2017)》,人民法院出版社,2017,第278—279 页。

② 最高人民检察院民事行政检察厅:《检察机关提起公益诉讼的实践与探索》,中国检察出版社,2017,第 136 页。

环境保护管理机构对污染环境的行为及时进行查处;环境保护管理机构未在合理期限内对公民、法人或其他组织举报的涉及公共环境利益的污染问题作出答复或处理的,该公民、法人或其他组织可以依法提起环境行政公益诉讼,除了可以要求环境保护管理机构切实履行其保护环境、防止污染的行政管理职能之外,还可要求其"停止作出可能损害环境的行政行为"。[1]该意见第5条还将贵阳各级政府及有关部门在进行涉及公共环境利益的生态文明建设重大决策活动中,未通过听证、论证、专家咨询、社会公示等形式广泛听取意见并接受公众监督的行为,纳入环境行政公益诉讼的受案范围中。之所以作此规定,其中一个重要原因就在这一类违反法定程序的行为具有侵害环境公共利益的重大风险。

在2016年民间性环保组织自然之友诉怒江州环境保护局环境保护行政许可、行政处罚两起环境行政公益诉讼案件中,原告诉称福贡县群晟电盐科技有限公司投资建设的15000吨高氯酸钾建设项目在未取得环评审批的情况下于2014年7月擅自开工建设,2015年5月4日被告怒江州环境保护局对该项目下达行政处罚决定书,责令立即停止一切建设活动、罚款5万元,并责令于5月30日前补办环评手续。5月8日该项目通过被告作出的环评审批。在这两起案件中原告请求法院撤销被告作出的上述行政处罚决定及环评批复,其中一个重要理由就是该项目处于《云南省主体功能区规划》中的国家级重点生态功能限制发展区,在该项目选址存在重大环境风险的情况下,被告在实施行政处罚决定的第四天仓促对该项目环评报告作出批复的行为明显不当。[2]该两起案件法院均于2017年1月予以立案,虽然最终受理法院以"社会组织不是法律明确规定的被告"为由驳回了起诉,[3]但至少表明受理法院认为可以审查具有损害环境公共利益的重大风险的行政行为。

从理论上可以说,只要行政行为在客观上对公共利益造成损害或者将会

---

[1] 陈小平、潘善斌、潘志成:《环境民事公益诉讼的理论与实践探索》,法律出版社,2016,第247页。

[2] 李楯:《环境公益诉讼观察报告(2016年卷)》,法律出版社,2018,第297—301页。

[3] 李楯:《环境公益诉讼观察报告(2016年卷)》,法律出版社,2018,第343页。

造成损害(有损害之可能),就可以对其提起行政公益诉讼。[①]如德国就存在针对行政行为和行政规范的预防性停止作为之诉,这同时是行政公益诉讼的预防功能所决定的。不过,允许对可能造成国家利益、环境公共利益严重损害的行政行为提起环境行政公益诉讼,并不意味着可以违背成熟性原则的要求,即提起环境行政公益诉讼针对的不是还在作出过程中的行政行为,而是已经存在的行政行为,否则即为对行政机关"首次判断权"要求的背离,不仅有可能动摇"分权与制衡"这一现代法治原则,而且有悖于环境公益诉讼制度"弥补行政执法之不足"而非"代替执法"的功能。

以上关于环境民事、行政公益诉讼受案范围的探讨,主要是在现有法律的框架之下进行的。但是,完全以制定法为依据确定案件是否属于法院受理范围,"不会越雷池半步"而受理案件的做法也是不可取的。[②]鉴于环境公益诉讼制度的目的是其具体制度设计的轴心与归宿,因此在确定环境公益诉讼的受案范围时,还需要根据不断变动的社会现实,通过不断的政策性平衡使得环境公益诉讼的受案范围更有利于实现环境公益诉讼制度的目的。

第二节　环境公益诉讼的管辖制度

管辖制度是在人民法院内部具体落实审判权的一项制度,它作为启动环境公益诉讼的基础,是环境公益诉讼制度的核心内容之一。环境公益诉讼的管辖与受案范围之间有着密切联系,受案范围是确定管辖的前提和基础,只有在明确某一类案件属于环境民事公益诉讼、环境行政公益诉讼的受理范围之后,才能通过管辖将其分配至某一法院进行审理;管辖则是对受案范围的进一步落实,即确定由哪个法院对属于环境公益诉讼受案范围的某一特定案件具体行使审判权。合理的管辖制度不仅可以避免因管辖不明而出现的争抢或推诿案件的情况,从而确保各个法院正确、及时地履行审判职责,同时还能使当事

---

①黄学贤、王太高:《行政公益诉讼研究》,中国政法大学出版社,2008,第43—44页。
②江伟、肖建国主编《民事诉讼法(第8版)》,中国人民大学出版社,2018,第83页。

人明确案件的受理法院,从而正确地行使诉讼权利。不仅如此,合理确定管辖还有利于减少、消除地方保护主义对法院审理案件的消极影响,有利于法院公正地审理环境公益诉讼案件,充分发挥环境司法审判的职能作用进而实现对环境公共利益的有效保护。

一、关于环境民事公益诉讼的管辖

民事诉讼中的管辖,具体是指各级人民法院之间和同级人民法院之间受理第一审民事案件的分工和权限。[①] 由于《民事诉讼法》是以私益诉讼为中心制定的,对于公益诉讼的特别规则包括管辖的立法供给存在不足。而环境公益诉讼不同于私益诉讼的目的与功能以及环境案件本身的特殊性决定了需要采取与之相匹配的特殊管辖规则。目前,关于环境民事公益诉讼特殊管辖的规定主要见于《环境民事公益诉讼司法解释》及相关司法文件中,具体而言:

(一)级别管辖

根据《环境民事公益诉讼司法解释》第 6 条第 1 款、第 2 款规定,第一审环境民事公益诉讼案件由中级以上人民法院管辖;中级人民法院认为确有必要的,可以在报请高级人民法院批准后,裁定将其管辖的第一审环境民事公益诉讼案件交由基层人民法院审理。《检察公益诉讼司法解释》第 5 条第 1 款也规定,市(分、州)人民检察院提起的第一审民事公益诉讼案件由中级人民法院管辖。之所以如此规定,主要是由于环境民事公益诉讼案件涉及社会公共利益,往往具有涉及人数众多、社会影响大、危及范围广等特征,由在人员构成、审判条件等方面比基层法院更具优势的中级人民法院管辖,更能适应环境公益诉讼案件审理执行难度大、专业性较强的特点,更何况这一类案件的审判工作目前尚处于摸索积累阶段。并且,环境污染、生态破坏后果的发生往往与地方保护主义利益集团的纵容与默许有着或多或少的联系,此时如果由基层人民法院作为初审法院进行审理,将难以抵御地方保护主义所施加的各种消极影响,从而在一定程度上会影响到法院审判的公正性。因此,第一审环境民事公益诉讼案件原则上由中级人民法院管辖具有现实合理性,有利于保障环境民事公

---

① 江伟主编《民事诉讼法(第 2 版)》,高等教育出版社,2003,第 91 页。

益诉讼案件的质量和提高司法公信力。

《环境民事公益诉讼司法解释》第 6 条第 2 款还规定,中级人民法院认为确有必要的,可以在报请高级人民法院批准后,裁定将本院管辖的第一审环境民事公益诉讼案件交由基层人民法院审理。这一关于管辖权转移的规定主要是基于有些开展公益诉讼较早的基层法院已积累了一定审判经验、取得了良好社会效果,同时还进行了跨行政区划集中管辖的探索。①如清镇市人民法院多年来审理了一定数量的环境公益诉讼案件,并且积累了较丰富的经验,因此贵州省高级人民法院在 2015 年印发的《关于推进环境民事公益诉讼审判工作的若干意见》中,明确规定贵阳市中级人民法院可以视情况将环境民事公益诉讼案件指定由清镇市人民法院管辖,但应逐案报经贵州省高级人民法院批准。②这里需要注意的是,贵州省高级人民法院的这一规定强调了管辖权转移需要"逐案报批"的要求。对于这一问题,虽然《环境民事公益诉讼司法解释》第 6 条第 2 款未作出明确规定,但最高人民法院环境资源审判庭认为,鉴于环境民事公益诉讼采取跨行政区划管辖,中级人民法院也是通过高级人民法院的指定而获得对具体案件的管辖权,所以建议中级人民法院不采取概括授权的方式,而是规定"一案一授权"的报批程序。③

(二)地域管辖

由于环境民事公益诉讼在本质上属于侵权纠纷,因此适用《民事诉讼法》第 28 条关于侵权案件地域管辖的规定,即由侵权行为地或者被告住所地人民法院管辖。进一步地,《环境民事公益诉讼司法解释》第 6 条第 1 款明确规定,污染环境、破坏生态行为发生地、损害结果地或者被告住所地的人民法院享有管辖权。《检察公益诉讼司法解释》第 5 条第 1 款也规定,由侵权行为地或者被

---

① 最高人民法院环境资源审判庭:《最高人民法院关于环境民事公益诉讼司法解释理解与适用》,人民法院出版社,2015,第 108 页。

② 陈小平、潘善斌、潘志成:《环境民事公益诉讼的理论与实践探索》,法律出版社,2016,第 231 页。

③ 最高人民法院环境资源审判庭:《最高人民法院关于环境民事公益诉讼司法解释理解与适用》,人民法院出版社,2015,第 108 页。

告住所地的人民法院管辖市(分、州)人民检察院提起的第一审民事公益诉讼案件。在司法实践中,污染环境或破坏生态行为发生地、损害结果地的人民法院在证据的及时收集与保全、查明污染环境与破坏生态行为的事实及其所造成的损害后果、及时执行法院的判决与裁定等方面都较具有便利条件,因此赋予这些法院管辖权有利于环境民事公益诉讼审判的顺利推进。并且,被告住所地常常也是污染环境、破坏生态行为的发生地,在未造成跨行政区划污染等情况下还可能是污染环境、破坏生态损害结果的发生地。当然,在被告住所地与污染环境、破坏生态行为发生地是同一地点的情况下,可能会发生地方保护主义对司法审判的不当干扰问题,不过对于这一问题除了提高初审法院的级别之外,《环境民事公益诉讼司法解释》还作出了环境民事公益诉讼案件跨行政区划集中管辖的规定。

(三)跨行政区域集中管辖

生态环境本身固有的整体性和不可分割性,以及空气、水等环境要素的流动性决定了环境污染、生态破坏问题往往呈现区域性、流域性、跨行政区划的特点。与此同时,当前的司法管辖制度是依照行政区划体制进行设置的,行政区划设置的"分割性"与生态环境的"整体性"之间,以及与生态环境问题的"跨区域性"之间都存在着冲突的可能。于是,一旦原告对跨区域、跨流域的环境污染或生态破坏行为提起环境民事公益诉讼,以行政区划为基础的传统民事诉讼管辖制度将很难适应这一新型案件的特殊需要,可能会产生诸如管辖权冲突,以及难以实现对跨区域生态环境损害的联合防治与有效救济等问题。与此同时,地方政府有关部门的环境监管、资源保护工作通常也是以行政区划为界限开展的,由此必然会导致行政权力的配置与生态系统相割裂的问题,进而影响到跨行政区划生态环境问题的全面整治。《环境保护法》第20条第1款明确规定了"国家建立跨行政区域的重点区域、流域环境污染和生态破坏联合防治协调机制,实行统一规划、统一标准、统一监测、统一的防治措施",可见从有利于生态环境保护的角度,对跨行政区域的区域性、流域性生态环境问题进行联合防治是极其必要的。正是基于推动跨区域联合防治环境生态问题的目的,"环境资源司法应当首先突破行政区划的限制,加强跨行政区域的环境污染和生态破坏案件的审判工作"[1]。

根据党的十八届三中全会提出的"探索建立与行政区划适当分离的司法管辖制度"的要求,最高人民法院《关于全面加强环境资源审判工作为推进生态文明建设提供有力司法保障的意见》(法发〔2014〕11 号)提出要"探索建立与行政区划适当分离的环境资源案件管辖制度",并强调要着眼于从环境因素的自然属性出发,结合各地的环境资源案件数量,探索设立以流域等生态系统或者以生态功能区为单位的跨行政区划环境资源专门审判机构,实行对环境资源案件的集中管辖,从而实现对跨行政区划污染等案件的有效审理。进一步地,《环境民事公益诉讼司法解释》第 7 条对环境民事公益诉讼案件跨行政区划集中管辖作出规定:"经最高人民法院批准,高级人民法院可以根据本辖区环境和生态保护的实际情况,在辖区内确定部分中级人民法院受理第一审环境民事公益诉讼案件。中级人民法院管辖环境民事公益诉讼案件的区域由高级人民法院确定。"从这一规定可知,跨行政区划集中管辖打破了原来以行政区划为基础的地域管辖范围,在现有法律框架之下实现了司法审判区域与行政管理区域的有限分离,即在一省辖区之内的分离。结合司法实践的情况来看,省域范围内的跨区划集中管辖包括采取集中管辖方式实现跨区域管辖、根据生态环境的自然属性实行跨区域管辖两种情形。前者如湖北、广东高级人民法院、新疆兵团法院经最高人民法院批准,确定部分中级人民法院对环境公益诉讼案件实行跨行政区划集中管辖。后者如贵州省高级人民法院根据主要河流的流域范围将全省划分为四个生态司法保护板块,由贵阳、遵义等 4 家中级人民法院生态环境保护审判庭集中管辖指定区域的环境民事公益诉讼第一审案件;[2] 同时经上述中级人民法院指定,清镇市、仁怀市等 5 家基层人民法院生态环境保护审判庭取得对第一审环境民事公益诉讼案件的管辖权。

应当说,实行跨行政区划集中管辖较能适应审理区域性、流域性环境公益诉讼案件的特殊要求,防止出现分段治理或各自为政的现象,有利于对受损的

---

① 王旭光:《论当前环境资源审判工作的若干基本关系》,《法律适用》2014 年第 11 期。

② 吕忠梅、张忠民:《环境司法专门化与环境案件类型化的现状及展望》,载吕忠梅等《中国环境司法发展报告(2015—2017)》,人民法院出版社,2017,第 8 页。

生态环境进行全面修复；具有较强的抗地方政府干扰的能力，同时还有助于弥补环境行政权力的配置与生态系统相割裂的不足，从而实现环境公益诉讼弥补行政执法不足的预设功能；还由于司法解释指定省域内部分中级人民法院管辖第一审环境民事公益诉讼案件，对于统一裁判尺度、维护司法权威也会产生积极的促进作用。当然，从实现司法审判区域与行政管理区域更大程度的分离，以及发挥环境审判专业化优势的角度，学者提出的"在跨经众多省市的较大自然生态功能区域，可考虑设置专门环境法院，对该区域环境案件进行专门管辖"①的构想无疑具有合理性。不过，其中关于设立环保法院的构想由于必须对现有的司法制度和法院体系进行调整，操作起来难度较大，难以一步到位，所以未被《环境民事公益诉讼司法解释》所吸纳。②尽管如此，在司法实践中已经开始了通过协议方式进行跨省域管辖的积极探索。2016 年 9 月 23 日，在最高人民法院组织召开的京津冀法院环境资源审判工作联席会议上，京津冀三地法院共同签署了《北京、天津、河北法院环境资源审判协作框架协议》，明确了三地法院要认真执行协作框架协议中的协作事项，其中就包括加快建设专门审判机构及探索跨行政区划集中管辖。③这是我国首次进行跨省域集中管辖的尝试，对于解决环境资源审判去"地方化"等问题、充分发挥环境司法审判的职能作用具有重要意义。

除了上述管辖规则，环境民事公益诉讼案件的管辖还涉及专属管辖、共同管辖与指定管辖等。其中，专属管辖主要针对海洋环境监督管理部门对破坏海洋生态、海洋水产资源、海洋保护区给国家造成重大损失的责任者提起的损害赔偿案件。根据《海事诉讼特别程序法》第 7 条第 2 项规定，因船舶排放、泄漏、倾倒油类或者其他有害物质，海上生产、作业或者拆船、修船作业造成海域污染损害提起的诉讼，与一般环境侵权案件的管辖有所不同，由污染发生地、损

①　张旭东：《环境民事公益诉讼特别程序研究》，法律出版社，2018，第 168 页。

②　最高人民法院环境资源审判庭：《最高人民法院关于环境民事公益诉讼司法解释理解与适用》，人民法院出版社，2015，第 105 页。

③　《京津冀法院签署环境资源审判协作框架协议》，中国长安网，http://www.chinapeace.gov.cn/zixun/2016-09/23/content_11369162.htm，访问日期：2019 年 3 月 29 日。

害结果地或者采取预防污染措施地的海事法院专属管辖。此外,最高人民法院《关于适用〈中华人民共和国民事诉讼法〉的解释》(法释〔2015〕5 号)第 285 条第 2 款也规定,因污染海洋环境提出的公益诉讼,由污染发生地、损害结果地或者采取预防污染措施地的海事法院专属管辖。

二、关于环境行政公益诉讼的管辖

行政诉讼管辖,是指上下级法院之间和同级法院之间受理第一审行政案件的分工和权限。①目前《行政诉讼法》尚无专门针对行政公益诉讼管辖的规定,关于环境行政公益诉讼案件的管辖主要是以《行政诉讼法》、最高人民法院、最高人民检察院的有关司法文件为依据。与环境民事公益诉讼相类似,由于普通行政诉讼本质上属于私益诉讼,而环境行政公益诉讼不同于私益诉讼的目的、功能以及案件本身的特殊性决定了它在管辖制度上应与普遍行政诉讼有所区别,以下主要就三个方面进行探讨。

(一)级别管辖

目前专门针对行政公益诉讼级别管辖的规定,主要见于《检察公益诉讼司法解释》第 5 条第 2 款之规定,即基层人民检察院提起的第一审行政公益诉讼案件由基层人民法院管辖,这一规定与《行政诉讼法》第 14 条的规定相一致。至于中级以上人民法院管辖的第一审行政公益诉讼案件,则适用《行政诉讼法》第 15 条、16 条、17 条关于级别管辖的规定。根据 2016 年制定的《人民法院审理人民检察院提起公益诉讼案件试点工作实施办法》第 15 条规定,检察机关提起的第一审行政公益诉讼案件由基层人民法院管辖;检察机关对国务院部门或者县级以上地方人民政府所作的行政行为提起公益诉讼的案件,以及本辖区内重大、复杂的公益诉讼案件由中级人民法院管辖。除此之外,虽然现行《行政诉讼法》仅赋予了检察机关提起行政公益诉讼的原告资格,但是在司法实践中,仍然有社会组织提起并获得受理的环境行政公益诉讼案件,只不过这一类案件的数量极少。例如贵阳公众环境教育中心诉贵州省龙里县人民政府不履行环境保护法定职责案,于 2015 年 12 月由贵阳市中

---

① 张正钊、胡锦光主编《行政诉讼法(第六版)》,中国人民大学出版社,2015,第 238 页。

级人民法院受理；① 2016 年北京市朝阳区自然之友环境研究所诉怒江州环境保护局行政许可、行政处罚案，于 2017 年 1 月由云南省泸水县人民法院受理。②

从上述规定来看，环境行政公益诉讼案件与环境民事公益诉讼案件被置于不同的法院审级进行管辖。结合检察机关提起行政公益诉讼的试点工作来看，在《人民检察院提起公益诉讼试点工作实施办法》征求意见的过程中，最高人民法院曾提出第一审行政公益诉讼案件由中级人民法院管辖，但最终这一建议未获采纳，理由是：根据全国人大常委会《关于授权最高人民检察院在部分地区开展公益诉讼试点工作的决定》确立的试点工作应遵循相关诉讼制度的原则，行政公益诉讼案件的管辖原则应与《行政诉讼法》规定的管辖原则相一致；根据《检察机关提起公益诉讼试点方案》制定过程中所明确的试点工作重心应放在市级院和基层院的要求，如将行政公益诉讼案件提级管辖将造成基层人民检察院被排除在试点工作之外，不仅有违中央要求的精神，同时还会将办案压力集中在市级、省级人民检察院；由基层人民检察院管辖第一审行政公益诉讼案件，具有更易发现本辖区内损害国家利益或社会公共利益的违法事实的优势，同时还具有就近调查取证的便利；目前中央改革司法体制，人民法院和人民检察院逐渐由省级统管，各级法院均应不受行政机关的干预独立地行使审判权。③ 而赞成由中级人民法院管辖第一审行政公益诉讼案件的理由主要是：提级管辖有利于排除地方政府的不当干预从而保证审判的公正性；行政公益诉讼案件往往涉及利益范围广、社会影响大，由基层人民法院审理存在能力有限的问题，等等。

笔者认为，对于环境行政公益诉讼级别管辖的探讨，还需要从有利于实现环境公益诉讼目的的角度，结合环境行政公益诉讼案件本身的特殊性，以及是

---

① 李楯：《环境公益诉讼观察报告（2016 年卷）》，法律出版社，2018，第 51 页。

② 《自然之友诉怒江州环保局环境行政公益诉讼获受理》，法制网，http://www.legaldaily.com.cn/index/content/2017-01/17/content_6958430.htm，访问日期：2019 年 4 月 3 日。

③ 最高人民检察院民事行政检察厅：《检察机关提起公益诉讼的实践与探索》，中国检察出版社，2017，第 86—87 页。

否会对受诉法院造成过大压力等方面加以考量。

一方面,从环境行政公益诉讼制度的目的来看,《行政诉讼法》是以保护私益为核心制定的,必然会在一些具体制度设置上不能完全适应维护公益之需要,因此在 2017 年 3 月检察机关提起公益诉讼试点工作结束后,还是有必要考虑设置与环境公益诉讼目的相匹配的特殊管辖规则。就环境行政公益诉讼案件来说,被诉行政行为往往与地方政府追求经济牺牲环境的行为相联系,甚至可能出现被污染企业收买而选择执法、懈怠执法、扭曲执法等情形,因此受诉基层人民法院更易受到来自于地方政府的压力,甚至有可能出现以权压法的现象。显然,通过提级管辖的方式更有利于改变管辖法院与被诉行政机关之间的力量对比关系,以及分离被诉行政机关与其辖区之间的地缘关系,从而能够更好地制止、纠正行政机关牺牲环境或怠于保护环境资源的行为。同时,环境行政公益诉讼案件除了波及区域广、所涉主体众多、利益关系复杂之外,此类案件的审理还会涉及较强的专业性或技术性,而中级人民法院明显在人员构成、审判条件等方面比基层人民法院更具优势。

另一方面,从受诉法院面临的办案压力来看,过去环境行政公益诉讼案件的数量极少,并不意味着今后案件的数量不会出现较大幅度增长。据统计,2015 年、2016 年全国环境公益诉讼案件数量分别为 62 例、146 例,并未出现之前人们所担心的"诉讼爆炸"现象,反而有"叫好不叫座"之嫌。其中,2015 年、2016 年全国法院受理的环境行政公益诉讼案件分别为 6 件、59 件。[①]之所以在 2016 年环境公益诉讼案件数量出现了迅速增长,其中一个重要原因在于检察机关将公益诉讼试点作为重点工作加以推进。在 2017 年 3 月试点工作结束后,根据 2019 年 3 月 19 日最高人民检察院检察长张军所作的《最高人民检察院工作报告》,2018 年检察机关共立案办理公益诉讼案件 113160 件,其中涉及生态环境和资源保护 59312 件,占比约为 52.4%;全年检察机关共提起公益诉讼 3228 件,法院已判决 1526 件,此外检察机关还公告督促有关社会组织

---

① 张忠民等:《环境公益诉讼的数量与质量》,载吕忠梅等《中国环境司法发展报告(2015—2017)》,人民法院出版社,2017,第 171—172 页。

提起民事公益诉讼 1721 件。① 从这一数据来看,虽然检察机关实际起诉的公益诉讼案件数量远低于立案办理的案件数量,但主要原因是经诉前程序发出检察建议后,有97.2%的司法建议得到了行政机关采纳。② 同时,根据最高人民法院院长周强所作的《最高人民法院工作报告》,2018 年全国法院共审结检察机关和社会组织提起的公益诉讼案件1919 件。③ 该报告虽未提及当年审结的环境公益诉讼案件数量,但结合上述 2018 年检察机关提起公益诉讼案件的数量、环境公益诉讼案件的占比,以及参考试点期间有关检察公益诉讼的统计数据——从检察机关起诉案件的类型来看,行政公益诉讼案件占比达 88.83%;从检察机关起诉案件的分布领域来看,生态环境和资源保护领域的案件占比达 72.7%,④ 可以粗略推算出 2018 年环境行政公益诉讼案件数量出现了大幅度增长。可以预见,在环境行政诉讼案件数量激增的情形下,如果一律由中级人民法院提级管辖第一审环境行政公益诉讼案件,势必会对中级人民法院及高级人民法院形成不小的办案压力。

由上可知,在确立环境行政公益诉讼的级别管辖时,确实面临着抵御地方保护主义和法院办案压力的两难境地。同时还有学者指出,目前环境行政公益诉讼案件与环境民事公益诉讼案件被置于不同的法院审级进行管辖,存在管辖规定矛盾突出的问题,亟须予以协调和统一。⑤

(二)地域管辖

目前关于环境行政公益诉讼的地域管辖,主要根据《检察公益诉讼司法解

①②《最高人民检察院工作报告——2019 年 3 月 12 日在第十三届全国人民代表大会第二次会议上》,中国新闻网,http://www.chinanews.com/gn/2019/03-19/8784189.shtml,访问日期:2019 年 4 月 4 日。

③《最高人民法院工作报告——2019 年 3 月 12 日在第十三届全国人民代表大会第二次会议上》, 中国环境法治频道,https://www.cenews.com.cn/legal/201903/t20190319_895468.html,访问日期:2019 年 4 月 4 日。

④ 最高人民检察院民事行政检察厅:《检察机关提起公益诉讼的实践与探索》,中国检察出版社,2017,第 76 页。

⑤ 吕忠梅、张忠民等:《理性检视:检察机关提起环境公益诉讼试点》,载吕忠梅等《中国环境司法发展报告(2015—2017)》,人民法院出版社,2017,第 273—274 页。

释》第 5 条第 2 款规定，基层人民检察院提起的第一审行政公益诉讼案件，由被诉行政机关所在地基层人民法院管辖。应当说，从方便人民法院调查、取证和执行的角度，以及便利于行政机关应诉的角度，由作出行政行为的行政机关所在地法院管辖第一审行政案件具有合理性。但是，由于环境行政公益诉讼案件往往与地方政府发展经济的短期行为相联系，由被诉行政机关所在地的基层人民法院管辖第一审环境行政公益诉讼案件，将会因受诉法院的司法管辖区域与被诉行政机关的行政管理辖区高度重合，而在审判过程中加剧法院所受到的地方保护主义干扰，从而可能导致司法在促进行政机关积极实施环境法上难有大的作为。结合实践来看，检察机关和具有半官方背景的环保组织在提起公益诉讼时往往背负着"只能赢不能输的压力"，在选择案件时偏向保守，很少去啃那些败诉率很高的"硬骨头"，①这一现象的出现虽然和检察机关受政绩观念的影响等有一定联系，但是不可否认检察机关起诉本地行政机关毕竟属于"硬碰硬"，难免会受到地方利益的掣肘。同样地，基层人民法院在面对环境公益诉讼案件时也会遇到这一问题。国家检察官学院河南分院院长田凯等学者指出，在司法实践中，不少基层人民法院对于人民检察院开展环境公益诉讼工作不配合、不支持，甚至对于人民检察院提起的环境公益诉讼不予立案等，②这些现象除了有少数基层法院对环境公益诉讼的认识不到位的原因之外，可能还有受到地方保护主义干扰的外部因素。同时，如上文所说环境污染、生态破坏问题往往呈现区域性、流域性的特点，由被诉行政机关所在地基层人民法院管辖涉及跨行政区划污染问题的行政公益诉讼案件，无论是从有利于管辖法院调查、取证、执行的角度，还是从联合防治环境污染与生态破坏问题的角度，被诉行政机关所在地基层人民法院都不一定具有优势。因此，从实现环境公益诉讼目的及其功能的角度，由被诉行政机关所在地的基层人民法院管辖第一审行政公益诉讼案件是有其局限性的。

---

① 肖建国、黄忠顺：《环境公益诉讼基本问题研究》，《法律适用》2014 年第 4 期。

② 田凯、张嘉军、赵琼：《"绿水青山"呼唤人民检察院提起环境公益诉讼》，公益诉讼研究微信公众号，https://mp.weixin.qq.com/s/G5aDfezZGYdjPgIss92m8w，访问日期：2019 年 4 月 4 日。

（三）跨行政区划集中管辖

与环境民事公益诉讼有所不同，司法解释未对环境行政公益诉讼案件实行跨行政区域集中管辖作出规定。目前关于行政诉讼案件跨行政区划管辖的法律依据，主要是《行政诉讼法》第18条第2款之规定，即"经最高人民法院批准，高级人民法院可以根据审判工作的实际情况，确定若干人民法院跨行政区域管辖行政案件。"该规定的现实依据主要在于，与民事诉讼相比，行政诉讼中行政机关对司法的不当干预会更加频繁和"常态化"，并且由被诉行政机关所在地基层法院管辖第一审行政案件，还会因为司法管辖与行政管辖区域的高度重合而为这种干预提供了"便利"，而寄希望于提级管辖以抵御地方保护主义的做法又势必造成中级人民法院、高级人民法院承担较重的审判压力。目前，全国各地法院对行政案件跨行政区划管辖的制度改革进行了积极探索，如本身就具有"跨区域性"的铁路运输法院在脱离了专门法院的序列后，由铁路法院驻在地的省一级党委和高级人民法院实行属地管理，2014年还挂牌成立了全国首批跨行政区划的人民法院——北京市第四中级人民法院和上海市第三中级人民法院，分别管辖以本市区县人民政府为被告、以市级人民政府为被告的第一审行政案件。又如，河南省原则上对基层人民法院管辖的所有行政案件都实行异地管辖，并将省内中级人民法院分组实行"推磨转圈"的方式审理行政案件。安徽省在皖中、皖南、皖北分别指定合肥、芜湖、蚌埠三个中级人民法院及其下辖的合肥铁路运输法院等三个法院，对全省的第一审行政案件及上诉行政案件进行集中交叉管辖。[①]

就环境行政公益诉讼案件而言，实行跨行政区划集中管辖更加具有必要性，这主要是因为：一是环境行政公益诉讼中的被诉行政行为往往关涉地方发展经济牺牲环境的行为，跨行政区划管辖可以分离被诉行政机关与其辖区之间的地缘关系，提高受诉人民法院抵御不当干扰的能力，从而有利于实现环境行政公益诉讼促进行政机关积极实施环境法的功能；二是对涉及区域性、流域性生态环境问题的案件，实行跨行政区划管辖可以防止分段治理或各自为政

① 马迅：《行政案件跨区域管辖改革的检视与省思——以我国〈行政诉讼法〉第18条第2款为中心》，《甘肃政法学院学报》2018年第2期。

的现象,从而有利于全面制止和纠正侵害环境公共利益的违法行政行为,这同时符合《环境保护法》第 20 条第 1 款所强调的联合防治区域性、流域性生态环境问题的要求。三是集中管辖可以更好地适应审理环境行政公益诉讼案件的特殊要求,毕竟这一类案件波及范围广、社会影响大、利益关系复杂,还会涉及较多的专业性或技术性问题,对法官的专业水平与科学素养的要求较高。实行集中管辖可以在集中司法审判资源的基础上,促进审判的专业化和统一审判标准,并且在法官提升专业化水平的过程中还可进一步提高办案效率,从而保障对环境行政公益诉讼案件的有效审理。

与此同时,确立对环境行政公益诉讼案件的跨行政区划集中管辖不仅符合《行政诉讼法》第 18 条第 2 款之规定,而且符合最高人民法院在《关于全面加强环境资源审判工作为推进生态文明建设提供有力司法保障的意见》中,明确提出的要 "探索设立以流域等生态系统或以生态功能区为单位的跨行政区划环境资源专门审判机构,实行对环境资源案件的集中管辖,有效审理跨行政区划污染等案件"的要求。虽然目前司法解释仅明确规定环境民事公益诉讼案件的跨行政区域集中管辖,但是对环境行政公益诉讼案件实行跨行政区划集中管辖是符合该司法文件精神的。在 2017 年最高人民法院发布的十大环境公益诉讼典型案例中, 就包括贵州省六盘水市六枝特区人民检察院诉贵州省镇宁布依族苗族自治县丁旗镇人民政府环境行政公益诉讼一案。这起由清镇市人民法院生态保护法庭跨行政区划集中管辖并审理的第一审环境行政公益诉讼案件, 是检察机关提起公益诉讼试点以来首例由人民法院跨行政区划管辖的案件,其典型意义就在于"有利于克服地方保护、督促行政机关依法履职,对于保护生态环境具有积极的作用"①。

除了必要性之外,确立环境行政公益诉讼案件的跨行政区域集中管辖还有一定的现实可能性。目前,除了各地法院对行政案件跨行政区划管辖的探索之外,专门针对环境行政公益诉讼案件实行跨行政区域集中管辖已有一定的司法资源支持。据统计,自 2014 年最高人民法院环境资源审判庭成立以来,截

---

① 《最高人民法院发布环境公益诉讼典型案例》,新华网,http://www.xinhuanet.com//legal/2017-03/07/c_129503217.htm,访问日期:2019 年 4 月 10 日。

至 2017 年 4 月，全国已有 31 个省、市、自治区人民法院设立了环境资源专门审判机构共计 946 个，其中审判庭 296 个、合议庭 617、巡回法庭 33 个。[①]另据最高人民法院环境资源审判庭庭长王旭光介绍，截至 2018 年底全国法院一共设立环境资源审判庭、合议庭或者巡回法庭等环境资源审判专门机构 1271 个。[②]同时各地法院环境审判机构还积极探索了案件主管模式，包括环境民事、环境行政案件"二合一"归口主管，环境民事、环境行政、环境刑事案件"三合一"归口主管，以及环境民事、环境行政、环境刑事案件及环境案件执行裁判"3+1"归口主管。可见这三种案件主管模式都涵盖了对环境民事案件与环境行政案件的审理，这说明各省设立的环境资源专门审判机构应具备审理环境行政公益诉讼案件的能力。不过，目前虽然环境资源专门审判机构在全国呈现"遍地开花"的态势，但其中也不乏无案可审包括无环境公益诉讼案件可审的审判机构。即使是在 2015—2016 年受理的环境公益诉讼案件数量居全国第二的贵州省，[③]还是在国内首创以水流域划分为基础，确定全省范围内跨区域生态保护民事、行政案件统一集中管辖方案的省份。但是，据调查截至 2016 年 6 月 30 日怀仁市、福泉市、普安县环保法庭尚未受理、审理、执行过环境民事公益诉讼案件，截至 2015 年 11 月 15 日遵义市播州区环保法庭尚未受理、审理、执行过环境民事公益诉讼案件。[④]因此，即使在目前环境行政公益诉讼案件数量增长较快的情形下，还不至于对受诉人民法院造成过大的办案压力。并且，从环境行政公益诉讼案件的审理来看，由于行政诉讼主要是对行政行为的合法性进行审查，而合法性审查又以书面审查为主，因此即使在案件数量增长较快的情况下，相对于环境民事公益诉讼案件来说，法院审理环境行政公益诉讼

---

① 郑学林：《中国环境资源审判的新发展》，《人民法院报》2017 年 6 月 7 日，第 8 版。

② 《最高法环境资源审判庭庭长王旭光谈环境资源审判工作》，法制网，http://www.legaldaily.com.cn/direct_seeding/node_101925.htm，访问日期：2019 年 5 月 17 日。

③ 2015—2016 年贵州省受理的环境公益诉讼案件总计 31 件列全国第二，受理案件数量最多的省份是江苏省，案件数量为 39 件。参见张忠民等：《环境公益诉讼的数量与质量》，载吕忠梅等《中国环境司法发展报告（2015—2017）》，人民法院出版社，2017，第 177 页。

④ 傅贤国：《环境民事公益诉讼制度研究——以贵州省贵阳市"生态保护两庭"司法实践为中心的分析》，法律出版社，2016，第 85—89 页。

案件往往更易于结案。

此外,结合最高人民检察院、生态环境部等九部委联合会签的《关于在检察公益诉讼中加强协作配合依法打好污染防治攻坚战的意见》来看,其中明确规定检察机关要探索立案管辖与诉讼管辖的适当分离,在人民法院实行环境资源案件集中管辖的地区,检察机关如需提起诉讼一般应移送集中管辖法院对应的检察院提起诉讼。可见,对于这些地区来说,实现环境行政公益诉讼案件的跨行政区划集中管辖已具有相应的现实支撑。

由上可知,目前确立环境行政公益诉讼案件的跨行政区划管辖不仅必要而且可能。其中,贵州在全省范围内实行跨行政区域集中管辖的做法值得推广。贵州省高级人民法院在 2015 年 6 月发布的《关于生态环境保护审判庭实行"三审合一"及调整部分案件受案范围的通知》中,明确规定贵州省高级人民法院指定管辖的四个中级人民法院、五个基层人民法院实行相对的"三审合一",即集中管辖涉环境污染和生态破坏的民事、行政案件,以及管辖本院辖区内的环境类刑事案件。其中上述四个中级人民法院生态环境保护审判庭管辖第一审环境行政公益诉讼案件,清镇市人民法院生态环境保护审判庭逐案报经省法院生态环境保护庭批准后,可以受理环境行政公益诉讼案件。[1]值得一提的是,该司法文件对环境民事公益诉讼案件与环境行政公益诉讼案件的管辖作出了一致规定,从而避免了上文中学者所指出的这两类案件在级别管辖上存在冲突亟须协调和统一的问题。并且,原则上由中级人民法院管辖第一审环境行政公益诉讼案件,有利于在环境公益诉讼审判尚处于摸索积累的阶段保证法院对案件的审判质量,从而促进行政机关积极实施环境法。同时在中级人民法院面临较大办案压力等情况下,可结合下辖基层人民法院的实际情况,通过逐案报经高级人民法院批准的方式,由具有相应能力的基层人民法院管辖第一审环境行政公益诉讼案件。当然,除了在省域范围内实行环境行政公益诉讼案件的跨行政区划集中管辖,还可在条件具备的情况下探索跨省域的管辖制度,如上文提及的京津冀三地法院通过协议方式,明确了要加快建设环境

---

① 陈小平、潘善斌、潘志成:《环境民事公益诉讼的理论与实践探索》,法律出版社,2016,第 246 页。

资源专门审判机构及进行跨行政区划集中管辖的探索。

还有学者进一步提出，对于跨行政区划环境资源案件要建立以集中管辖为主、指定管辖为辅的管辖路径，包括由最高人民法院和高级人民法院明确指定环境案件集中管辖的区域范围，对集中管辖未覆盖的涉及跨行政区划的环境资源案件则运用指定管辖作为补充，同时辅之以环境审判机构和环境诉讼程序的进一步完善。[①]其中，审判机构的完善对于实现环境公益诉讼案件的跨行政区划集中管辖尤为重要，这是因为跨行政区划集中管辖对法官队伍的专业化水平和司法能力提出了较高要求。然而就目前来看，由于环境资源专门审判机构基本上实行"二合一""三合一""3+1"的案件主管模式，而民事、行政、刑事三类案件的性质及审理要求有着较大差异，采取这种模式必然会因法官专业领域、能力的不全面而影响到部分案件的审判质量。因此，今后有必要区分不同类型的环境案件，根据法官的专业特长和业务经历予以调配并设置相对独立的民事、行政、刑事综合审判组以管辖第一审环境案件。[②]从而以审判法官专业化水平的提高为支撑，实现对环境民事公益诉讼案件与环境行政公益诉讼案件的有效审理。

[①] 余厚德：《跨行政区域环境资源案件的司法管辖制度研究》，《法学杂志》2017 年第 2 期。

[②] 傅贤国：《环境民事公益诉讼制度研究——以贵州省贵阳市"生态保护两庭"司法实践为中心的分析》，法律出版社，2016，第 95 页。

第三章 环境公益诉讼的原告资格问题

第一节 原告诉讼实施权的理论基础

当事人适格,也称正当当事人,是指就特定的诉讼有资格以自己的名义成为原告或被告,因而受本案判决拘束的当事人。这种以自己的名义作为当事人并受本案判决拘束的权能,称为诉讼实施权。[①]具有诉讼实施权的原告是环境公益诉讼的"敲门人",原告范围的确定是实现环境公益诉讼的目的及其预设功能的重要前提。为了防止请求人就微不足道或吹毛求疵的问题提起无意义的诉讼,从而导致司法资源的浪费或对行政运作造成不利影响,原告资格是必需的制度。在 19 世纪的英国,"除非某个人有着自己的个人冤情,否则,法院是不愿意让任何人跨进自己的大门的。一般来讲,一个人必须指出他自己的哪些合法权利受到了侵犯或哪些财产受到了损害,如果他仅是成百或成千的受害者之一,他就没有足够的资格来法院起诉"[②]。可见,请求人获得原告资格的必要条件是其个人的法定权益遭受了侵害,即"直接利害关系"被法院视为受理案件的重要标准。在这种传统的原告适格理论之下,对于个人或集体享受的经济利益大开方便之门,而对公众或大部分公众的"零散性"的利益给予了不当的区别对待。[③]后来当环境纠纷等新型纠纷出现时,由于法律尚未对这些纠纷

---

① 江伟、肖建国主编《民事诉讼法(第 8 版)》,中国人民大学出版社,2018,第 120 页。

② 〔英〕阿尔弗雷德·汤普森·丹宁:《法律的训诫》,杨百揆等译,法律出版社,1999,第 125 页。

③ 〔意〕莫诺·卡佩莱蒂:《福利国家与接近正义》,刘俊祥等译,法律出版社,2000,第 83 页。

所体现的权利进行预先设定与保护，而传统原告适格规则因强调原告与其合法权益之间的利益关联，将可以主张权利的主体范围局限于自身权益受到侵害的利害关系人，从而封闭了有关公共利益受损的权益诉求通向法院的大门。

这种原告适格规则是与传统民事诉讼、行政诉讼以保护私人合法权益为核心相匹配的，势必会造成对社会公共利益保护的司法真空。这是因为"直接利害关系规则是建立在任何民事权益都有积极的捍卫者，一旦其权益受损，那么权利人必然会向法院寻求救济的假设基础之上的"①，而在环境公共利益受到侵害时这一假设往往难以成立。从有效维护环境公共利益的角度，由于本质上生态环境本身受到侵害才是环境公共利益受损的表现形式，而生态环境遭受侵害可以表现为两种情形：行政机关或者法人、其他组织、个人的行为仅导致了生态环境本身的损害，或该行为以生态环境为媒介进一步导致了私人的人身或财产损害。这两种情形下，都会因原告适格规则的局限而使得司法对于生态环境的保护难有大的作为。具体来说，前一种情形因未发生私人合法权益受损的结果，所以根据传统原告适格规则出现了直接利害关系人的缺位，从而导致环境公共利益处于无人启动诉讼救济程序的危险境地。在后一种情形下，虽然有人身或财产权益受损的主体可以提起诉讼，进而通过私益诉讼的途径"附带地"保护环境公共利益，但是私人往往更看重对其私益而非公益的救济，未必会就受损的生态环境提出恢复原状等诉讼请求，也难以在诉讼过程中始终如一地为维护公共利益据理力争。更何况这一类诉讼常常以实力雄厚的污染企业或行政机关为被告，强势的被告、取证的困难、巨大的资金投入、漫长的诉讼过程通常会令有资格提起诉讼的私人心存畏惧。与此同时，有的行为即使造成了波及范围广泛的生态环境损害结果，但很可能因单个个体的人身或财产受损并不严重，以及私人"搭便车"的心理倾向而导致其更无提起诉讼的动力。由此可见，传统的原告适格理论囿于原告与案件的直接利益关联要求，无法实现对涉及不特定多数人的环境公共利益的有效保护，自然也就难以适应以维护公益为己任的环境公益诉讼制度的需要。从这个意义上说，正是环境污染或环境破坏行为引起的损害所具有的特殊性，决定了环境公益诉讼与私益

---

① 王胜明主编《中华人民共和国民事诉讼法释义》，法律出版社，2012，第 111 页。

诉讼在适格当事人上的不同。①

于是,在超越传统原告适格规则的基础上,诉的利益、诉讼信托、私人检察总长等理论便应运而生,并最终以原告资格为突破口建立了环境公益诉讼制度。

一、诉的利益理论

如前所述,传统原告适格理论是与以保护私益为核心的传统诉讼制度相匹配的,与以维护社会公共利益为目的的环境公益诉讼之间存在着天然冲突。不仅如此,传统原告适格理论将法律上受到保障的权益受到侵犯作为请求人获得原告资格的必要条件,然而随着环境污染等新型纠纷的不断涌现,这些纠纷所涉利益由于法律的滞后性、不完整性而未被纳入法律所承认的权利体系中,然而事实上又存在对纠纷所涉利益予以司法救济的现实必要性。此时,如果固守传统原告适格规则所强调的"合法权益受到侵犯"标准,将无法对这些新型的利益诉求予以司法救济,司法也无法回应伴随着经济社会迅速发展的多样化社会需求。

对于环境公益诉讼来说,在现实中许多环境利益尚未成为法律意义上的权利,而环境污染及生态破坏后果已经触目惊心的情况下,超越"合法权益受到侵犯"的标准将这一类新型权益诉求纳入司法救济的轨道,是对环境公共利益予以司法保护的当务之急。正是在这个意义上,借助于诉的利益理论对适格原告范围的扩张,才使得环境民事公益诉讼与环境行政公益诉讼的大门得以开启。在大陆法系国家,诉的利益源于"无利益即无诉权"的基本原则。诉的利益是指原告所主张的利益面临危险和不安时,为了去除这种危险和不安而诉诸法律手段,即诉讼,从而谋求判决的利益及必要,这种利益由于原告主张的实体利益现实地陷入危险和不安时才得以产生。② 与传统原告适格规则所强调的"合法权益"标准有所不同,诉的利益的存在并不以当事人享有法律规定

---

① 吕忠梅、吴勇:《环境公益实现之诉讼制度构想》,载别涛主编《环境公益诉讼》,法律出版社,2007,第 23 页。

② 谷口安平:《程序的正义与诉讼(增补本)》,王亚新、刘荣军译,中国政法大学出版社,2002,第 188 页。

的权利为前提。在民事诉讼中,即使当事人对请求法院承认和保护的权利没有管理权或处分权,但是只要具有诉的利益,仍然可被认为是适格当事人,可以对实体权利生成的事实进行举证和抗辩。①在行政诉讼中,诉的利益理论对于行政诉讼的"侵入",在说明该理论与行政诉讼理论具有高度契合性的同时,也在实践中将法院的受案范围拓展至社会公共利益的诉求,从而使得行政公益诉讼在各国通过相关判例得以逐步确立。从有效维护环境公共利益的角度看,由于诉的利益理论不再将原告资格捆绑在享有法律预设的权利基础上,因而能够让那些与生态环境相关的、尚未被实体法确认但又需要司法救济的利益诉求进入法院的受案范围,从而使得受到侵害的环境公共利益获得了诉讼救济的机会。从这一点来看,诉的利益是解决公益诉讼所形成的新型权利无法与固有诉讼体系融合之症结的良药。②

诉的利益作为当事人适格的基础,强调的是原告需要运用诉讼救济其所主张利益的必要性与实效性,具有拓展法院受案范围以回应社会现实需求的积极功能,从而填补了在"权利既成"的诉讼救济模式下环境公共利益保护的司法真空。同时,由于"诉的利益概念就是掌握着启动权利主张进入诉讼审判过程的关键,也就是通过诉讼审判后而创制实体法规范这一过程的重要开端"③,所以诉的利益作为迈向新的权利生成的第一步,还具有将"形成中的权利"转化为"法律上的权利"的重要功能。诉的利益的上述功能使得司法救济的利益范围不再拘泥于现有的法律文本,而是积极回应经济社会迅速发展下的现实需求,进而以司法救济与生成新权利双管齐下的方式,在生态环境问题已不容回避的今天实现对环境公共利益更充分、更有效的保护。可见,诉的利益理论破解了传统原告适格规则与环境公益诉讼之间的冲突,它的积极功能是与环境公益诉讼的目的及功能相契合的。

与此同时,基于诉讼目的及功能上的公益性才是环境公益诉讼最显著的

---

① 肖建华:《民事诉讼当事人研究》,中国政法大学出版社,2002,第105页。

② 柯阳友:《民事公益诉讼重要疑难问题研究》,法律出版社,2017,第134页。

③ 谷口安平:《程序的正义与诉讼(增补本)》,王亚新、刘荣军译,中国政法大学出版社,2002,第194页。

本质特征,决定了"环境公益诉讼的适格原告的判断标准,在于单纯的社会公益";环境公益诉讼起诉资格的实质问题不在于是否涉及起诉主体的个人权益,而在于他能否表明一些实质性的不负责任或滥用职权而导致的环境危险或损害,从而使得愈来愈多的公民或其他组织通过司法力量维护环境公共利益。①在对包括环境公益诉讼在内的现代型诉讼的诉之利益进行衡量时,需要充分考虑其间所蕴含的国家和当事人的新的要求和利益,不仅要从诉的利益的消极功能,更要从其积极功能的角度进行衡量,尽量充实和扩大诉的利益的保护范围和解决纠纷的功能,以及促进诉讼的政策形成功能。②在判断诉的利益有无时,我国作为具有大陆法系传统的国家,民事及行政实体法固然是基本标准,但又不能局限于这一标准。诉的利益的标准还应涵盖宪法和其他部门法赋予法律主体的权益,尤其是宪法所保障的诉讼权、生存权、平等权、自由权、财产权等基本权利的理念。③对此可以理解为,原告所主张的利益应处于宪法或其他部门法所保护或调整的利益范围内。例如法国最高行政法院在 Alcindor 一案的判决中指出,只要申诉人的利益受到违反法律的行政行为的侵害,申诉人就可针对该行政决定提起越权之诉,而不要求申诉人的权利受到侵害。申诉人的利益不仅包括物质性利益,还包括环境美等精神性利益;也不限于现实的利益,将来的利益如果确实存在也可提起越权之诉。④在希腊,基于环境的公共性和环境问题的重要性,环境行政起诉权的标准已由个人的、直接的、现实的法律权益受到影响,延展到了公共的、间接的、未来的权益受到妨害或损害的领域。⑤

由上可知,由于诉的利益理论打破了传统原告适格理论在诉讼主体范围上的封闭与禁锢,将诉的利益的范围从个人利益延展至环境公共利益,从而为

---

① 吕忠梅、吴勇:《环境公益实现之诉讼制度构想》,载别涛主编《环境公益诉讼》,法律出版社,2007,第 23—24 页。

② 江伟、邵明等:《民事诉权研究》,法律出版社,2002,第 224 页。

③ 廖永安:《论诉的利益》,《法学家》2005 年第 6 期。

④ 王名扬:《法国行政法》,中国政法大学出版社,1988,第 667—681 页。

⑤ 吕忠梅、吴勇:《环境公益实现之诉讼制度构想》,载别涛主编《环境公益诉讼》,法律出版社,2007,第 28 页。

国家机关、社会组织及公民个人启动对环境公共利益的诉讼救济打开了一扇大门。

二、诉讼信托理论

诉讼信托,是指第三人享有以自己名义就他人权利实施诉讼之权能,[1]即通过诉讼上的授权(信托),使本来没有诉权的人能够起诉或被诉,使本来不合格的当事人成为合格当事人。[2]依据授权方式的不同,诉讼信托又可分为两种类型:任意的诉讼信托与法定的诉讼信托。任意的诉讼信托是基于法律关系主体或权利主体的授权,由第三人行使诉讼实施权。对于环境公益诉讼来说,由于环境公共利益的权利主体为不特定的多数人,因此无法以委托并与第三人达成合意的方式使第三人成为适格的当事人。法定的诉讼信托则是指第三人依据法律的规定而取得诉讼实施权,环境公益诉讼中的有关机关、组织或公民就是基于法定的诉讼信托取得适格当事人的资格。

对于环境公益诉讼来说,为诉讼信托理论提供理论依据的是公共信托理论。公共信托理论源于罗马法的公众共用物概念,《查士丁尼法学总论》将其明确为"依据自然法而为公众所共有(用)的物,有空气、水流、海洋,因而也包括海岸"[3]。可见公众共用物概念本身就蕴含着社会公共利益的含义,具有维护由空气、水流等共有(用)物所承载的社会公共利益的意义。后来经在英国的发展公共信托理论得以建立,该理论还逐渐成为美国法律体系的重要内容,其基本含义是:空气、阳光、水、海岸等自然资源本质上属于全体公民的共有财产,公民为管理这些财产而将其委托给政府,并由政府基于公共利益之目的加以管理和利用。在 20 世纪六七十年代,美国密歇根大学的约瑟夫·萨克斯教授将公共信托理论引入环境资源领域,并使该理论成为环境公民诉讼的理论渊源。约

---

① 陈清秀:《行政诉讼之理论与实务》,台湾三民书局,1994,第 138 页。

② 王强义:《论诉讼信托——兼析我国民事诉讼法第 54、55 条》,《中南政法学院学报》1992 年第 3 期。

③ 〔古罗马〕查士丁尼:《法学总论——法学阶梯》,张企泰译,商务印书馆,1989,第 48 页。

瑟夫·萨克斯教授认为,"在不侵害他人财产的前提下使用自己的财产"的古老谚语,是对环境所具有的公共权利属性的最好写照,同时指出了公共信托理论的三项基本原则:第一,诸如大气、水等自然资源所承载的利益对于全体市民来说是极其重要的,因此不宜将其作为私有的对象;第二,由于人类蒙受自然的恩惠是极大的,因此所有市民不论其经济地位如何,都应可以自由地利用大气、水等自然资源;第三,基于政府的主要目的是增进公共利益,因而政府不能为了私的利益而限制或改变公共物品的广泛的、一般使用状态。[1]以公共信托理论为根基,《密歇根州环境保护法》的公民诉讼条款规定:"检察总长或任何人为保护大气、水和其他自然资源以及这些资源的公共信托免受污染、损害或破坏,可在涉嫌违法行为发生地或可能发生地的有管辖权的巡回法院对任何人提起诉讼,寻求确认性救济或衡平法上的救济。"[2]

可见,公共信托理论在赋予社会公众实体权利的同时,还为诉讼信托提供了理论依据,而诉讼信托又为环境公益诉讼的原告适格问题提供了正当性的理论基础。根据公共信托理论,基于国家(或政府)与国民之间建立的信托关系,当全体国民将公共财产交给国家信托管理时,就将自己的一部分诉权也托付给了国家,这就是诉讼信托;当公共财产受到侵害时,国家基于保护受其信托的财产不受侵害的义务应行使其诉权,但国家作为众多机关的集合体无法做到亲自起诉、应诉,于是又委托检察机关或其他公共机关代表国家提起诉讼。[3]当然,国家将诉权委托有关机关行使,必须通过法律的规定,即采取法定的诉讼信托的方式。如我国《行政诉讼法》第25条第4款规定,检察机关依法以实施侵害国家利益、社会公共利益的行政违法行为的行政机关为被告提起行政公益诉讼。根据这一规定,检察机关所享有的是根据法律授权而获得的诉讼实施权,与诉讼涉及的公共利益之间并不存在直接利害关系。结合国外立法来看,公共信托原则既为私人主体起诉违反公共信托原则的政府或者侵犯公

① 陈冬:《环境公益诉讼研究——以美国环境公民诉讼为中心》,博士学位论文,中国海洋大学,2004年,第19—20页。

② 陈冬:《美国环境公益诉讼研究》,中国人民大学出版社,2014,第15页。

③ 邓一峰:《环境诉讼制度研究》,中国法制出版社,2008,第206页。

共信托权益的其他私人主体提供了正当基础，又为政府起诉侵害公共信托权益的私人主体提供了正当理由。①

三、私人检察总长理论

私人检察总长的理论渊源可溯及英国，英国法官在面对日益扩张的行政权力时逐渐意识到,如果在原告适格问题上继续拘泥于"直接利害关系"原则,将会过分束缚法院对政府不法行为的监督,同时与法律应促进社会公共利益发展的趋势相违背。所以,"法律必须设法给没有利害关系或没有直接利害关系的居民找到一个位置以便防止政府内部的不法行为,否则便没有人能有资格反对这种不法行为"②。于是,在英国诉讼制度中产生了以公法名义保护的私权之诉,具体是指检察总长在他人要求禁止令或宣告令或同时请求这两种救济时,检察总长基于维护公益之目的而出借他的名字,使得为阻止某种违法的诉讼得以提起,也使得禁止令或宣告令这种原本属于捍卫私人权利的救济,转变成为保护公共利益的公法救济。③在美国法语境下,一般认为私人检察总长理论缘起于 1943 年纽约州工业联合会诉伊克斯案的判决,美国联邦第二巡回上诉法院法官杰尔姆·弗兰克在判决中首次使用了私人检察总长的概念,并将其界定为:为了防范官员实施违反法定权力之行为,国会授权原告享有提起诉讼的权利,而且表明授予私人该权力之许可性,即便此授权的唯一目的就在于证明公益之正当性。④私人检察总长理论认为,在出现官吏的违法行为时,国会既可以授权一个公共官吏如检察总长,也可以制定法律授权私人团体为主张公益而提起诉讼,以制止官吏的违法行为;宪法不禁止国会授权任何人,不论是官吏还是非官吏提起此类诉讼,即使诉讼的唯一目的是主张公共利益,而

---

① 王小钢:《生态环境损害赔偿诉讼的公共信托理论阐释——自然资源国家所有和公共信托环境权益的二维构造》,《法学论坛》2018 年第 6 期。

② 〔英〕威廉·韦德:《行政法》,楚建译,中国大百科全书出版社,1997,第 365 页。

③ 黄学贤、王太高:《行政公益诉讼研究》,中国政法大学出版社,2008,第 174 页。

④ 陈冬:《美国环境公益诉讼研究》,中国人民大学出版社,2014,第 11 页。

得到这样授权的人就可以说是一个私人检察总长。① 由此可见,私人检察总长理论的核心在于制止政府的违法行为以维护公共利益,为了实现这一目的,原告既可以是检察总长(或其他官吏),也可以是私人团体甚至公民个人。私人检察总长理论为美国环境公民诉讼提供了理论支撑,环境公民诉讼也因此成为美国最具代表性的适用该理论的诉讼形式。在 20 世纪七八十年代的美国环境立法浪潮中,1970 年修订的《清洁空气法》、1972 年的《噪声控制法》与《海洋倾废法》,1973 年的《濒危物种法》、1977 年的《清洁水法》等环境法律均对环境公民诉讼作出规定,如 1970 年修订的《清洁空气法》第 304 条 a 款规定,任何公民都可以直接或间接受影响者的名义,甚至以“保护公众利益”的名义,对包括公司和个人在内的民事主体提出诉讼;任何公民都可以对污染源不遵守排放标准和联邦环保局不履行职责的行为向法院提起诉讼。②

就环境公民诉讼来说,“私人检察总长”的出现蕴含了这样的前提:即使行政机关勤勉执法,但终究会因执法资源的有限而无法保证监测到每一个污染源,而私人或私人团体常常是环境污染行为最及时、最经济的监督者;行政机关往往会受政治等因素的影响而无法确保每一项环境法律都得到充分实施。而从最有利于保护生态环境的角度,“把有限的精力、时间和经费用在迫使政府完善或执行环境法律法规上比用于取缔个别污染源更有意义”③,于是赋予私人或私人主体提起公民诉讼的原告资格以维护公益就成为必需。从这一点来看,私人检察总长理论的实质就在于为最大限度地保护社会公共利益,而授权公民等主体类似于检察总长享有的起诉资格。当然,这么做的目的并不是要让私人代替行政机关执法,而是在行政机关未能有效保护公共利益的情况下弥补行政执法的不足,从而建立起公众与政府共同应对环境违法者的有效机制,这同时是与环境公民诉讼促进行政机关积极实施环境法的功能相一致的。

---

① 王名扬:《美国行政法》,中国法制出版社,1995,第 627—628 页。

② 李静云:《美国的环境公益诉讼——环境公民诉讼的基本内容介绍》,载别涛主编《环境公益诉讼》,法律出版社,2007,第 93—94 页。

③ 陈虹:《环境公益诉讼功能研究》,载吕忠梅、王立德主编《环境公益诉讼中美之比较》,法律出版社,2009,第 19 页。

　　不过,虽然私人检察总长理论为环境公民诉讼提供了理论依据,但并不意味着公民可以基于维护公益之目的不受限制地提起诉讼。美国联邦最高法院在审理环境保护组织塞拉俱乐部诉莫顿案的判决中,对起诉权确立了要求原告提供两个材料的一般标准:一是事实上的损害,该损害不局限于经济上的损害,还包括美学上的、环境舒适度上的损害等非经济性损害;二是某一受法律保护的尚有争议的利益是否受到被诉政府机构的侵害,虽然环保团体只要能具体指出其会员受到侵害就可提起诉讼,但这同时说明了环保团体不得单纯以其经常关心环境事务为由主张原告资格。①可见,作为"私人检察总长"的环保团体虽然基于维护公益之目的提起诉讼,但是在诉讼构成上需满足其会员受到了侵害这一条件。不过,"由于起诉资格和原告所受损失的大小无关,因此在私人代表公共利益提起诉讼的时候,往往是原告个人的利益较小,而公共的利益较大"②,并且生态环境的公共性决定了环境公民诉讼的诉讼效果并不为原告所专属,而是惠及广泛的社会公众。因此从这个意义上说,即使"私人检察总长"并没有获得像"检察总长"那样广泛的法定权力,但是其通过"私力救济"的方式达到了"公力救济"的效果。③

　　除了上述三种理论之外,为环境公益诉讼的原告适格问题提供正当性理论依据的还有环境权理论、私人实施法律理论、公共妨害理论、公诉权能扩张理论、监督穷尽理论等,这些理论也将原告资格从传统理论的法定权利束缚中解放出来,从而为确立环境公益诉讼的多元化原告主体提供了理论支撑。

---

　　① 李艳芳:《美国的公民诉讼制度及其启示——关于建立我国公益诉讼制度的借鉴性思考》,载别涛主编《环境公益诉讼》,法律出版社,2007,第112—113页。

　　② 王名扬:《美国行政程序法》,中国法制出版社,1995,第627页。

　　③ 张辉:《美国公民诉讼之"私人检察总长理论"解析》,《环球法律评论》2014年第1期。

第二节　社会组织作为环境公益诉讼原告的资格

一、对社会组织原告资格的赋予

环境公益诉讼的适格主体主要涵盖特定社会组织、专门国家机构、公民个人三种类型。其中,社会组织作为与政府、企业并列的"第三部门",亦被称为"民间组织""社会团体""志愿组织""非营利性组织" 或 "非政府组织"(NGO)等。在我国,社会组织不是泛指社会学意义上的为实现特定目标而有意识地组合起来的社会群体,而是专指在我国民政部门登记的,不以营利为目的,社会自主发起主要开展公益性或互益性服务活动的社会组织,具体包括社会团体、基金会、民办非企业单位等类型。[①] 我国《环境保护法》采用了"社会组织"的概念,该法第 58 条规定,符合规定条件的社会组织可以对损害社会公共利益的污染环境、破坏生态行为提起诉讼。《民事诉讼法》则采用了"有关组织"的概念,根据《民事诉讼法》第 55 条规定,法律规定的机关和有关组织可以对损害社会公共利益的污染环境行为向人民法院提起诉讼。不过,《行政诉讼法》第 25 条仅明确规定检察机关可以基于保护国家利益和社会公共利益的目的提起行政公益诉讼,而未对社会组织的原告资格作出规定。在实务中,人们对致力于环境公益的社会组织还会使用"环保(境)团体""环境保护社会组织""环保民间组织""环保公益组织"等概念。至于具备环境公益诉讼原告资格的社会组织的类型,则依据《环境民事公益诉讼司法解释》第 2 条之规定,主要包括在设区的市级以上人民政府民政部门登记的社会团体、民办非企业单位及基金会等。

从域外立法与司法来看,环境保护团体被普遍赋予了提起环境公益诉讼的原告资格。在美国联邦环境法律层面,授权环境公民诉讼条款的联邦环境法律一般规定, 任何人为实施该联邦环境法律, 可以代表自己提起一项民事诉讼。如美国《资源保护和再生法》规定,"人"是指个人,信托基金机构,商号,合

[①] 民政部民间组织管理局:《社会组织的概念、特征及分类》,《瞭望》2010 年第 37 期。

股公司,公司,法人(包括政府法人),合伙,社团,州政府、市、镇市政当局,州委员会,州政府机构,任何州际法律实体(包括所有的部门和机构)和美国联邦政府的任何机构。① 虽然美国联邦环境法律规定的环境公民诉讼的原告范围十分宽泛,但实际上环保团体所提起的诉讼占据了全部公民诉讼的绝大部分。并且,美国的环保团体不仅可以对环境加害行为的实施者提起诉讼,还能以环境行政管理机关为被告提起诉讼。在欧洲国家,环境公益诉讼在发展过程中的一个共同特点就在于,这种诉讼形式首先向环保团体敞开了大门,并且环保团体还在这一进程中成了环境公益诉讼的核心力量。② 不过在德国等大陆法系国家,一般只允许环保团体针对行政机关在环境保护方面的不积极或采取措施不当的行为提起诉讼。③ 相比较而言,英美法系国家的环保团体参与公益诉讼实践的程度比大陆法系国家的环保团体更为广泛。这主要是因为英美法系国家的公益性团体普遍性地享有诉讼主体资格,而在大陆法系国家只有经过法律授权的团体才能作为原告提起公益诉讼。如美国原则上不干预环保团体的组织与运作,环保团体提起公民诉讼的原告资格也无须经过认可或考核。美国法院对以下环保团体的原告资格均予以承认:承认保护自然资源、风景、历史文物的公民团体具有原告资格;承认全国保护组织具有请求审查修建高速公路决定的原告资格;承认环保组织具有请求审查农业部长不采取措施限制剧毒农药使用行为的原告资格;承认地方资源保护组织具有请求审查国有森林采伐决定的原告资格,等等。④

　　社会组织尤其是环境保护社会组织(ENGO)之所以被赋予提起环境公益诉讼的原告资格,主要是由于其具有提起环境公益诉讼的正当性及相应的诉讼能力,从而通常能够保证环境公益诉讼的顺利推进及诉讼目的的实现,具体而言:

---

① 陈冬:《美国环境公益诉讼研究》,中国人民大学出版社,2014,第 37 页。

② 李挚萍:《欧洲环保团体公益诉讼及其对中国的启示》,《中州学刊》2007 年第 4 期。

③ 吕忠梅、吴勇:《环境公益实现之诉讼制度构想》,载别涛主编《环境公益诉讼》,法律出版社,2007,第 33 页。

④ 姜明安:《外国行政法教程》,法律出版社,1993,第 307 页。

首先,从提起环境公益诉讼正当性的角度看,社会组织的自身特点与环境公益诉讼的公益性质相契合。不可否认,即使作为环境要素的自然资源并不为公众所有,但其所承载的环境公共利益尤其是生态性环境公益的最终归属主体始终是社会公众。而环境公益诉讼的本质就在于"在司法层面为社会公众参与环境治理提供入口,并通过诉讼途径实现防止生态环境破坏及恢复生态环境的目的"①。从这个意义上讲,社会组织因其公益性、民主性而具有代表社会公共利益的合法基础与现实基础。就理想状态下的社会组织而言,一方面,社会组织是基于维护人们对环境某方面的利益,或者特定团体或人群的环境利益而设立的,因而具有一定的公益性,具有代表社会公共利益的合法基础。②社会组织的公益性决定了其本身存在的目的和意义,使得社会组织能够在环境公共利益受到侵害或有侵害之虞时,以提起环境公益诉讼的方式实现致力于维护公益的目的。另一方面,社会组织还具有民主性的特点,即一般不会设置过多门槛而向社会公众全面开放,这一特点使得社会组织能够与所代表的公众保持沟通,及时了解公众所关心的环境利益,从而保障了社会组织代表社会公共利益的民意基础与现实基础。社会组织的民主性使得它能够站在社会公众的立场,而非作为某个人或某些集团的代言人提起环境公益诉讼,从而保证了其提起的诉讼符合环境公益诉讼制度的目的。

不仅如此,社会组织的非政府性、非营利性为其始终如一地维护社会公共利益提供了保障。社会组织作为独立于政府、企业的"第三部门",一般不使用公共财政资源也不受政府行政权力支配,因而具有非政府性。社会组织的非政府性使得它能够更加理性、中立地看待社会中的生态环境问题,及时发现政府在执行环境法律中的违法与不当行为,并能够通过启动环境公益诉讼的方式加以监督和制约,从而有利于促进行政机关积极地实施环境法。尤其是在政府因追求经济目标而牺牲公众环境利益的情形下,社会组织的非政府性对于发挥环境公益诉讼弥补行政执法不足的功能是极其重要的。同时,社会组织还具

---

① 最高人民法院环境资源审判庭:《最高人民法院关于环境民事公益诉讼司法解释理解与适用》,人民法院出版社,2015,第 47 页。

② 邓一峰:《环境诉讼制度研究》,中国法制出版社,2008,第 232 页。

有非营利性的特点。这一特点保障了其关注的重心不在于谋取经济利益,而是作为"生态人"将其自身财产运用于维护社会公共利益的具体实践中,也不会因为经济利益而放弃维护环境公共利益的一贯追求。

可见,社会组织的上述四个特点是与环境公益诉讼的公益性质相契合的,也是与环境公益诉讼的目的及功能相匹配的。

其次,从提起环境公益诉讼可行性的角度,在环境公益诉讼中,被告往往是处于强势地位的、高度组织化的污染企业或行政机关,再加上环境公益诉讼的高技术性、高成本、利益冲突的复杂性等更加会让企图启动司法程序的普通民众望而生畏。因此,对于环境公益诉讼的原告来说这是一场"勇敢者"的挑战。一旦提起环境公益诉讼并获得受理,不仅意味着要投入大量的时间和资金成本,还要应对环境诉讼中不可避免的各种专业性问题,如涉及对被告排放的污染物导致生态环境受到了何种范围及程度的损害评估,所排放的污染物与生态环境损害后果之间的关联性的证明等。由此可见,环境公益诉讼对于原告的诉讼能力提出了极高的要求。而社会组织相对于普通公民来说,显然在诉讼能力上更具有优势:一是社会组织具有自己筹措资金的渠道和能力,能够在一定程度上保障负担诉讼成本并支持其开展诉讼活动。二是社会组织尤其是环保组织有法律、环保领域的专业人才参与,还会因长期从事生态环境保护活动而积累了丰富经验,因而在应对诉讼中复杂的技术性、法律性问题时往往比普通公民更加得心应手。由此可见,社会组织所具有的诉讼能力是与环境公益诉讼案件本身的特点相适应的,由其作为环境公益诉讼的原告提起诉讼具有可行性。

正是由于环境保护社会组织所具有的上述特点,使得其在已经建立环境公益诉讼制度的大多数国家中,成了最普遍的原告以及环境公益诉讼的核心力量,甚至被誉为环境公益诉讼的"最佳原告"。如在美国,环境公民诉讼制度执行中的一个重要特点就是由环保团体提起的诉讼占据全部公民诉讼的绝大部分。[①]就我国来说,虽然正式确立环境公益诉讼制度的时间不长,社会组织也尚在成长之中,但是它在环境公益诉讼中所发挥的作用已不容忽视。根据

---

① 吕忠梅、吴勇:《环境公益实现之诉讼制度构想》,载别涛主编《环境公益诉讼》,法律出版社,2007,第 32 页。

2018 年 3 月 21 日《慈善公益报》报道，从民政部发布的数据来看全国具备提起环境公益诉讼资格的社会组织有 700 余家。[1]另据统计，2015 年、2016 年社会组织提起环境公益诉讼的案件分别为 55、65 件，提起环境公益诉讼的社会组织由 2015 年的 10 家增加至 2016 年的 14 家。除了中华环保联合会、自然之友、中国生物多样性保护与绿色发展基金会这些能力较强并连续两年"领跑"的社会组织之外，一些地方性的社会组织如重庆两江志愿服务发展中心、镇江市环境科学学会、广东省环境保护基金会等也开始"小试牛刀"。[2]从社会组织参与环境公益诉讼的实践来看，无论是在防止生态环境遭受破坏及修复受损的生态环境，还是在监督行政执法、督促行政机关积极实施环境法，以及促进社会公众有序参与环境治理等方面都发挥了积极的效用。

目前虽然我国的环境保护社会组织尚存在一些不足，如缺乏提起公益诉讼的经验、从事环境法律服务的人员不足、筹措资金困难无力提起诉讼等，但正如学者所言，由于"环境保护社会组织与其他主体相比，在性质、地位、职能、经验、专业技术等方面更具优势，也更适合作为环境公益诉讼的原告"[3]，所以"应把它们作为最有潜力的主体来培养"。[4]从这一点来看，只有环境保护社会组织真正实现从"最具潜力主体"到"最佳主体"的跃变，环境公益诉讼制度的预设功能才能得到充分发挥。

二、对社会组织原告资格的限制

(一)适度限制社会组织原告资格的原因

从域外立法与司法来看，各国在赋予环境保护社会组织提起环境公益诉

---

① 权敬：《社会组织如何发起公益诉讼》，人民政协报，http://csgy.rmzxb.com.cn/c/2018-03-21/2002303.shtml，访问日期：2019 年 6 月 9 日。

② 张忠民等：《环境公益诉讼的数量与质量》，载吕忠梅等《中国环境司法发展报告（2015—2017）》，人民法院出版社，2017，第 184—185 页。

③ 最高人民法院环境资源审判庭：《最高人民法院关于环境民事公益诉讼司法解释理解与适用》，人民法院出版社，2015，第 48 页。

④ 李挚萍：《中国环境公益诉讼原告主体的优劣分析和顺序选择》，《河北法学》2010 年第 1 期。

讼原告资格的同时,又采取不同方式在不同程度上对其原告资格进行了限制,其主要原因在于:

第一,这是由于环境公益诉讼对社会组织起诉应基于公益目的,以及对其诉讼能力的要求所决定的。上文所作的社会组织提起环境公益诉讼的必要性和可行性论证,主要是针对理想状态下的社会组织进行的探讨。然而不可否认,现实中的环境保护社会组织还存在以下不足:环保组织的能力和素质差别甚大、良莠不齐,如一概将代表公共利益的权力交与它们会形成对公共利益的威胁;环保组织容易受到出资人的影响,受其左右;环保组织只能代表个别阶层、社区、社团、人群的利益,其利益偏向明显并且不同组织之间的利益取向差别很大。[①] 基于此,现实中并非所有的环保组织都具备提起环境公益诉讼的公益目的和诉讼能力。具体而言,一方面,从社会组织提起环境公益诉讼的目的来看,如果某个社会组织基于其所代表的一部分人的利益取向而起诉,这一群体利益可能因其偏向性而与社会公众的利益有所冲突,此时很难说该组织代表的就是社会公共利益,从而与提起环境公益诉讼应基于维护公益之目的相违背。又如,某个社会组织在接受了生产经营者的经济资助的情况下,可能会对出资者破坏生态环境的行为视而不见、听之任之,甚至可能在出资者的授意下出于某种非公益目的,如以其竞争对手为被告提起"伪装"的环境公益诉讼。显然,这种起诉行为更是严重背离了环境公益诉讼只得为公益而提起的初衷。另一方面,从社会组织的诉讼能力来看,现实中确实存在一些虽然致力于环境保护的社会组织,但是因缺乏固定经费来源或筹措资金困难而导致其生存状况堪忧,抑或其成员以志愿者为主,环境保护和法律方面的专业人员严重缺失。这一类社会组织即便能够基于维护环境公益之目的提起诉讼,也有满腔的热情想要投入到环境公益诉讼的实践中,但是其既无资金保障又无人员支持的短板,将会使其无法胜任调查收集证据、申请专业鉴定等一系列诉讼活动,最终可能导致受到侵害的环境公共利益难以获得司法救济。

第二,这是有效发挥环境公益诉讼弥补行政执法不足的功能所决定的。环

[①] 李挚萍:《中国环境公益诉讼原告主体的优劣分析和顺序选择》,《河北法学》2010年第1期。

境问题作为现代社会的典型公共问题,往往具有复杂性、系统性、科技性、动态性等特点,而环境行政机关在主动、灵活、高效的执法手段以及具备专业的技术、人才、设备等方面都具有司法机关无法比拟的优势。因此,虽然环境公益诉讼具有不可替代的独特价值与功能,但即使是在公民诉讼极为发达的美国环境法领域,也仍然将公民诉讼定位于行政执法的补充而非替代。美国国会在一项有关行政机关的勤勉执法可以阻止公众环境公益诉权行使的立法报告中指出,"公民诉讼旨在联邦政府行为的补充,而绝非联邦政府行为的阻碍"。立法机关也正是基于这一考虑,在配置公众环境公益诉权时抱有"若太过宽松亦可能不当地影响主管机关执法上的资源调配,亦可能大幅度增加法院的负担"的担心。① 在我国,环境公益诉讼的主要功能同样被定位于"只是在行政手段失灵的情况下,才能发挥弥补行政执法不足的作用"②,而非取代行政执法成为另一个平行的"执法管道"。环境公益诉讼的这一功能定位决定了对社会组织原告资格的赋予必须适度而不能无限放大,否则将会严重影响行政机关执法上的资源调配。只有如此,才能充分发挥行政执法作为保护生态环境的第一道屏障的重要作用,也才能使环境公益诉讼促进行政机关积极实施环境法的功能得以发挥。

第三,这是由于司法资源的有限性和诉讼效率的要求所决定的。对社会组织提起环境公益诉讼的原告资格进行适度控制,既是出于对其频繁提起诉讼可能不当干扰行政机关执法调配的担心,同时又是司法资源的有限性所决定的。正如孟德斯鸠所指出的,"一切有权利的人都容易滥用权力,这是万古不易的一条经验"③。如果允许社会组织毫无节制地提起环境公益诉讼,那么就有可能造成司法资源被浪费在一些无关公益、吹毛求疵或者根本不适合司法处理的问题上。而司法资源的有限性又决定了若过多的司法资源被一部分人占据,那么势必会减少甚至排除另一部分人使用司法资源的机会。因此,基于司法资

---

① 叶俊荣:《环境政策与法律》,中国政法大学出版社,2003,第230页。

② 最高人民法院环境资源审判庭:《最高人民法院关于环境民事公益诉讼司法解释理解与适用》,人民法院出版社,2015,第68页。

③〔法〕孟德斯鸠:《论法的精神(上册)》,张雁深译,商务印书馆,2005,第154页。

源的最优使用原则,有限的资源总是应当最优先使用于最需要、最有效益的地方,即司法资源只能用于那些最应当被优先考虑的案件,以实现司法资源使用的最优效益。①正是从这一原则出发,在赋予社会组织原告资格的同时还须对其资格进行适度限制,可以将那些无关公益或不合适司法审查的案件过滤掉,使法院能够专注于审理"适合司法处理"的公益问题,从而确保受到侵害的环境公共利益能够获得司法救济,诉讼效率也得以提高。因此,无论是大陆法系还是英美法系已经建立了环境公益诉讼制度的国家,对公益诉讼原告的资格进行限制都是普遍的做法。就我国来说,立法机关从我国现行管理体制和减少滥诉风险的角度考虑,认为"对可以提起公益诉讼的组织也应作一定的条件限制""这种限制既可利用现有社会资源有效保护公共利益,同时也可通过这些组织的筛选和前置性工作有效控制'滥诉'和'恶意诉讼'"②。

正是为了在保护社会公共利益和预防滥诉之间寻求平衡,使我国的环境公益诉讼能够在司法资源不足的现状下循序渐进、适度开展,所以根据最高人民法院环境资源审判庭的阐释,《环境民事公益诉讼司法解释》在规定社会组织原告资格时就是以此为指针,即强调"一方面适度扩大环境民事公益诉讼的主体范围,鼓励社会组织提起公益诉讼,另一方面依照立法精神对其所应具备的条件作出适当限制,并努力在两种价值取向之间寻求平衡"③。

(二)关于社会组织原告资格的限制条件

从国外立法与司法来看,对社会组织提起环境公益诉讼原告资格的限制方式,主要包括在个案裁判中通过具体审查进行限制、在立法中直接规定限制条件这两种模式。

第一种模式以美国为代表。美国原则上不干预环保团体的组织与运作,环保团体提起公民诉讼的原告资格无须经过认可或考核,对环保团体原告起诉资格的限制主要体现在司法层面。美国在联邦司法层面已经形成了一套比较

---

① 喜子:《反思与重构:完善行政诉讼受案范围的诉权视角》,《中国法学》2004 年第 1 期。

② 王胜明主编《中华人民共和国民事诉讼法释义》,法律出版社,2012,第 113—114 页。

③ 最高人民法院环境资源审判庭《最高人民法院关于环境民事公益诉讼司法解释理解与适用》,人民法院出版社,2015,第 69 页。

固定的原告起诉资格规则，主要内容是原告起诉资格必须满足联邦宪法第3条关于事实或争端的要求。原告必须证明自己符合宪法规定的起诉资格的要求包括：原告遭受了事实损害；有关损害行为与后果之间因果关系的证明；损害可以被一个有利于原告的判决予以救济的可能性。[①] 在上述三个要求中，"事实损害"是居于核心地位的原告起诉资格的要素。在环境保护组织塞拉俱乐部诉莫顿一案中，塞拉俱乐部试图主张自己作为一个组织享有依据《联邦行政程序法》起诉的基础，但最高法院最终否决了这一起诉资格的请求。联邦最高法院认为，环保团体不能仅仅以其关心环境事务、保护公众环境利益为由主张诉讼资格，它还必须提出其具体成员的利益遭受了"实际损害"；同时最高法院又承认除了经济利益的损害之外，对美学、娱乐、环境价值等环境舒适上的非经济价值的威胁与损害也构成"实际损害"，亦符合诉讼资格的要求。1972年的《清洁水法》正是吸纳了最高法院在塞拉俱乐部诉莫顿一案中的见解，从而将可以提起公民诉讼的主体限定为 "其利益被严重影响或有被严重影响之虞者"。另外，在美国诉反对制定规章机构程序的学生案中，最高法院认为有关起诉权的衡量标准是定性而非定量的，只要有损害存在，不论这种损害是多么间接、因果关系是多么薄弱，就足以确定原告的起诉资格。由此，受害人遭受了包括美学、环境价值在内的普遍的一般性利益或公众利益的直接或间接损害均可构成"实际损害"，从而使得受害人得以享有诉讼资格。[②]

第二种模式以欧盟国家为代表。葡萄牙等少数国家通过立法的方式授权"任何人"可基于维护公益之目的，以个人的名义或通过非政府组织对违反环境法的行为提起诉讼。根据《葡萄牙公众诉讼法》，只要是依法成立的环保团体均可提起环境行政诉讼，未对其他任何的诉讼资格要件作出规定。不过在《联邦自然保护法》中规定了环保团体提起诉讼须具备的两个条件：被诉行政行为所涉及的问题属于该环保团体业务活动的范围，即政府的行政决定损害了该团体章程中所表明的自然保护的利益；该环保团体在先前的行政参与程序中

---

① 陈冬：《美国环境公益诉讼研究》，中国人民大学出版社，2014，第61页。

② 汪劲、严厚福、孙晓璞：《环境正义：丧钟为谁而鸣——美国联邦法院环境诉讼经典判例选》，北京大学出版社，2006，第49—53页。

曾对该问题表明过反对意见,或者政府剥夺过它表明意见的机会。^①同时,更多的国家如法国仍要求原告提起公益诉讼必须具有"充分利益",即原告与起诉所针对的行为之间应有一定的联系。欧洲大部分国家都要求环保团体提起的诉讼与其组织目标相关,组织目标一般在其内部纲领、章程中予以规定,是确定该环保团体与案件的利益相关性及其是否具有"充分利益"的标准之一。以法国为例,当一个环保团体被正式确认为是公共利益的维护者时,一般就可依据其章程挑战政府的行政决定;即使是没有履行登记的某个环保团体,如果它能够证明政府的行政决定直接影响自己的目标,亦享有起诉权。^②

　　除此之外,欧盟有的国家还将环保团体是否经过注册或认可、活动的范围、存续时间、是否具有良好信用等作为赋予其原告资格的必备条件。如在德国,无论是立法还是司法实践中都只承认环保团体具有团体诉讼的原告资格,并且该环保团体还必须是被官方所认可的。^③1979年德国不莱梅邦率先在《自然保护法》中规定了环保团体非因本身权益受到侵害,可以自己的名义提起公益诉讼。2002年修正公布的德国《联邦自然保护法》规定,经主管机关认可的、符合法定要件的环保团体,即依法直接取得提起行政诉讼的诉讼权能,该诉讼权能的取得既不以该团体的主观权益受到侵害为要件, 也无须经其社会授权而取得。^④此外,根据2010年施行的《德国环境诉讼法》规定,环保团体欲对违反环境法的行为提起诉讼, 须首先满足该法第3条第1款规定的资格认证的要求,具体包括:在该环保团体的章程中应明确表明致力于保护环境的长期目标;该环保团体至少成立三年以上,并且在成立期间活跃于特定领域中;该环保团体必须能为顺利履行职责提供保障, 这些保障包括它先前发起的活动的类型和规模,团体的成员人数及活动所取得的成效;能够如德国税法所要求的那样促进公共福利;任何支持该环保团体目标的个人都能成为团体的成员,如

---

① 最高人民法院环境资源审判庭:《最高人民法院关于环境民事公益诉讼司法解释理解与适用》,人民法院出版社,2015,第71页。

② 李挚萍:《欧洲环保团体公益诉讼及其对中国的启示》,《中州学刊》2007年第4期。

③ 阮丽娟:《环境公益诉讼诉权的限制》,《政治与法律》2014年第1期。

④ 黄学贤、王太高:《行政公益诉讼研究》,中国政法大学出版社,2008,第190页。

果该团体中 3/4 以上的成员是法人,则不必满足本款前述要求。①

　　我国与欧盟国家相类似,也是在立法中直接设定社会组织取得环境公益诉讼的原告资格,相关法律规定主要见于《环境保护法》和《环境民事公益诉讼司法解释》的条文中。具体来说,我国主要是从以下四个方面对社会组织的原告资格进行限制。

　　1.登记的要求

　　要求提起环境公益诉讼的社会组织依法登记,对于社会组织的品质具有初步的筛选功能,有利于避免行政执法受到不当干扰及减轻法院承受无谓的负担。根据《环境保护法》第 58 条规定,提起环境公益诉讼的社会组织须依法在设区的市级以上人民政府民政部门登记。同时,《环境民事公益诉讼司法解释》第 2 条、第 3 条进一步将"在设区的市级以上人民政府民政部门登记的社会组织"明确为在设区的市,自治州、盟、地区,不设区的地级市,直辖市的区以上人民政府民政部门登记的社会团体、民办非企业单位以及基金会等社会组织。其中,根据《社会团体登记管理条例》第 2 条之规定,社会团体是指中国公民自愿组成,为实现会员共同意愿并按照其章程开展活动的非营利性社会组织。根据《基金会管理条例》第 2 条之规定,基金会是指利用自然人、法人或者其他组织捐赠的财产,以从事公益事业为目的并按照该条例规定成立的非营利性法人。根据《民办非企业单位登记管理暂行条例》第 2 条之规定,民办非企业单位是指企事业单位、社会团体和其他社会力量以及公民个人利用非国有资产举办的,从事非营利性社会服务活动的社会组织。

　　从上述规定来看,我国对提起环境公益诉讼的社会组织应依法登记的要求,不同于欧洲有的国家通过行政许可确定社会组织原告资格的做法。并且,上述规定在"社会团体、民办非企业单位以及基金会"后还增加了"等"的表述,可见司法解释并未将可以提起环境公益诉讼的社会组织局限于上述三种类型,而是保持了一定的开放性与前瞻性。这一规定与鼓励社会组织提起公益诉讼、适度扩大环境民事公益诉讼主体范围的立法精神是一致的,可以使上述三种类型以外的社会组织不至于被排斥在环境公益诉讼的大门之外,从而更有

---

① 杨严炎:《环境诉讼:从案例到制度的深层分析》,法律出版社,2017,第 247—249 页。

利于实现对环境公共利益的司法救济。

从司法实践来看,提起环境公益诉讼的社会组织涵盖了社会团体、民办非企业单位及基金会这三种类型。以 2016 年为例,当年一共有 14 家环保组织提起了环境公益诉讼,获得法院立案的环境公益诉讼案件数为 57 起。在提起诉讼的环保组织中,6 家为社会团体,分别是中华环保联合会、安徽省环保联合会、江苏省环保联合会、河南省环保联合会、绍兴市生态文明促进会、镇江市环境科学学会;5 家为民办非企业单位,分别是北京市朝阳区自然之友环境研究所、福建绿家园环境友好中心、重庆两江志愿服务中心、长沙绿色潇湘环保科普中心、河南企业社会责任促进中心;3 家为基金会,分别是广东省环境保护基金会、中国生物多样性保护与绿色发展基金会、中华环境保护基金会。①

2.专业能力要求

社会组织应具备相应的专业能力是其胜任诉讼活动的必要条件,也是保证环境公益诉讼能够顺利推进的重要前提。根据《环境保护法》第 58 条的规定,允许提起环境公益诉讼的社会组织应"专门从事环境保护公益活动连续五年以上"。《环境民事公益诉讼司法解释》第 4 条进一步将"专门从事环境保护公益活动",界定为"社会组织章程确定的宗旨和主要业务范围是维护社会公共利益,且从事环境保护公益活动的"。由此可见,我国对社会组织专业能力的要求主要包括两个方面:

一是从形式来看,社会组织章程所确定的宗旨和主要业务范围是维护社会公共利益。根据《社会团体登记管理条例》《基金会管理条例》《民办非企业单位登记管理暂行条例》的相关规定,社会团体、民办非企业单位、基金会的章程均应包括宗旨及业务范围,并且须经登记管理机关核准后才予以登记。结合最高人民法院发布的环境公益诉讼典型案例来看,最高人民法院在审判中国生物多样性保护与绿色发展基金会(以下简称绿发会)诉宁夏瑞泰科技股份有限公司等腾格里沙漠污染一案中,认为对"社会组织章程所确定的宗旨和主要业务范围是维护社会公共利益"的认定,就是判断"其宗旨和业务范围是否包含维护环境公共利益",而未去刻意强调必须是其"主要"的业务范围。同时指出

① 李楯:《环境公益诉讼观察报告(2016 年卷)》,法律出版社,2018,第 337—339 页。

对于这一问题的判断,不能简单依据章程关于宗旨和业务范围的文字表述,而应根据其内涵作出判断。即使社会组织的章程未写明是维护环境公共利益,但如其工作内容属于保护各种影响人类生存、发展的天然的和经过人工改造的自然因素的范畴,都应认定其宗旨和业务范围包含了维护环境公共利益。据此,最高人民法院认为绿发会章程所规定的"广泛动员全社会关心和支持生物多样性保护和绿色发展事业,保护国家战略资源,促进生态文明建设和人与自然和谐,构建人类美好家园"的宗旨契合绿色发展理念,与环境保护亦密切相关,因此应认定属于维护环境公共利益的范畴。① 可见,对于"社会组织章程所确定宗旨和主要业务范围是维护社会公共利益"的判断,最高人民法院并未拘泥于章程的文字表述,而是着重于从其内涵,即从其工作内容上去审查是否处于法律所要求的"维护环境公共利益"的范围之内,因而颇具包容性。

二是从实际来看,社会组织必需实际从事环境保护公益活动连续五年以上。其中,社会组织实际从事环境保护公益活动是判断其是否"专门从事环境保护公益活动"的实质要件。这是因为即使某个社会组织的章程明确地将"维护环境公共利益"列为自身宗旨,但如果其实际上并未从事环境保护公益活动,那么通常就不具有提起环境公益诉讼的技术力量与专业能力,也无法应对诉讼中可能出现的各种法律问题及专业技术性问题。结合司法实践来看,真正能够成为环境公益诉讼原告的往往是那些持续开展环境保护活动的社会组织。以2016年为例,该年由绿发会、自然之友及中华环保联合会提起并获立案的公益诉讼案为44起,占该年14家社会组织提起并获立案的环境公益诉讼案件数的68.8%,② 而这三家都是多年从事环保公益活动并在环保领域较为活跃的社会组织。至于"实际从事环境保护公益活动"的认定,根据最高人民法院在上述腾格里沙漠污染一案中所作的解释,环境保护公益活动不仅包括植树造林、濒危物种保护、节能减排、环境修复等直接改善生态环境的行为,还包括与环境保护有关的宣传教育、研究培训、学术交流、法律援助、公益诉讼等有

① 《最高人民法院发布环境公益诉讼典型案例》,新华网,http://www.xinhuanet.com//legal/2017-03/07/c_129503217.htm,访问日期:2019年5月26日。
② 李楯:《环境公益诉讼观察报告(2016年卷)》,法律出版社,2018,第336页。

利于完善环境治理体系,提高环境治理能力,促进全社会形成环境保护广泛共识的活动。①

除了"实际从事环境保护公益活动"这一要件之外,社会组织获得起诉资格还必须满足从事该活动"连续五年以上"的要求。相类似地,法国、德国、比利时等国都将环保团体至少成立三年以上作为其获得起诉资格的必要条件,瑞典甚至要求环保团体的存续时间达到十年以上。之所以对环保团体的存续时间作出如此要求,其出发点并非笼统地认为环保团体的专业能力与其存续时间成正比,而是在于取得一个最低限度的观察期间,以确认某个环保团体在这个观察期内曾经致力于保护环境,并且其成员亦从事过相关的环境保护活动,抑或积极地通过环保团体提供专业协助。②从我国对社会组织须实际从事环境保护公益活动连续五年以上的要求来看,其主要目的还是在于确保社会组织具备相应的提起环境公益诉讼的专业能力,能够在诉讼活动中合理运用专业知识及实践经验,从而真正成为环境公益诉讼中公众利益的"捍卫者"。不过,对于社会组织实际从事环境保护公益活动须满足"连续五年以上"的时间要求,也有学者提出批评,认为在当前我国环境问题非常严峻,符合规定条件的原告又奇缺的情形下,这一要求无疑会造成有志于提起环境公益诉讼的社会组织"报国无门"。③还有学者指出,既然民间组织提起公益诉讼是一种政治参与,既然国家和政府也鼓励这种参与,那么就应当认可民间组织利用公益诉权参与社会管理。并且从实际来看,应当承认民间组织包括临时成立的民间组织对于维护相应的社会公共利益,以及维护众多利害关系人的利益是十分有效的;从诉讼理论上讲,民间组织的诉权是依据纠纷管理权理论,这些组织是通过其成员的认可而取得纠纷管理权,从而成为公益诉讼适格的原告。④

结合备受关注的江苏省泰州天价环境民事公益诉讼案来看,作为该案原

---

① 《最高人民法院发布环境公益诉讼典型案例》,新华网,http://www.xinhuanet.com//legal/2017−03/07/c_129503217.htm,访问日期:2019 年 5 月 26 日。

② 阮丽娟:《环境公益诉讼诉权的限制》,《政治与法律》2014 年第 1 期。

③ 杨严炎:《环境诉讼:从案例到制度的深层分析》,法律出版社,2017,第 177 页。

④ 张卫平:《民事公益诉讼原则的制度化及实施研究》,《清华法学》2013 年第 4 期。

告的泰州市环保联合会就是在一审诉讼前临时成立的环保团体，之所以其作为环境民事公益诉讼原告的资格被一审及二审法院认可，恰巧是因为在法院审理时 2014 年修订的《环境保护法》尚未生效，当然也就无"专门从事环境保护公益活动连续五年以上"的法律要求。然而不可否认，该案的确取得了良好的社会效果和示范效应，以至于最高人民法院将其列为环境公益诉讼的典型案例。同时还应看到，虽然我国目前具备环境公益诉讼原告资格的社会组织有 700 多家，但有的省份并无符合规定条件的社会组织。并且，即使我国对提起环境公益诉讼的社会组织并无地域要求，但实际上"在有资格的社会组织中仅有 2% 真正成了原告"。[①] 可以设想，如果在发生突发性的环境污染或生态破坏事件时，一律要求提起诉讼的环保社会组织必须存续五年以上，而将一些存续时间不长或为紧急目的而临时成立的环保组织排斥于原告范围之外，可能会导致在司法层面为普通民众参与环境治理提供的入口过于狭窄，从而不利于对环境公共利益的充分保护。参考美国环境公民诉讼制度的执行来看，由环境保护团体提起的诉讼之所以占据了全部公民诉讼的绝大部分，其中一个重要因素就在于未对团体的存续时间作出限制。即使是在没有现成团体的情况下，公民也会通过临时成立团体或协会来代表公共利益提起诉讼。对于美国来说，正是这种高度发达的社团组织，极大地推动了公民诉讼制度的发展。[②]

3.关联性要求

如上文所述，欧洲多数国家都要求提起公益诉讼的环保团体必须具有"充分利益"，即要求环保团体与起诉所针对的行为之间具有一定联系，包括要求环保团体提起的诉讼案件与其内部纲领或章程中的组织目标相关。显然，这一要求对于预防滥诉的发生，以及保障提起诉讼的环保团体应具有一定的诉讼能力、能够致力于维护公共利益是有积极作用的。就我国来看，根据全国人大法工委的解释，《环境保护法》第 55 条规定的可以提起公益诉讼的有关组织，

---

① 张忠民等：《环境公益诉讼的数量与质量》，载吕忠梅等《中国环境司法发展报告（2015—2017）》，人民法院出版社，2017，第 185 页。

② 李艳芳：《美国的公民诉讼制度及其启示——关于建立我国公益诉讼制度的借鉴性思考》，载别涛主编《环境公益诉讼》，法律出版社，2007，第 121 页。

原则上也应与起诉的事项有一定关联，如对污染环境的行为原则上应由环保组织提起；对侵害众多消费者利益的行为原则上由消费者协会提起。[1]进一步地，根据《环境民事公益诉讼司法解释》第 4 条第 2 款规定，社会组织提起的诉讼所涉及的社会公共利益，应与其宗旨和业务范围具有关联性。从有效发挥环境公益诉讼功能的角度，只有社会组织所欲保护的公共利益与其宗旨和业务范围有一定联系，才能确保社会组织就其所提起的诉讼具备一定的专业知识与技能，并且能够运用这些知识与技能积极开展一系列诉讼活动，从而使得环境公益诉讼的预设功能得到充分发挥。

关于社会组织与起诉事项具有关联性的判断标准，根据最高人民法院环境资源审判庭的阐释，并不要求社会组织起诉所涉的社会公共利益与其宗旨和业务范围之间达到一一严格对应的程度，而是只要具有一定的联系即可。[2]在此基础上，最高人民法院在审理腾格里沙漠污染一案中对这一标准作出了更宽泛的解释，认为"即使社会组织起诉事项与其宗旨和业务范围不具有对应关系，但若与其所保护的环境要素或者生态系统具有一定的联系，亦应基于关联性标准确认其主体资格"[3]。基于这一理由，虽然该案原告绿发会起诉所针对的是被告企业的环境污染行为，但是由于这一污染行为还会破坏生物群落与环境要素相互作用而形成的沙漠生态系统，或者说由于环境要素本身也承载着生态服务功能，以及生物群落与环境要素的相互作用，因此该污染行为在侵害公众环境利益的同时还侵害了生态利益，而维护生态利益明显与绿发会"关心和支持生物多样性保护和绿色发展事业"的宗旨具有关联性。

此外，与一些欧洲国家将环保团体的原告资格与其活动地域相挂钩的做法不同，我国并不要求提起环境公益诉讼的社会组织与其活动范围之间具有关联性。所以，即使是地方性的环境保护社会团体，也可以超出其活动区域提

---

[1] 王胜明主编《中华人民共和国民事诉讼法释义》，法律出版社，2012，第 114 页。

[2] 最高人民法院环境资源审判庭：《最高人民法院关于环境民事公益诉讼司法解释理解与适用》，人民法院出版社，2015，第 81 页。

[3]《最高人民法院发布环境公益诉讼典型案例》，新华网，http://www.xinhuanet.com//legal/2017-03/07/c_129503217.htm，访问日期：2019 年 5 月 26 日。

起环境公益诉讼。而基金会和民办非企业单位则由于《基金会管理条例》《民办非企业单位登记管理暂行条例》并未规定其章程应载明活动地域,自然也就不存在超出活动地域提起环境公益诉讼的问题了。应该说,我国的这种做法更加切合自身实际,既考虑到当前国内生态环境问题的严峻性、环境污染或生态破坏行为的跨区域性,又顾及到了现阶段符合规定条件的社会组织数量少、能力参差不齐以及在全国分布不均衡的事实,有利于鼓励环境保护社会组织尤其是民间环保组织提起跨区域的环境公益诉讼。

4.公信力要求

与欧盟有的国家要求环保团体应有良好信用和过往表现相类似,[1]如意大利关于行政公益诉讼的法律规定,为避免出现那种半开玩笑性质的诉讼行为,起诉的权限仅限于被行政机关证明了的、有信誉的团体行使,[2]我国亦对作为环境公益诉讼原告的社会组织提出了公信力方面的要求。这一要求与环境公益诉讼致力于维护社会公共利益的目的相契合,否则由信誉较差或有污点记录的社会组织提起环境公益诉讼,将会使公众质疑该诉讼的提起是否出于维护公益之目的,更会对诉讼进程及最终的审判结果加以质疑。并且,若不对起诉的社会组织的公信力做任何要求,事实上也难以确保该诉讼能够真正实现维护公益之目的。从这一点来说,对社会组织的公信力作出相应要求是必需的。根据《环境保护法》第58条的规定,能够提起环境公益诉讼的社会组织须"无违法记录"。《环境民事公益诉讼司法解释》第5条进一步将"无违法记录"界定为"在提起诉讼前五年内未因从事业务活动违反法律、法规的规定受过行政、刑事处罚"。

具体来说,一是将违法的情形限定为"违反法律、法规的规定受过行政、刑事处罚",从而将社会组织违反行政规章等规范性文件的情形排除在外,并且将违法情形明确为因违反法律、行政法规或地方性法规的规定而受过行政、刑事处罚。二是从违法行为的类型来看,必须是社会组织"因从事业务活动"而违

---

[1] 李挚萍:《欧洲环保团体公益诉讼及其对中国的启示》,《中州学刊》2007年第4期。

[2] 王太高:《论行政公益诉讼》,载别涛主编《环境公益诉讼》,法律出版社,2007,第166页。

反了法律、法规而受到行政或刑事处罚,从而将社会组织从事与其业务活动无关的违法行为排除在外。不过这一要求在实践中并非绝对严格适用,根据最高人民法院环境资源审判庭的阐释,如社会组织非法接受境外资金资助并从事违法活动,以及因偷税漏税而受到税务机关处罚或刑事处罚等情形,也属于符合《环境民事公益诉讼司法解释》第 5 条规定的违法情形。① 三是明确规定社会组织无违法记录的时间要求是"提起诉讼前五年",这一规定与《环境保护法》第 58 条关于社会组织"专门从事环境保护公益活动连续五年以上"的要求相衔接。可见,对于存续时间超过五年的社会组织来说,司法解释并没有将其无违法记录的要求"溯及终身",而是准许那些已经"改过自新"并且在起诉前五年都没有违法记录的社会组织提起环境公益诉讼。同时,对社会组织无违法记录的证明,《环境民事公益诉讼司法解释》第 8 条第 3 项规定,由提起诉讼的社会组织提交其在起诉前连续五年的年度工作报告书或者年检报告书,以及由其法定代表人或者负责人签字并加盖公章的无违法记录的声明加以证明。

从上述司法解释的规定来看,我国对社会组织原告资格的要求逐步明晰,同时在范围上呈逐步扩大、条件上呈逐步放宽的趋势。

三、关于是否允许社会组织提起环境行政公益诉讼的探讨

2009 年由江苏省无锡市中级人民法院立案审理的朱正茂、中华环保联合会诉江苏江阴港集装箱有限公司环境污染侵权纠纷案,是我国首例社会组织被法院认定为具有公益诉讼原告资格的案件。② 此后环境保护社会组织逐步成了推动我国环境公益诉讼制度建立与发展的重要力量。据统计,2015 年、2016 年社会组织提起的环境民事公益诉讼案件的占比分别为 94.74%、75.58%;2015 年、2016 年社会组织提起的环境行政公益诉讼案件的占比分别

---

① 最高人民法院环境资源审判庭:《最高人民法院关于环境民事公益诉讼司法解释理解与适用》,人民法院出版社,2015,第 89 页。

② 王翼妍、满洪杰:《论环境民事公益诉讼原告资格的实践扩张》,《法律适用》2017 年第 7 期。

为 16.67%、1.54%,①可见社会组织提起的环境行政公益诉讼案件的占比较低。尤其是在 2016 年社会组织提起并获得立案的 59 起环境公益诉讼案件中,仅有 2 起为环境行政公益诉讼案件,并且这 2 起案件——自然之友诉云南省怒江州环境保护局关于行政许可、行政处罚案,虽然于 2017 年 1 月由云南省泸水县人民法院立案,但最终受理法院以"社会组织不是法律明确规定的被告"为由驳回了起诉。②在 2017 年 6 月全国人大常委会修订《行政诉讼法》之后,由于该法第 25 条仅赋予了检察机关提起环境行政公益诉讼的原告资格,而未对社会组织的原告资格作出规定,因此笔者尚未查阅到有关社会组织提起环境行政公益诉讼并获受理的案件数据。另据最高人民法院环境资源审判庭庭长王旭光介绍,2018 年全国各级法院共受理 65 起社会组织提起的环境民事公益诉讼案件,但并未提及受理社会组织提起的环境行政公益诉讼案件的数量。③

可见,从立法和司法实践来看,我国确立的是环境行政公益诉讼的适格原告由检察机关垄断的模式,但是这种排斥其他主体提起环境行政公益诉讼的模式是否合理却是一个值得探讨的问题。目前尽管法律并未明确赋予社会组织提起环境行政公益诉讼的原告资格,实践中社会组织也以提起环境民事公益诉讼为主,但是准许其提起环境行政公益诉讼仍是非常必要的,主要基于以下理由。

（一）基于公众参与是环境公益诉讼的本质特征

从公众参与是环境公益诉讼本质特征的角度看,赋予社会组织代表公众提起环境行政公益诉讼的原告资格有其必要性。从《环境保护法》的修改进程来看,环境公益诉讼最终规定在"信息公开与公众参与"一章中,就体现了公众参与的本质特征。④事实上,即使在我国作为环境要素的自然资源由国家所有

---

① 吕忠梅、张忠民:《环境司法专门化与环境案件类型化的现状及展望》,载吕忠梅等《中国环境司法发展报告（2015—2017）》,人民法院出版社,2017,第 13 页。

② 李楯:《环境公益诉讼观察报告（2016 年卷）》,法律出版社,2018,第 337、343 页。

③《最高法环境资源审判庭庭长王旭光谈环境资源审判工作》,法制网,http://www.legaldaily.com.cn/direct_seeding/node_101925.htm,访问日期:2019 年 5 月 17 日。

④ 最高人民法院环境资源审判庭:《最高人民法院关于环境民事公益诉讼司法解释理解与适用》,人民法院出版社,2015,第 45 页。

（部分为集体所有），但这仅限于从经济功能的角度界定了自然资源的所有权，并不能由此得出自然资源的生态功能也专属国家所有的结论，尤其是自然资源所承载的生态性环境公益的最终归属主体只能是社会公众。既然如此，那么公众作为生态环境所承载的社会公共利益的归属主体，参与到国家的环境治理中是理所应当的。至于社会公众参与公共环境治理的途径，除了参与到环境立法及环境行政的程序之中，还应包括社会公众在司法层面的参与。正是从这个意义上说，环境公益诉讼的本质就在于"在司法层面为社会公众参与环境治理提供入口，并通过诉讼途径实现防止生态环境破坏及恢复生态环境的目的"[①]。

诚然，检察机关可以基于国家对自然资源的所有权，或基于诉讼信托而成为环境行政公益诉讼的原告，但其并非环境公共利益的唯一适格代表。而社会公众又因其所具有的不确定性使其无法作为原告起诉，此时社会组织尤其是环境保护社会组织所具有的公益性、民主性、非政府性、非营利性等特点，决定了它具有代表环境公共利益提起诉讼的合法基础与民意基础。那么进一步地，是否应准许社会组织提起环境行政公益诉讼以实现公众参与环境治理的目的呢？

从监督、制约环境行政权的角度看，准许社会组织代表公众通过环境行政公益诉讼的途径参与环境治理是非常必要的。在环境法的视野中，环境公益诉讼的精髓就在于公众基于保护环境和促进环境法实施的目的，可以对与自身无实质关联的环境违法行为提起诉讼，或者就与环境权益相关的争端寻求法律救济。[②]此处的"环境违法行为"根据实施主体的不同，可以分为由私主体和由行政机关实施的环境违法行为两类。从保护生态环境的角度看，因为行政权在现代国家的环境管理中占据绝对的主导地位，所以国家环境保护目标的实现在很大程度上取决于行政权的运作状况。然而政府作为社会公共利益的代表，在以维护公共利益作为自身使命的同时，政府本身及其官员也有自身的利

[①] 最高人民法院环境资源审判庭：《最高人民法院关于环境民事公益诉讼司法解释理解与适用》，人民法院出版社，2015，第47页。

[②] 陈虹：《环境公益诉讼功能研究》，载吕忠梅、王立德主编《环境公益诉讼中美之比较》，法律出版社，2009，第18页。

益和追求自身利益最大化的动机。由于政府机构及其官员的自身利益与环境公共利益并不总是一致的，因而政府机构及其官员对自身利益的追求必然导致政府的行为偏离社会公共利益的目标。[①]不仅如此，政府机构并不以维护环境公共利益为唯一目标，它还承担着促进经济增长等多重使命，现实中某些地方政府基于"经济发展压倒一切"的指针怠于履行环境职责、为污染企业充当"保护伞"的情形时有发生，甚至政府的某些不当决策更是直接成了生态环境的破坏之源。而当政府的某些行为违反了法律所设定的维护公益的轨道时，其违法行为对于环境公共利益的侵害往往更甚于私主体。可以说，正是由于在环境行政过程中可能会受到多方面利益平衡的牵制，以及现代环境问题的高度复杂性与科技性，常常导致行政机关不积极行政、滥用行政权力等侵害环境公共利益的行为发生，此时，依赖一种外部权利的实施以监督、制约环境行政权就成为必要。[②]然而从《行政诉讼法》的有关规定来看，由于未明确规定检察机关之外的社会组织等主体可以对行政机关的违法行为提起公益诉讼，所以难以实现外部权利对环境行政权的监督与制约，社会公众也无法通过环境行政公益诉讼的途径参与公共环境治理。

从维系社会和谐、稳定的角度看，准许社会组织代表公众并通过环境行政公益诉讼的途径参与环境治理也是必不可少的。对于上述的"政府失灵"现象，特别是政府过于将利益偏向某些强大的利益集团而危及弱势群体的利益时，通过检察机关启动环境行政公益诉讼对其进行监督是极其必要的。但同时还应看到，检察机关也有可能发生"诉权失灵"的现象，此时如在司法层面关闭公众参与环境治理的入口或提供的入口太过狭窄，很可能导致弱势群体发生集体性暴力抗议环境污染的事件。如上文提到的随着我国经济的高速增长，全国因环境问题引发的群体性事件激增，仅其中的 10 年时间就上升了 11.6 倍，年均递增 28.8%。[③]应该看到，这些暴力抗议污染的群体性事件多数是"作为善良

---

① 王芳:《环境社会学新视野——行动者、公共空间与城市环境问题》,上海人民出版社,2007,第 235 页。

② 朱谦:《论环境权的法律属性》,《中国法学》2001 年第 3 期。

③ 杨严炎:《环境诉讼:从案例到制度的深层分析》,法律出版社,2017,第 55—56 页。

民众不得已的出路",他们之所以采取激烈的方式抗争,是因为事先虽通过反映、陈情、请愿等合法手段表达其诉求,但无奈中央与地方环保公权力不彰,从而导致受害民众不得不依靠私力救济的方式来达到权利救济的目的。①此时,通过赋予社会组织启动环境行政公益诉讼的权利,使得社会公众获得抗衡违法行政行为的强大武器就成为当务之急。如此一来,不仅可以将行政机关的行为引入到法院面前去接受合法性评价,从而使得受到违法行政行为侵害的环境公共利益得到司法救济;还会因在司法层面为社会公众提供了参与环境治理的入口,从而有利于维系社会正义、实现社会的和谐。全国人大法工委亦指出,"允许社会团体等有关组织提起公益诉讼,实质上是让代表社会权利的社会团体等有关组织通过日常的诉讼活动参与社会管理,介入公共利益的保护,将损害公共利益的行为有可能诱发的社会矛盾纳入司法渠道化解"②。可见,赋予社会组织提起环境行政公益诉讼的原告资格,有着检察机关作为原告所不可替代的独特优势——这就是有利于公众参与环境治理进而实现社会的和谐稳定。

正如张卫平教授所指出的,"我们不应忘记,'国家是一个庞大的虚构的实体,每一个人都竭力通过它牺牲他人为代价来维持自己的生活'③。对此,我们必须警惕。这也是为什么公益诉权主体应当向组织开放的原因之一,因为公益是最容易被私利所利用的理由"④。正是基于这一理由,在美国及众多欧盟国家,都非常重视环保团体通过行使环境公益诉权去监督、制约行政机关的行为,从而使社会公众真正参与到公共环境治理的过程中,并在这一过程中促进行政机关始终如一地积极实施环境法。

(二)基于充分发挥环境公益诉讼功能的需要

从充分发挥环境公益诉讼功能的角度,准许社会组织提起环境行政公益

---

① 郎友兴:《环境污染事件:不得已的暴力?》,《中国社会导刊》2006 年第 4 期。

② 王胜明主编《中华人民共和国民事诉讼法释义》,法律出版社,2012,第 105 页。

③ 〔法〕弗雷德里克·巴斯夏:《财产、法律与政府》,秋风译,贵州人民出版社,2003,第 185 页。

④ 张卫平:《民事公益诉讼原则的制度化及实施研究》,《清华法学》2013 年第 4 期。

诉讼是非常必要的。如前所述,环境公益诉讼的其中一个重要功能是通过"监管监管者"来弥补行政机关执法的不足,并促进其积极实施环境法。从各国通例来看,环保组织提起公益诉讼的首要任务就是监督行政机关执法,其次才是起诉直接污染者。[①] 在一些欧洲国家的环保团体甚至只被允许在行政法庭提起行政公益诉讼,这是因为从诉讼目的来看,"唯诉讼本身即具有消极性,因此公民诉讼规定仅是消极地为防止主管机关疏于行使其职权,亦即系针对主管机关应执行并能执行,却因故意或过失而未执行之情形"[②]。

从我国 2017 年修订的《行政诉讼法》和司法实践来看,目前唯一能够启动环境行政公益诉讼程序的只有检察机关。应当说,在我国生态环境问题日趋严重、环境保护社会组织尚不发达的前提下,由检察机关作为环境行政公益诉讼的原告具有明显的优势和现实必要性。特别是从严格意义上讲,由于我国尚未形成典型的市民社会,因而仅靠市民社会内部成员自主交涉或社会组织提起公益诉讼的方式无法解决一些深层次的根本性难题;与此同时行政机关在履行保护国家利益、社会公共利益的职责时,因其既是利益的所有者与管理者、既是参与者又是裁判者的局限性而难以充分保护好这两种利益,这种情形下就应当认同国家对社会的适度干预,以及倡导引入新的公权力机关——检察机关提升保护国家利益和社会公共利益的效果。[③] 不仅如此,在面对强势的行政机关时,检察机关作为法律监督机关通常比社会组织更敢于主张其诉求,在法律专业人员、调查取证、诉讼经验、资金保障、督促行政机关纠正违法行为等方面也有着社会组织难以比拟的优势。特别是在我国环境保护社会组织尚处于成长阶段、生态环境治理又迫在眉睫的情形下,由检察机关作为环境行政公益诉讼的原告对于维护国家利益和社会公共利益来说都是极其重要的。

不过同时还应看到,从充分发挥环境公益诉讼功能的角度看,检察机关作为环境行政公益诉讼的唯一适格原告却存在一些不足,主要体现在以下几个

[①] 杨严炎:《环境诉讼:从案例到制度的深层分析》,法律出版社,2017,第 178 页。

[②] 陈慈阳:《环境法总论》,中国政法大学出版社,2003,第 318 页。

[③] 刘艺:《检察公益诉讼的司法实践与理论探索》,《国家检察官学院学报》2017 年第 2 期。

方面。

首先,不利于在司法层面实现对环境公共利益的充分保护。从目前法律的规定来看, 在司法层面救济受到违法行政行为侵害的环境公共利益包括私益诉讼和公益诉讼两种途径。根据《行政诉讼法》第 25 条之规定,同时参照《人民检察院提起公益诉讼试点工作实施办法》第 28 条规定来看,检察机关提起行政公益诉讼以公民、法人和其他社会组织因无直接利害关系,没有也无法提起诉讼为前提。可见,当受到侵害的环境公共利益无法通过普通行政诉讼的途径得到救济时,启动行政公益诉讼的使命就完全落在了检察机关身上。然而要看到,检察机关在履行这一职责时依然会存在"诉权失灵"的问题,其原因主要在于:一是在某些国家利益与社会公共利益存在冲突的场合,检察机关作为国家机关因其天然地倾向于考虑国家利益, 可能会对局部集体或个人的合法权益有所忽略。此时若将启动公益诉讼的权力仅赋予检察机关一家,将难以应对和充分避免环境公共利益受损的后果。[1] 二是在我国的现行体制下,检察机关因其在政治、经济和人事等方面受制于地方政府而难以在环境公益诉讼中保持独立性,[2] 从而可能导致检察机关在面对行政机关的施压时有所忌惮而不予起诉。显然,在检察机关未提起诉讼、又无其他主体可提起环境行政公益诉讼的情形下,环境行政公益诉讼的功能将无从发挥,受到侵害的环境公共利益也将处于无法得到司法保护的危险境地。

其次,从司法实践来看,检察机关虽然在法律专业水平、督促行政机关纠正违法行为等方面具有明显优势,并且"独挑大梁"地承担起了提起环境行政公益诉讼的重要职责,但是应当看到其在环保技术力量、主动发现案件线索等方面仍有不足。结合试点期间检察机关提起行政公益诉讼的情况来看,有研究指出检察机关还存在主动性不足、诉讼线索不足、案件代表性不足等问题。[3]并且, 据统计试点期间检察机关提起环境行政公益诉讼的被告为县级人民政

---

① 曾哲、梭娅:《环境行政公益诉讼原告主体多元化路径探究——基于诉讼客观化视角》,《学习与实践》2018 年第 10 期。

② 肖建国、黄忠顺:《环境公益诉讼基本问题研究》,《法律适用》2014 年第 4 期。

③ 李楯:《环境公益诉讼观察报告(2016 年卷)》,法律出版社,2018,第 370—371 页。

府工作部门的比例为 88.24%,被告为县级人民政府、县级人民政府派出机构以及乡级人民政府的比例 11.76%;同时检察机关提起环境公益诉讼案件的胜诉率为 100%。①虽然上述县级人民政府工作部门等成为被告与它们承担了环境保护的大量事权,并且是违法履行职责的主要实施主体有着紧密联系,但是检察机关未起诉更高一级的地方政府及其工作部门又似有选择性起诉之嫌。同时,高达 100% 的胜诉率虽然说明了检察机关在起诉前严把案件关并做足了准备,但是这种现象的出现并不符合正常的司法诉讼形态。如此高的胜诉率在一定程度上说明了检察机关在选择起诉案件时,除了考虑"国家利益或公共利益受到侵害"的因素之外,还可能将能否"胜诉"作为重要的考量因素,因而不可避免地会影响到对受到侵害的环境公益的充分维护。

还有学者指出,这种将环境行政公益诉讼限定为由检察机关主导的单一模式,可能更基于对社会组织主导行政公益诉讼模式的担忧,毕竟行政公益诉讼带有一定的政治因素。与其让社会组织过分地参与其中,国家更倾向于借助检察机关或带有官方背景的协会组织去驱动公益诉讼程序,从而将环境公益诉讼模式限定在国家内部体系的可控状态之下。不过尽管如此,这种模式由于脱离了传统行政诉讼"国家 – 社会"的二元框架,衍生出国家体系内部的竞争与割据格局,从而给司法裁判带来了不确定性的隐忧。②

(三)基于社会组织与检察机关的优势互补

从充分发挥环境公益诉讼功能的角度,更宜允许符合规定条件的社会组织提起环境行政公益诉讼,这当然是因为"确立多元化的环境公益诉讼机制远比单一的机制更具有实效性"③。实际上,检察机关和社会组织作为环境公益诉讼的原告既各有优势又都有其局限性,同时二者之间还有一定的互补性,只有实现检察机关与社会组织的优势互补才能更好地发挥环境公益诉讼制度的预

---

① 吕忠梅、张忠民等:《理性检视:检察机关提起环境公益诉讼试点》,载吕忠梅等《中国环境司法发展报告(2015—2017)》,人民法院出版社,2017,第 278—279 页。

② 卢超:《从司法过程到组织激励:行政公益诉讼的中国试验》,《法商研究》2018 年第 5 期。

③ 刘英团:《环境公益诉讼主体不应"仅此一家"》,《人民法院报》2013 年 6 月 28 日。

设功能。

就提起环境行政公益诉讼来说，社会组织尤其是环境保护社会组织之"长"在一定程度上正好弥补了检察机关之"短"。具体而言，一是与检察机关天然地倾向于保护国家利益相比，环保组织则以维护环境公共利益为其宗旨，并且实际地从事着环境保护公益活动。它作为"生态人"，"始终保持着人的天然本性即自然性和生态性，始终保持着与环境资源的天然联系与交流，因而最能自觉地表现人与自然和谐共处的愿望，最能体现保护和改善环境的本能要求"①。环保组织的这一特性使得它在环境公共利益与其他利益发生冲突的场合，依然会倾向于选择维护环境公共利益，并由此决定了它具有提起环境行政公益诉讼的动机。二是与检察机关对行政机关存在一定的依附性相比，环保组织尤其是民间环保组织作为独立于政府、企业的"第三部门"，一般不使用公共财政资源也不受政府行政权力支配，因而可以成为监督行政权力运作的"独立之眼"。尤其是在政府并未不偏不倚地代表和维护社会公共利益，甚至为追求经济利益而牺牲环境公共利益的情形下，环保组织的非政府性使得它可以较为独立、客观地对政府行为作出评价，并能够及时以提起公益诉讼的方式对政府违法履行职责侵害环境公共利益的行为加以监督和制约，从而有利于促进政府积极地实施环境法。三是虽然环保组织在法律专业水平等方面不如检察机关独具优势，但它和检察机关相比在环保专业水平、及时发现政府违法行为等方面仍然具有一定优势。特别是那些连续多年专门从事环境保护公益活动的环保组织，在环保专业水平、专业技术力量上往往比检察机关更具优势。不仅如此，环保组织还具有民主性的特点，这一特点使得它能够与所代表的公众保持沟通并及时了解公众所关心的环境问题，加之公众往往是监督违法行政行为最经济、最有效的监控者，使得环保组织在发现政府执法不力、存在监管漏洞等方面往往独具优势，并能够基于其对环境公益的追求而具有将政府违法行为提交到法院审查的动机。事实上，从试点期间检察机关提起环境公益诉讼的情况来看，检察机关的立案很大程度上就源于公民、法人等社会团体的

---

① 邓一峰：《环境诉讼制度研究》，中国法制出版社，2008，第 224 页。

举报和投诉。① 由此可见,环保组织的上述特点使得其如被允许提起环境行政公益诉讼,将有助于弥补检察机关作为唯一适格原告的不足,从而更有利于发挥环境公益诉讼的制度功能。

还有学者指出,为了在环境公益诉讼中充分发挥环保组织对于政府的监督与制约,环境行政公益诉讼的原告资格应与环境民事公益诉讼的规定相一致,亦即应当允许符合规定条件的社会组织提起环境行政公益诉讼,而不是仅限于由检察机关才能提起。② 与社会组织作为原告相比,检察机关提起环境行政公益诉讼虽然具有正当性,但仍是次优选择。③

基于以上三方面的理由,立法应赋予符合条件的社会组织提起环境行政公益诉讼的原告资格。只有如此,才能通过确立多元化的环境公益诉讼机制实现社会组织、检察机关之间的优势互补,才能充分发挥环境公益诉讼制度的预设功能,同时真正地体现环境公益诉讼的本质特征——社会公众参与环境治理。对于环境保护社会组织来说,参与环境行政公益诉讼不仅能够提高其参与环境公共事务的积极性,还能更加充分地发挥其对相关行政机关及其行政过程的监督、制约作用,这一点恰恰是环境保护社会组织的真正价值所在。④

需要说明的是,对于社会组织行使环境公益诉权仍需进行适度限制,这种限制主要是由于公权力在实施环境法中的主导作用所决定的。目前在已经建立环境公益诉讼制度的国家,尽管由于环境问题的特殊性,公众环境保护权得到法律的确认并表现为公众环境公益诉权的兴起,但是法律在配置权力与权利时,对于环境公共利益的维护依然高举环境公权力为主导的旗帜,与此相应地公众环境保护权的设置或行使则处于从属地位。⑤ 允许社会组织提起环境

① 曾哲、梭娅:《环境行政公益诉讼原告主体多元化路径探究——基于诉讼客观化视角》,《学习与实践》2018 年第 10 期。

② 王明远:《我国环境公益诉讼的发展方向:基于行政权与司法权关系理论的分析》,《中国法学》2016 年第 1 期。

③ 秦鹏、何建祥:《论环境行政公益诉讼的启动制度——基于检察机关法律监督权的定位》,《暨南学报(哲学社会科学版)》2018 年第 5 期。

④ 王明远:《论我国环境公益诉讼的发展方向:基于行政权与司法权关系理论的分析》,《中国法学》2016 年第 1 期。

⑤ 朱谦:《公众环境公益诉权属性研究》,《法治论丛》2009 年第 2 期。

行政公益诉讼并非另创一平行的执法管道,而是旨在通过"监管监管者"的方式促使政府积极地实施环境法。因此,社会组织的诉权仅能在政府本身存在违法行为时方可行使,以避免其毫无节制地起诉造成对行政机关执法调配的不当干扰,以及过度地增加法院的审理负担。如美国联邦环境法律就规定仅得针对违法行为提起公民诉讼,违法行为包括两类:第一类是违反授权公民诉讼条款的联邦环境法律特定条款或内容的行为, 这一类行为除了涵盖普遍意义上的守法主体违反环境法的行为之外,还可能包括行政机构的违法行政行为,如颁布行政规章等行政立法行为就可能涉及立法合宪性的问题, 从而引起环境公民诉讼的启动;另一类是执行联邦环境法律的联邦环保局等行政机关的不作为行为,[①] 如《清洁空气法》《清洁水法》均规定,若联邦环保局局长不能履行本法所规定的不属于其自由裁量范围的行为或义务,则可以提起公民诉讼。同时, 美国还规定了提起公民诉讼前须将其起诉意愿通知被主张的违法者及行政机关,通知的期限通常为六十日,如果执法者对于起诉通知中的违法行为已采取勤勉实施法律的措施,这种情形下则不得提起公民诉讼。

相类似地,我国立法亦规定了环境行政公益诉讼的可诉范围和诉前程序。就可诉范围来说,根据我国《行政诉讼法》第 25 条的规定,检察机关起诉所针对的是"行政机关违法行使职权或者不作为,致使国家利益或者社会公共利益受到侵害的"行为。因此在赋予社会组织提起环境行政公益诉讼原告资格的前提下,若其提起诉讼也应符合该可诉范围的要求,即允许社会组织针对行政机关致使社会公共利益受到侵害的违法履职行为提起诉讼。不过,对于行政机关具有严重侵害环境公共利益之虞的违法履职行为, 还是有必要纳入环境行政公益诉讼的受案范围,亦即社会组织可以对这一类行为提起诉讼,对此上文已有论及。就诉前通知程序来说,《行政诉讼法》第 25 条规定了检察机关在提起诉讼前,应向行政机关提出督促其依法履行职责的检察建议,检察机关只有在行政机关不依法履行职责的情形下方可向法院提起诉讼。就社会组织提起环境行政公益诉讼来说,也须历经诉前通知程序,这不仅是因为环境公益诉讼是弥补政府行政执法的不足而非替代,同时还出于避免过度增大法院负担的目的。

---

① 陈冬:《美国环境公益诉讼研究》,中国人民大学出版社,2014,第 31—32 页。

此外,由于以社团组织为原告的诉讼是建立在发达的社团系统基础之上,社会自治的传统和社团组织的成熟是该诉讼机制得以存在及有效运转的前提条件。①对于我国尚处于成长中的社会组织来说,适度限制其提起环境行政公益诉讼的诉讼请求也是必要的。就现阶段而言,应准许社会组织针对行政机关的违法履职行为提起不作为之诉与撤销之诉,其诉讼请求宜限于撤销或部分撤销违法行政行为、在一定期限内履行法定职责等。从国外立法来看,如在德国环境团体诉讼往往是诉请判令行政主管机关被告撤销或变更行政决定,或者采取行政行为,指令或强制污染企业采取措施避免、治理环境侵害。②我国台湾地区亦对公益团体的诉讼请求亦作出限制,如"空气污染防治法"第81条规定,"公私场所违反本法或依本法授权订定之相关命令而主管机关疏于执行时,受害人民或公益团体得叙明疏于执行之具体内容,以书面告知主管机关。主管机关于书面告知送达之日起60日内仍未依法执行者,受害人民或公益团体得以该主管机关为被告,对其怠于执行职务之行为,直接向行政法院提起诉讼,请求判令其执行"③。

总的来说,在授权检察机关提起环境行政公益诉讼的同时,也赋予社会组织提起环境行政公益诉讼的权利是非常必要的。这不仅是因为"历史和世界各国的发展经验已经证明,只有公共权力和社会权利相互配合、相互制约,形成良性互动,才有利于化解社会矛盾,有利于促进社会和谐稳定"④。同时还因为环境保护社会组织与公民个人的联系最为紧密,更能及时倾听、知晓民众的声音,所以由其担任环境公益诉讼的原告不仅有利于解决环境纠纷、救济受到侵害的环境公共利益,还有利于构建公民社会,依法实现社会的高度自治,并最终实现社会的公平正义。⑤

---

① 朱新力、黄娟:《以社团组织为原告的行政公益诉讼的制度进路》,《浙江大学学报(人文社会科学版)》2016年第1期。

② 张旭东:《环境民事公益诉讼特别程序研究》,法律出版社,2018,第114页。

③ 别涛主编《环境公益诉讼》,法律出版社,2007,第487页。

④ 王胜明主编《中华人民共和国民事诉讼法释义》,法律出版社,2012,第104—105页。

⑤ 吴应甲:《中国环境公益诉讼主体多元化研究》,中国检察出版社,2017,第67—68页。

第三节　检察机关作为环境公益诉讼原告的资格

一、对检察机关环境公益诉权的赋予

关于是否赋予检察机关公益诉权的问题,根据1951年颁布的《中央人民政府最高人民检察署暂行组织条例》第3条第1款第6项的规定,最高人民检察署直接行使并领导下级检察署行使"代表国家公益参与有关全国社会和劳动人民利益之重要民事案件及行政诉讼"的职权;同时公布的《各级地方人民检察署组织通则》第2条第6项亦规定,各级地方人民检察署行使"代表国家公益参与有关社会和劳动人民利益之重要民事案件及行政诉讼"的职权。可见,在新中国成立初期检察机关就被赋予了参与民事、行政诉讼的广泛权力,不过当时并无检察机关提起公益诉讼的细致规定。上述规定在1979年颁布的《人民检察院组织法》中未予保留,但是在同年颁布的最高人民法院《人民法院审判民事案件程序制度的规定(试行)》中,明确规定了"人民检察院提起诉讼的民事案件,由同级人民法院受理"。之后,随着1982年《中华人民共和国宪法》确立了人民检察院的法律监督地位,以及1982年《民事诉讼法(试行)》、1989年《行政诉讼法》明确赋予了检察机关对民事、行政审判活动的法律监督职能,检察机关提起公益诉讼获得了探索和实践的空间。早在2003年,山东省乐陵市人民检察院、四川省阆中市人民检察院就针对当地企业的污染行为提起民事公益诉讼。一直到2012年修订《民事诉讼法》之前,贵州、广东、河南、湖南等多地检察机关在环境污染和生态保护领域纷纷开展了提起公益诉讼的有益探索。在2012年修订的《民事诉讼法》实施后,由于该法第55条将环境公益诉权授予"法律规定的机关和有关组织",并未明确规定检察机关是否可以提起环境民事公益诉讼,因此在实践中检察机关以支持社会组织起诉的方式开展了公益诉讼探索,如2014年江苏省常州市人民检察院支持泰州市环境保护联合会诉江苏常隆农化有限公司等6公司环境污染公益诉讼案件。

使得检察机关提起环境公益诉讼迈出实质性一步的,是2015年7月1日

通过的全国人大常委会《关于授权最高人民检察院在部分地区开展公益诉讼试点工作的决定》。根据这一决定,全国十三个省、自治区、直辖市开展了为期两年的检察机关提起公益诉讼试点工作。在试点工作结束后,2017 年修订的《民事诉讼法》《行政诉讼法》中均明确授予了检察机关提起环境公益诉讼的职权。其中《民事诉讼法》第 55 条第 2 款规定,人民检察院在履行职责中发现破坏生态环境和资源保护的损害社会公共利益的行为,在没有法律规定的机关和组织或者法律规定的机关和组织不提起诉讼的情况下,可以向人民法院提起诉讼;在法律规定的机关或者组织已经提起诉讼的,人民检察院可以支持起诉。《行政诉讼法》第 25 条第 4 款规定,人民检察院在履行职责中发现生态环境和资源保护领域负有监督管理职责的行政机关违法行使职权或者不作为,致使国家利益或者社会公共利益受到侵害的,应当向行政机关提出检察建议,督促其依法履行职责。行政机关不依法履行职责的,人民检察院依法向人民法院提起诉讼。至此,检察机关被明确授予了提起环境民事公益诉讼、环境行政公益诉讼的职权。与此相应地,2018 年修订的《人民检察院组织法》第 20 条第 4 项明确规定,人民检察院行使"依照法律规定提起公益诉讼"的职权。

理论界大多对检察机关提起环境公益诉讼持肯定态度,支持的理由主要包括:(1)检察机关与生俱来的公共性特征决定了其不仅是国家利益的代表,同时也是社会公共利益的代表,因此在公共利益受到损害时检察机关必须有所作为——通过提起公益诉讼实现维护社会公共利益的目的,以及个体利益与社会利益和谐与均衡发展的价值取向。①正如著名法学家韦德所言,"为了公共利益而采取行动是检察总长的专利,他的作用是实质性的、合宪的,他可以自由地从总体上广泛地考虑公共利益"②。(2)我国检察机关提起公益诉讼的法律基础是其法律监督职能。行政机关作为维护、实现公共利益的核心力量,当其没有履行好维护社会公益之职能时,检察机关将通过行使法律监督权的方式督促其纠正违法行为。当检察机关提出检察建议等监督方式难以奏效的情况下,将通过向法院提起行政公益诉讼的方式监督行政机关依法正确履行

---

① 崔伟:《检察机关是公益诉讼的适宜主体》,《检察日报》2005 年 12 月 16 日。

② 〔英〕韦德:《行政法》,徐炳等译,中国大百科全书出版社,1997,第 125 页。

职责。从这个意义上说,提起公益诉讼是检察机关履行法律监督职责的一种方式或手段,是法律监督的应有之义。①(3)与其他主体相比,检察机关具备提起环境公益诉讼的独特优势。这些优势主要包括:检察机关没有地方利益和部门利益的牵涉,适合代表国家提起公益诉讼;拥有法定的调查权,能够很好地解决公益诉讼调查取证和举证难的问题;能够审慎地行使检察权,避免对行政秩序造成不必要的冲击;具有专业的法律监督队伍,能够高效、准确地启动和进行公益诉讼。②检察机关还拥有较充足的专业人士及国家财政支持,因而可以负担提起环境公益诉讼的成本;检察机关参与环境公益诉讼已有若干成功的案例,并产生了积极的社会影响,③等等。(4)检察机关参与公益诉讼已成为国外立法和司法趋势。无论是大陆法系国家还是英美法系国家,检察机关参与公益诉讼都是较为普遍的做法。④如在美国,1969年《环境保护法》、1970年《清洁空气法》《防止空气污染条例》《防止水污染条例》均赋予了检察机关提起环境公益诉讼的权力。在参与的方式上,检察机关既有权直接、单独地提起民事诉讼,当其认为案件直接涉及国家利益时,总检察长还可自行决定与当事人一起共同作为原告参与该民事诉讼。⑤在法国,1860年《民事诉讼法典》赋予了检察机关对民事领域进行干预的权力,特别是在涉及国家安全或者公共用地等方面的案件中,检察机关均有权进行干预。检察机关作为社会公共利益的维护者在民事活动中行使民事检察权,可以提起环境公益诉讼。⑥

　　质疑检察机关提起环境公益诉讼的理由主要包括:(1)我国检察机关作为法律监督机关,与国外检察机关在法律地位、法律性质上存在着本质差别。在

---

　　① 最高人民检察院民事行政检察厅:《检察机关提起公益诉讼的实践与探索》,中国检察出版社,2017,第7页。

　　② 郑新俭:《做好顶层设计 稳步推进公益诉讼试点工作》,《人民检察》2015年第14期。

　　③ 李挚萍:《中国环境公益诉讼原告主体的优劣分析和顺序选择》,《河北法学》2010年第1期。

　　④ 邓一峰:《环境诉讼制度研究》,中国法制出版社,2008,第216页。

　　⑤ 最高人民检察院民事行政检察厅:《检察机关提起公益诉讼的实践与探索》,中国检察出版社,2017,第23页。

　　⑥ 白彦:《环境民事公益诉讼原告主体资格问题研究》,《浙江社会科学》2016年第2期。

西方三权分立的宪政体制下,行政权正是通过检察机关来监督、制约司法审判权的,所以西方历来视检察官为政府的代表和公共利益的维护者,视检察长为行政官员并使之隶属于司法行政部门。而在我国"一府两院"的制度之下,检察机关成为与行政机关、人民法院相平行的国家机关,它作为国家的法律监督机关行使司法监督、执法监督的权力,即我国检察机关并不隶属于行政机关而是它的监督机关。由于我国检察机关在法律地位和法律性质上均不同于国外检察机关,因而不宜照搬国外为保护国家利益、社会公益而赋予检察机关对民事违法事件的起诉权的做法。①(2)我国检察机关对于国家利益和社会公共利益的维护,主要是通过监督国家机关及其工作人员执行法律的方式实现,而不宜对其具体事务予以干预。并且,在保护国家利益和社会公共利益的问题上,行政执法制度比检察机关提起诉讼更具优越性。因而在行政机关职能管理范围内的国家利益、社会公共利益受到不法侵害时,应由行政机关依法履行其职责,而没有必要通过检察机关提起民事诉讼的方式追究违法者的责任,否则将破坏国家机关之间的分工与制衡机制。②(3)检察机关不具备提起环境公益诉讼的专业知识与能力。这是因为环境纠纷涉及大量的科技因素,需要运用专门的证据收集方法和技术手段,而这一点恰恰是检察机关所欠缺的。同时检察机关在面对环境纠纷所涉及的科学不确定性问题时,也无法像环境保护机关那样作出专业的政策性判断。③(4)作为法律监督者的检察机关提起环境民事公益诉讼,将会对民事诉讼的基本结构造成一定冲击。从维护民事诉讼"两造对抗"的平衡对称结构出发,即使公益诉讼系维护社会公共利益而提起,也必须遵循民事诉讼的基本结构与范式。而一旦由检察机关直接享有并行使公益诉权,将势必因其法律监督者的地位打破双方当事人诉讼地位平等的格局,同时还会导致与其法律监督者的地位和法律监督权的职责相矛盾,从而陷入检察权自我监督的逻辑悖论与角色困境。④

---

①② 陈兴生、宋波、梁远:《民事公诉制度质疑》,《国家检察官学院学报》2001 年第 3 期。

③ 吕忠梅:《环境公益诉讼辨析》,《法商研究》2008 年第 6 期。

④ 郭林将、李益明:《和谐社会语境下检察权的谦抑性——引进环境公民诉讼(E.C.S)的立法思考》,《理论与现代化》2010 年第 2 期。

从上述两种观点来看，争议的焦点主要在于是否允许检察机关提起环境民事公益诉讼。对于上述质疑的观点，还有必要立足于检察机关提起环境民事公益诉讼的基础及我国的现实国情等因素进行探讨。

第一，尽管我国与西方国家检察机关在法律地位、法律性质上有所差别，但是在"代表监督和制约的力量""以公共利益作为权力行使的出发点和归宿"上却殊途同归。在英、美、法、德等实行三权分立的国家，虽然没有设立专门的法律监督机关，但法律监督是通过立法权、行政权、司法权的相互制衡实现的，是一种"内置型"监督。其中就包括由隶属于政府的检察机关对违反宪法、法律的人和事进行追诉并提交法院审理，检察机关如果认为法院的判决或裁定有错，亦可依照法律程序提出复审要求。而在我国，国家设置了专门的法律监督机关即检察机关，检察机关实施法律监督的对象是行政权和审判权的行使，其目的在于确保法律的正确实施，因而我国的法律监督具有"外置型"的特征。[①]由此可见，虽然我国和西方国家的检察机关在国家政治体制中的地位不同、权力的属性不同，但是"在国家权力架构中，检察权基本上都代表了一种监督、制约的力量，直接体现了'主权在民、权力制衡'的宪政精神。这种精神是现代国家检察权设置与运作的灵魂，是检察权具有实质合理性的根本标志"[②]。

与此同时，检察权的运行以维护社会公共利益为出发点和归宿，社会公益性亦是检察权赖以生存和发展的内容。检察机关作为一种监督、制约的力量，其权力的行使直接表现为代表国家干预社会生活，尤其是对危害国家利益、社会公共利益的行为的干预，因此对行政、民事等非传统领域的介入是检察权公益性的必然要求。大陆法系国家也正是依据这一理念，规定了检察机关有权对涉及公共利益的民事及行政案件进行法律干预，如法国诉讼理论认为检察机关是国家利益和社会公共利益的代表，因而凡是涉及国家利益、社会公共利益的民事活动，检察机关都要介入。[③]可见在法国等大陆法系国家，之所以赋予检察机关环境公益诉权是因为它能够作为国家利益和社会公共利益的代表。

---

① 梁玉霞、沈志民：《走向公平正义——浅谈法律监督的意义与局限性》，《广州大学学报（社会科学版）》2006年第1期。

②③ 贺恒扬：《我国检察权的基本特征》，《国家检察官学院学报》2008年第3期。

相类似地，在美国检察机构被授予环境公益诉讼原告资格的基础也在于它可以代表社会公益，因而能对侵害环境公共利益的行为提起诉讼。[1]我国亦不例外，2018 年修订的《人民检察院组织法》第 2 条将"维护国家利益和社会公共利益"作为检察机关行使检察权的宗旨之一，该法第 20 条还明确了人民检察院为实现这一宗旨，行使"依照法律规定提起公益诉讼"的职权。

第二，虽然行政机关是维护环境公共利益的最主要力量，但是不可否认环境行政执法在保护公共利益的问题上存在"力所不逮"的问题。毋庸置疑，当行政机关职权范围内的环境公共利益遭到侵害时，应由行政机关及时履行其保护环境公益的职责。但是，即使行政机关能够做到依法行政、勤勉执法，就一定能够确保维护好环境公共利益吗？比如，在污染者的合法排行为造成了生态环境本身的损害，但又未造成特定个体的人身或财产损失的场合，由于行政机关实施行政处罚的前提是污染者的行为违反了法律，因此行政机关对于这一类生态环境破坏行为极有可能是"一筹莫展"。并且在这种情形下，由于污染行为尚未造成特定个体的人身或财产损失，或者所造成的损失对于每一个体来说都较轻微，也很难通过提起私益诉讼的途径来救济受损的环境公共利益。这是因为在前一种场合根本就没有可以提起私益诉讼的"原告"存在，后一种场合则因为单个个体所遭受的损失轻微而很可能使其放弃起诉的想法。同时还应看到，在我国虽然赋予了社会组织提起环境民事公益诉讼的权利，但是目前社会组织还存在符合规定条件的社会组织数量少，以及调查能力差、抗压能力小、受资金和人才制约而不愿、不敢、不能起诉的问题，[2]此时，如果检察机关也不能挺身而出提起环境民事公益诉讼，那么受到侵害的环境公共利益将处于无法得到救济的危险境地。尤其在某些情形下一旦造成了生态环境破坏，其损害后果往往是难以消除甚至是不可逆转的。

又如，对于那些超出行政机关的监管极限同时又造成生态环境损害的行为，如上文谈到的 2005 年因中石油吉林石化公司双苯厂发生爆炸而导致的松花江重大水污染事件，行政机关即使穷尽了一切行政手段，也无法弥补污染者

---

[1] 陈冬：《美国环境公益诉讼研究》，中国人民大学出版社，2014，第 210 页。

[2] 田凯：《检察机关可做公益诉讼主力军》，《环境经济》2017 年第 7 期。

行为所导致的巨大生态环境损失。还有对于那些违法成本低、守法成本高的环境违法行为，即使环境行政机关频频"出重拳"仍然屡罚不止，从而使得环境公共利益依然处于被持续侵害的状态。可见，虽然行政机关被赋予了维护环境公共利益的诸多资源与手段，但其在环境执法过程中仍然无法避免"监管失灵"的现象。与此同时，由于我国社会组织目前还存在的一些不足使其不愿、不能、不会提起民事公益诉讼，此时通过检察机关环境民事公益诉讼的方式，使得遭受损害的生态环境得到及时修复就显得尤为必要了。需要说明的是，这种情形下检察机关"出手"的其中一个前提是，行政机关已经穷尽了行政手段而环境公共利益仍然处于被侵害的状态，因而并不能认为是检察机关越俎代庖，破坏了国家机关之间的分工与制衡机制。

第三，关于检察机关不具备提起环境公益诉讼的专业技术知识与能力的问题，需要说明的是上述观点并未否定检察机关提起环境公益诉讼的主体地位，而是认为检察机关并非起诉的最佳主体。应当说，检察机关与环境行政机关相比的确在专业知识和能力上不占优势，不过在环境行政公益诉讼、环境民事公益诉讼中对于检察机关的技术知识和能力的要求可能有所区别。在环境行政公益诉讼中，检察机关虽然要证明被诉行政行为侵害了国家利益或社会公共利益，但由于法院审查的重点在于被诉行政行为的合法性，因而对于检察机关来说可能更少受其技术知识与能力不足的局限。这一点有别于在环境民事公益诉讼中，检察机关需要证明被告的行为已经导致了生态环境损害的范围及程度，而不一定涉及被告的行为违反了环境法。可见与环境行政公益诉讼相比，环境民事公益诉讼可能对检察机关的技术知识与能力要求更高。从司法实践来看，实际上检察机关起诉的环境公益诉讼案件多为环境行政公益诉讼案件。据最高人民检察院统计，从2015年7月检察机关开始环境公益诉讼试点至2017年1月，全国检察机关一共提起495起环境公益诉讼，其中环境民事公益诉讼案件57起，环境行政公益诉讼案件437起，另有1起行政附带民事公益诉讼案件。[1]

退一步说，即使环境民事公益诉讼对于检察机关的技术知识与能力提出

① 李楯：《环境公益诉讼观察报告（2016年卷）》，法律出版社，2018，第342页。

了更高要求,但是检察机关在法律专业人才、调查取证、资金保障等方面的优势,决定了它可以借助环境行政机关、环境污染损害鉴定及评估机构、专家辅助人等力量弥补其在技术知识与能力上的不足。更何况并非在所有的环境民事公益诉讼案件中,对于生态环境损害的范围及程度的证明都存在困难。同时还应看到,根据《环境侵权责任纠纷司法解释》,环境侵权责任作为一种特殊侵权行为所产生的法律后果,以无过错为一般归责原则,因此环境侵权的证明责任分配并不同于普通侵权的诉讼规则。^①例如,在环境民事公益诉讼中关于因果关系的证明责任分配,检察机关需要证明污染者排放的污染物或者次生污染者与损害之间具有关联性,即被告的污染行为与损害结果之间存在构成因果关系的可能性而非确定性,而由被告一方对其污染行为与损害之间不存在因果关系进行举证证明。^②这一规则不仅对保护环境污染中的被侵权人具有积极作用,而且也在一定程度上降低了检察机关对于因果关系的证明标准,对此也可以理解为在一定程度上降低了对检察机关的技术知识与能力的要求。

应该说,在目前我国生态环境问题十分严峻,而大多数社会组织的起诉意愿不高且诉讼能力不足的情况下,赋予检察机关提起环境民事公益诉讼的职权是必要的,检察机关也是能够胜任这一职责的。据统计,在 2016 年检察机关提起的 94 起环境公益诉讼案件中,其中有 25 起为环境民事公益诉讼案件,并且胜诉率达到了 100%。^③虽然如此高的胜诉率可能与检察机关对被告的甄别和遴选等不无关系,但至少还是说明了检察机关打的不是"一场无准备之战"。并且从 2015 年 7 月检察机关开始环境公益诉讼试点工作至今,检

---

① 根据《最高人民法院关于审理环境侵权责任纠纷案件适用法律若干问题的解释》第十八条第一款规定,"本解释适用于审理因污染环境、破坏生态造成损害的民事案件,但法律和司法解释对环境民事公益诉讼案件另有规定的除外"。审理环境公益诉讼案件亦适用该解释关于举证责任的规定。

② 沈德咏主编《最高人民法院环境侵权责任纠纷司法解释理解与适用》,人民法院出版社,2016,第 93 页。

③ 吕忠梅、张忠民等:《理性检视:检察机关提起环境公益诉讼试点》,载吕忠梅等《中国环境司法发展报告(2015—2017)》,人民法院出版社,2017,第 279 页。

察机关提起的环境民事公益诉讼案件数量逐年上升,这也在某种程度上说明了检察机关是能够胜任提起环境民事公益诉讼的职责的。另据最高人民法院环境资源审判庭庭长王旭光介绍,2018 年全国法院共受理了检察机关提起的环境刑事附带民事公益诉讼案件 1248 起。①这一数据至少说明了检察机关在应对由犯罪行为所导致的生态环境损害时独具优势。授予检察机关提起环境刑事附带民事公益诉讼的职权,不仅可以节约司法资源、提高诉讼效率,还能使被犯罪行为侵害的环境公共利益得到及时救济,受损的生态环境得以及时修复。

除此之外,关于检察机关提起环境民事公益诉讼会冲击民事诉讼基本结构,以及导致检察机关在诉讼中的角色冲突问题,笔者赞同李挚萍教授的观点,认为这一问题属于技术性问题,可以通过法律规则的调整和完善予以解决。②对此,在下文"关于检察机关在环境公益诉讼中的身份定位"中有所探讨。

二、对检察机关行使环境公益诉权的限制

从有效发挥环境公益诉讼功能的角度,在我国赋予检察机关提起环境公益诉讼的职权是极其必要的,然而这并不意味着检察机关就能够"包打天下"地提起诉讼,其权力的行使还应受到一定限制。这主要是因为"在我国国家权力架构下,具有法律监督属性的检察权本质上属于司法权范畴,必须保持司法权的平和性与谦抑性,这也是宪政体制下的应然属性与实然要求"③。检察权的谦抑性源于刑法的谦抑性原则,"谦抑"指的是缩减或者压缩,④该原则后来被宪法学、行政法学等公法部门接受而成为一项公法原则。其核心理念在于强调以最小的公权力行使成本去实现最大的社会效益,也就是使权利义务得到最

---

① 《最高法环境资源审判庭庭长王旭光谈环境资源审判工作》,法制网,http://www.legaldaily.com.cn/direct_seeding/node_101925.htm,访问日期:2019 年 5 月 17 日。

② 李挚萍:《中国环境公益诉讼原告主体的优劣分析和顺序选择》,《河北法学》2010 年第 1 期。

③ 郭林将、李益明:《和谐社会语境下检察权的谦抑性——引进环境公民诉讼(E.C.S)的立法思考》,《理论与现代化》2010 年第 2 期。

④ 甘雨沛、何鹏:《外国刑法学(上册)》,北京大学出版社,1984,第 175 页。

有效的恢复和实现,使社会秩序维护和发展的纠正成本降到最低。^①根据刘佑生教授的解释,检察权的谦抑性,就是克制性、妥协性与宽容性。^②毫无疑问,环境公益诉权作为国家授予检察机关的一项公权力,其行使也应当遵循谦抑性原则,在启动环境公益诉讼程序上须保持适度的克制与收敛。也就是说,需对检察机关行使环境公益诉权予以一定限制,力求以最小的公权力行使成本去实现最大的社会效益,这种限制主要包括两个方面:

(一)须以尊重其他适格主体的诉权为前提

如前所述,从充分发挥环境公益诉讼功能的角度,"确立多元化的环境公益诉讼机制远比单一的机制更具有实效性"^③,并且在我国环境公益诉讼的制度设计中,检察机关并未唯一可以启动环境公益诉讼的主体。但这并不意味着鼓励所有适格主体一拥而上、遍地开花地提起环境公益诉讼,而是应充分考量检察机关与其他主体行使诉权之间的合理配置,争取以最小的公权力行使成本去实现对环境公共利益的充分保护,以及真正体现社会公众对环境公共治理的有效参与。

就启动环境民事公益诉讼来说,检察机关、社会组织、海洋环境监督管理部门均为法律规定的适格主体。其中,我国的环境保护社会组织虽然还不及美国等国家的环保团体已成为环境公益诉讼最普遍的原告及核心力量,但不可否认它在发现环境违法行为、环境技术知识、环境纠纷参与程度等方面的优势,并且在组织的数量、诉讼能力、诉讼意愿等方面也在不断地提升。在这种情形下检察机关既不必、也不应"包揽一切"地提起环境民事公益诉讼,而是宜将可以由社会组织承担的职能交由其履行,以真正实现社会公众对环境公共治理的有效参与,同时亦可达到节约司法资源之效果。相类似地,在发生破坏海洋生态、海洋水产资源、海洋保护区造成国家重大损失的行为时,也应先由海洋环境监督管理部门依法履行提起环境民事公益诉讼的职责,而检察机关更

---

① 张兴中:《民事抗诉谦抑性原则》,《国家检察官学院学报》2010 年第 6 期。

② 刘佑生:《客观 平和 谦抑 持衡——和谐语境下的检察官职能定位》,《人民检察》2007 年第 23 期。

③ 刘英团:《环境公益诉讼主体不应"仅此一家"》,《人民法院报》2013 年 6 月 28 日。

宜退居"二线"发挥"兜底"的作用。概言之,只有在其他适格主体缺位,或者虽有适格主体但是没有提起环境民事公益诉讼,以至于无法启动对受损的社会公共利益的司法救济程序时,检察机关才宜走上法庭提起环境民事公益诉讼。根据《民事诉讼法》第 55 条第 2 款的规定,检察机关提起环境民事公益诉讼的前提是没有法律规定的机关和有关组织可以提起民事公益诉讼,或者符合法律规定的机关和有关组织不提起民事公益诉讼。同时,根据 2018 年"两高"联合发布的《检察公益诉讼司法解释》第 13 条、第 14 条第 3 项规定,检察机关在提起民事公益诉讼之前应当依法进行为期 30 日的公告;只有在公告期满且法律规定的机关和有关组织不提起诉讼的,检察机关才可提起诉讼;检察机关提起民事公益诉讼应当提交其已经履行了公告程序的证明材料。可见,只有在经历了公告程序而其他适格主体不起诉或者没有适格主体的情形下,检察机关才能向法院提起环境民事公益诉讼。不过,《检察公益诉讼司法解释》规定检察机关统一以公告的方式告知其他适格主体提起民事公益诉讼,而不论其他适格主体是法律规定的机关抑或有关组织的做法似有不妥。这是因为就有权提起民事公益诉讼的行政机关来说,通过提起诉讼的方式保护环境公共利益不受侵害是其职责所在,并且行政机关与检察机关相比在专业知识与能力上更具优势,这种情形下检察机关更宜以检察建议的方式督促行政机关起诉。从这一点来看,检察机关提起环境民事公益诉讼的诉前程序,可以分别针对行政机关与社会组织作出规定,即对社会组织以公告的方式告知其起诉,对行政机关则以检察建议的方式督促其起诉。在这两种情形之下,检察机关提起环境民事公益诉讼都须以其他适格主体不起诉为前提。

可见,检察机关在环境民事公益诉讼中应当扮演的是一种支持者、补充者的角色。在民事领域的成熟的、克制的检察权运用理念和相应机制不仅有利于执法者主体能动意识和勤勉执法习惯的养成,而且有利于以较低的资源投入获得较高的治理效益,因而对于国家社会的和谐稳定及良性运行具有莫大的益处。[1]

---

[1] 陆军、杨学飞:《检察机关民事公益诉讼诉前程序实践检视》,《国家检察官学院学报》2017 年第 6 期。

就启动环境行政公益诉讼来说，检察机关提起环境行政公益诉讼需以有权提起行政私益诉讼的主体缺位或者没有提起诉讼为前提。根据《行政诉讼法》第 25 条之规定，检察机关是唯一被明确授予提起环境行政公益诉讼资格的主体。结合上文中 2015 年 7 月以来检察机关、社会组织提起环境行政公益诉讼的数据来看，检察机关实际上是从社会组织手中接过了提起环境行政公益诉讼的"大旗"。据此来看，目前检察机关在行使环境行政公益诉权时，基本上不会发生与其他适格主体提起公益诉讼相竞合的问题。不过，从某些情况下提起行政私益诉讼亦可"附带"地实现保护公益之目的，以及减小公权力行使成本的角度看，检察机关在提起环境行政公益诉讼时还是应以没有可以提起行政私益诉讼的主体，或者即使存在该主体但其未提起诉讼为前提。这一点可以在《人民检察院提起公益诉讼试点工作实施办法》中找到依据，该办法第 28 条规定，对于行政机关违法履行职责造成国家和社会公共利益受到侵害的行为，公民、法人和其他社会组织由于没有直接利害关系没有也无法提起诉讼的，检察机关可以向法院提起行政公益诉讼。

值得一提的是，不排除随着经济社会的发展，由于现行法律对特定领域负监管职责的行政机关及其权限的规定不明，从而导致在国家利益、社会公共利益受到侵害时尚无职责明确的行政机关出手维护，此时就需要检察机关的介入。[1] 在这种情形下，如果符合条件的社会组织不愿、不敢或不能针对环境侵害行为提起公益诉讼，那么就需要检察机关以提起民事公益诉讼的方式救济受损的国家利益和社会公共利益。与此同时，当行政机关即使行政权力用尽也无法充分弥补环境污染、生态破坏行为所致的生态环境损害，社会组织亦没有提起环境民事公益诉讼时，同样需要检察机关启动环境民事公益诉讼程序以实现对受损的环境公益的"兜底"维护。

总的来说，检察机关在行使其环境公益诉权时既要尊重其他主体的诉权，又要考虑对受损的环境公共利益予以有效的司法救济，从而发挥其作为启动环境公益诉讼程序"最后一道防线"的作用。

---

[1] 林莉红:《论检察机关提起民事公益诉讼的制度空间》,《行政法学研究》2018 年第 6 期。

（二）须以督促行政机关依法履行职责为前提

如前所述，行政机关是维护生态环境所承载的国家利益和社会公共利益最主要的力量，而环境行政公益诉讼的目的就在于"通过对失职的环保行政机关提起诉讼促使其履行职责，从而保障公众环境利益"①。检察机关作为国家的法律监督机关，其在环境公益诉讼中的重要职能就是监督行政机关执行环境法的行为，以促使其积极实施环境法，从而实现对环境公共利益的有力维护。从这一点来看，当污染环境、破坏生态的行为发生时，应由相应的环境行政机构积极地依法履行其职责，而不宜由检察机关直接针对该环境破坏行为的实施者提起公益诉讼。否则不仅有违环境公益诉讼弥补行政执法不足的功能，还会因检察机关的权力过分扩张而破坏了国家机关之间的权力分工。毕竟"如果由检察机关包揽公益损害时的保护之责，绕开现行法律已经设定的由各个相应的管理机关执行法律的体制而直接对应私人，不仅有越俎代庖之嫌，而且还会造成权力体系的混乱"②。基于这一点，有必要对检察机关启动环境公益诉讼的权力予以一定限制。

就检察机关提起环境民事公益诉讼来说，在法律赋予了有关行政机关有权针对侵害社会公共利益的污染环境、破坏生态行为提起民事公益诉讼的情形下，如果该行政机关怠于行使职权，检察机关应督促其及时提起诉讼。只有在经督促起诉后行政机关仍未提起诉讼，而检察机关认为环境公共利益仍处于被侵害的状态时，检察机关才宜直接针对环境破坏行为的实施者提起民事公益诉讼，以达到修复受损的生态环境的目的。参照《人民检察院提起公益诉讼试点工作实施办法》第 13 条来看，亦规定了检察机关在提起民事公益诉讼之前应履行诉前程序，其中就包括依法督促法律规定的机关提起民事公益诉讼，法律规定的机关在收到督促起诉意见书或者检察建议书后，应在一个月内依法办理并将办理情况及时回复检察机关。另外，根据 2018 年 1 月 1 日起施行的《生态环境损害赔偿制度改革方案》的有关规定，省级、市地级政府是国务

---

① 秦天宝、段帷帷：《论我国环境行政公益诉讼制度的发展——以全国首例检察机关提起环境行政公益诉讼案为例》，《环境保护》2015 年第 1 期。

② 吕忠梅：《环境公益诉讼辨析》，《法商研究》2008 年第 6 期。

院授权的本行政区域内生态环境损害的赔偿权利人；赔偿权利人应就生态环境损害的事实和程度、修复启动的时间和期限等问题与赔偿义务人进行磋商；如果磋商未达成一致，那么赔偿权利人及其指定的部门或机构就应及时提起生态环境损害赔偿民事诉讼。由于生态环境损害赔偿不仅涉及国家利益还涉及公众的环境利益，在赔偿权利人应提起生态环境损害赔偿民事诉讼而其怠于履行职责的前提下，检察机关应督促其提起诉讼以依法履行维护环境公共利益的职责。

就检察机关提起环境行政公益诉讼来说，应以提出检察建议督促行政机关依法履行职责为前提。根据《行政诉讼法》第 25 条第 4 款规定，检察机关在提起行政公益诉讼之前，应当向行政机关提出检察建议督促其依法履行职责；只有在行政机关不依法履行职责的情形下，检察机关才依法向法院提起行政公益诉讼。如此规定一方面有利于激活行政机关自我纠错的积极性，符合经济原则，另一方面还因为检察机关需尊重行政机关在其职责领域内的决定权，毕竟检察权与行政权的性质不同，并且行政机关在其职能范围内具有行政专长，所以检察机关不能代替行政机关去作出决定。[①] 从最大限度地维护环境公共利益的角度出发，检察机关在启动环境行政公益诉讼之前督促行政机关依法履行职责，还有利于预防环境公共利益受到违法行政行为的侵害。这是因为通过诉前的督促程序，可以有力促使行政机关及时纠正违法行使职权的行为，特别是那些已经威胁到环境公共利益但尚未造成实际损害后果的违法行为；同时还可以促使行政机关针对那些具有损害环境公共利益重大风险的环境污染、生态破坏行为积极作为，从而避免造成严重的、甚至是不可逆的生态环境损害后果的可能。

同时还应看到，检察机关在提起环境行政公益诉讼之前督促行政机关依法履行职责，还有利于弥补按照审判监督程序提出抗诉所具有的滞后性的不足，将对环境行政机构进行执法监督的时间从诉后延展至诉前，从而形成了涵盖诉前、诉中、诉后监督的一体化格局。不仅如此，与过去检察机关向环境行政

---

① 胡卫列、田凯:《检察机关提起行政公益诉讼试点情况研究》,《行政法学研究》2017 年第 2 期。

机构提出检察建议相比，由于在环境行政公益诉讼之前的检察建议是以检察机关提起诉讼为后盾的，因此还有利于防止检察建议沦为"纸老虎"，从而强化了检察机关进行环境执法监督的效能并提升了监督权威。从以上两个方面来看，检察机关在提起环境行政公益诉讼之前督促行政机关依法履行职责，还有利于有效发挥环境公益诉讼"促进行政机关积极实施环境法"的功能。

还有一种特殊情况是，行政机关在收到检察建议之后积极地履行职责，但是即使它用尽一切行政手段也无法使受损的社会公益得到完全弥补，这种情形下不应当认定为行政机关仍不依法履行职责。而宜由检察机关针对环境公共利益尚未得到弥补的部分，在无其他适格主体提起诉讼的前提下，以环境污染或生态破坏行为的实施者为被告提起环境民事公益诉讼，以充分实现最大限度地维护环境公共利益的目的。

三、检察机关在环境公益诉讼中的身份定位

毫无疑问，我国检察机关在保护生态环境所承载的国家利益和社会公共利益上具有不可替代的优势，在司法实践中检察机关甚至有成为环境公益诉讼主力军的趋势。不过，理论上关于检察机关参与环境公益诉讼的争论并没有停息，特别是检察机关在环境公益诉讼中的身份定位问题。并且由于"检察机关参与环境公益诉讼最核心的问题依然是其在诉讼中的身份定位问题，实践中大部分论争也是基于该问题而衍生出来的"[1]，因此有必要对这一问题进行探讨。从现行法律规定来看，检察机关参与环境公益诉讼主要包括直接起诉、支持起诉、提出检察建议三种方式，本文主要针对检察机关在其提起的环境公益诉讼中的身份地位进行探讨。

关于检察机关在其提起的环境公益诉讼中的身份定位，有代表性的观点包括国家监诉人说、双重身份说、公益代表人说、民事公诉人说、无法律监督权的民事公诉人说及当事人说等。这些观点大致又可分为两类：一类观点认为检察机关是不同于一般原告的特殊主体，另一类观点认为检察机关在诉讼中应

---

[1]　吕忠梅、张忠民等：《理性检视：检察机关提起环境公益诉讼试点》，载吕忠梅等《中国环境司法发展报告（2015—2017）》，人民法院出版社，2017，第282—283页。

作为普通当事人对待。检、法两家对于这一问题亦有不同见解,如检察机关认为其在公益诉讼中并非一般的民事、行政案件当事人。主要理由在于:(1)检察机关作为国家的法律监督机关,具有一般原告所没有的性质和职能。检察机关基于保护国家利益、社会公共利益之目的提起公益诉讼,是履行法律赋予职责的职权行为,这种特性是一般的民事、行政案件原告所不具备的。(2)检察机关提起公益诉讼不是一般的实体法主体和诉讼法主体。检察机关提起民事公益诉讼具有履行法律规定的职责及行使国家权力的性质,不同于一切民事法律主体和民事诉讼法主体;检察机关提起行政公益诉讼没有救济之意,只有追诉和监督之意,其性质与一般行政案件的原告也是根本不同的。(3)检察机关提起公益诉讼在诉讼程序上具有特殊性。如通过诉前程序督促、支持社会组织提起诉讼,或者要求行政机关依法履行职责或纠正违法行为,等等,而这些问题是现行民事诉讼法、行政诉讼法所没有作出规定的。因此,在诉讼过程中,应针对检察机关不同于普通原告的诉讼地位,确定其不同于原告权利义务的责任义务。[①]

　　另一类观点则认为在环境公益诉讼中应将检察机关作为普通当事人对待,法院系统亦持这种观点,主要理由是:(1)就环境公益诉讼来说,检察机关获得的授权仅为"诉讼程序启动权",因此在诉讼中检察机关应为普通当事人,包括应该依照民事诉讼法、行政诉讼法关于第二审程序的规定,提起上诉而不能抗诉。[②](2)从检察机关实际发挥的功能及其在诉讼中的权利义务来看,检察机关符合原告的特征。尤其是检察机关提起民事公益诉讼,在一些根本性特征上与原告并无不同。[③](3)民事诉讼以双方当事人平等对抗、法院居中裁判为其基本结构,并且这种结构是不可变更的,即使检察机关提起民事诉讼亦不能加以破坏,否则就会导致失去民事诉讼的基本性质和特征。[④](4)从立法规

　　① 最高人民检察院民事行政检察厅:《检察机关提起公益诉讼的实践与探索》,中国检察出版社,2017,第81—82、169—170 页。

　　② 吕忠梅、张忠民等:《理性检视:检察机关提起环境公益诉讼试点》,载吕忠梅等《中国环境司法发展报告(2015—2017)》,人民法院出版社,2017,第283 页。

　　③ 李浩:《论检察机关在民事公益诉讼中的地位》,《法学》2017 年第11 期。

　　④ 刘波:《论检察机关提起民事诉讼的法律地位》,《海南大学学报（人文社会科学版）》2006 年第3 期。

定检察机关提起民事公益诉讼需履行诉前程序来看，立法赋予检察机关诉权是为了在其他适格主体缺位的情况下由其充当原告，而不是为了加强诉讼监督才授予检察机关提起诉讼的权力。[①]

从检、法两家制定的关于检察机关提起公益诉讼试点工作的实施办法等来看，也在一定程度上反映了上述分歧。在最高人民检察院发布的《检察机关提起公益诉讼试点方案》《人民检察院提起公益诉讼试点工作实施办法》《最高人民检察院关于深入公益诉讼试点工作有关问题的意见》中，规定了检察机关以"公益诉讼人"的身份提起公益诉讼，检察机关参与诉讼活动的行为是履行法律监督职责的职权行为；地方各级检察院认为同级法院未生效的第一审判决、裁定确有错误的，应当向上一级法院提起抗诉而非上诉。而在最高人民法院制定的《人民法院审理人民检察院提起公益诉讼案件试点工作实施办法》中，虽然也规定了检察机关以"公益诉讼人"的身份提起民事公益诉讼及行政公益诉讼，但同时规定了检察机关在公益诉讼中的诉讼权利义务参照民事诉讼法、行政诉讼法关于"原告"诉讼权利义务的规定。在检察机关提起公益诉讼试点工作结束后，2018年"两高"联合发布的《检察公益诉讼司法解释》针对上述分歧在第4条规定，检察机关以"公益诉讼起诉人"身份提起公益诉讼，并依照民事诉讼法、行政诉讼法享有相应的诉讼权利、履行相应的诉讼义务，但法律、司法解释另有规定的除外；该解释第10条还规定了检察机关如不服法院第一审判决、裁定的，可以向上一级法院提起"上诉"而非抗诉。从这一规定来看，将检察机关提起公益诉讼的身份明确为"公益诉讼起诉人"而非一般民事或行政案件的"原告"，体现了检察机关在公益诉讼中所处地位的特殊性——检察机关作为国家的法律监督机关，代表国家将侵害国家利益、社会公共利益的违法行为提交法院审理，并非出于维护自己利益的目的，其自身与案件也没有利害关系，这一点明显不同于普通民事或行政案件的当事人。与此同时，还规定了检察机关在公益诉讼中依照民事诉讼法、行政诉讼法享有相应的诉讼权利并履行相应的诉讼义务，以及检察机关对第一审法院判决、裁定不服提起上诉而非抗诉来看，又体现了检察机关在公益诉讼中与对方当事人诉讼地位

[①] 李浩：《论检察机关在民事公益诉讼中的地位》，《法学》2017年第11期。

的平等性,体现了对民事诉讼、行政诉讼基本原则的遵循。正如最高人民检察院副检察长张雪樵所说的,如此规定"既遵循了诉讼法的基本原则,也体现了检察机关具有不同于普通民事诉讼、行政诉讼原告的特殊性"①。

　　至于上文提到的检察机关提起环境民事公益诉讼可能冲击民事诉讼的基本构造的问题,在当前立法已明确赋予检察机关提起公益诉讼职权的前提下,更应关注如何协调和处理好这一问题。这一问题之所以产生,主要是因为检察机关在公益诉讼中的"公益诉讼人"抑或"原告"地位,与其"法律监督者"的身份发生了冲突,进而可能影响到民事诉讼结构的稳定与平衡。毋庸置疑,检察机关对于环境民事公益诉讼同样具有法律监督的权力,并且"人民检察院的法律监督职能与诉讼活动有着密切的联系,或者是在诉讼过程中进行,或者最终通过诉讼得以完成"②。但是在检察机关提起公益诉讼后,这一职能的行使又需以不违背民事诉讼的基本原则为限。基于此,检察机关在公益诉讼程序中的身份具有双重性——既是公益诉讼的适格当事人,享有当事人的诉讼权利并履行相应的诉讼义务;又兼具法律监督者的角色,有权对诉讼的公正性以及法院裁断的客观性进行监督。③ 从"两高"联合发布的《检察公益诉讼司法解释》来看,其中关于检察机关以"公益诉讼起诉人"的身份提起公益诉讼,以及有关检察机关与对方当事人诉讼地位平等的规定,实际上是强调了检察机关在提起公益诉讼后的身份应以公益诉讼人为主。《人民检察院提起公益诉讼试点工作实施办法》第 22 条、第 47 条亦均明确规定"检察人员发现庭审活动违法的,应当待休庭或者庭审结束之后,以人民检察院的名义提出检察建议"。这一规定实际上是对检察机关在公益诉讼庭审阶段的两种身份的协调,使其不至于陷入角色的混乱和冲突之中。而在检察机关提起公益诉讼之前,无论是督促符合法律规定的机关提起环境民事公益诉讼,还是督促有关行政机关纠正其违法

---

① 张雪樵:《〈最高人民法院最高人民检察院关于检察公益诉讼案件适用法律若干问题的解释〉的理解与适用》,《检察日报》2018 年 3 月 17 日。

② 沈宗灵主编《法理学》,北京大学出版社,2014,第 393 页。

③ 杨志弘:《公益诉讼主体扩张的制度反思——以检察机关作为公益诉讼原告为切入点》,《青海社会科学》2018 年第 4 期。

行为,检察机关都是处于法律监督者的地位。当然,如果能够更进一步清晰界定检察机关在参与环境公益诉讼程序的不同阶段、不同问题上的身份和地位,那么就更有利于化解其在公益诉讼中"一身二任"的难题,进而使得环境公益诉讼制度的预设功能得以充分发挥。

第四节　行政机关作为环境公益诉讼原告的资格

一、关于行政机关是否具备原告资格的探讨

关于行政机关是否具备提起环境民事公益诉讼的原告资格,在 2010 年最高人民法院发布的《关于为加快经济发展方式转变提供司法保障和服务的若干意见》中,规定了人民法院"依法受理环境保护行政部门代表国家提起的环境污染损害赔偿纠纷案件,严厉打击一切破坏环境的行为",对此有观点认为这是对环保部门提起环境民事公益诉讼的原告资格的认可。在 2012 年修订的《民事诉讼法》中,又对"法律规定的机关"可以对污染环境等损害社会公共利益的行为提起诉讼作出了规定,但是并未明确行政机关是否属于"法律规定的机关",以及究竟哪些行政机关具备提起环境民事公益诉讼的资格。由于对环境保护行政主管部门是否具备原告资格的问题存在较大争议,因此 2014 年最高人民法院发布的《环境民事公益诉讼司法解释》仅规定了行政机关可以依法支持环境保护社会组织提起环境民事公益诉讼。[①] 不过在 2015 年中共中央办公厅、国务院办公厅制定的《生态环境损害赔偿制度改革试点方案》中,明确规定了经国务院授权的试点地方省级政府可以作为本行政区域内生态环境损害赔偿权利人,在与赔偿义务人磋商未达成一致的情况下,应及时提起生态环境损害赔偿民事诉讼。2017 年印发的《生态环境损害赔偿制度改革方案》则明确规定了省级、市地级政府作为本行政区域内生态环境损害赔偿权利人,在与赔

---

① 最高人民法院环境资源审判庭:《最高人民法院关于环境民事公益诉讼司法解释理解与适用》,人民法院出版社,2015,第 27 页。

偿义务人磋商未达成一致的情况下，赔偿权利人及其指定的部门或机构应当及时提起生态环境损害赔偿民事诉讼。在 2017 年修订的《民事诉讼法》中，虽然增加了关于检察机关可以提起环境民事公益诉讼的规定，但仍未明确授予行政机关提起环境民事公益诉讼的原告资格。从目前来看，唯一得到普遍认同的、具备环境民事公益诉讼原告资格的行政机关就只有海洋环境监督管理部门。其可以依据《海洋环境保护法》第 89 条之规定，代表国家对破坏海洋生态、海洋水产资源、海洋保护区并造成国家重大损失的责任者提出损害赔偿要求。从地方司法机关制定的规范性文件来看，亦有准许行政机关提起环境民事公益诉讼的规定。如贵州省高级人民法院《关于推进环境民事公益诉讼审判工作的若干意见》明确规定，负有环境保护行政监督管理职责的行政机关及有关组织对其辖区内发生的危害环境公共利益的行为，可以作为原告提起环境民事公益诉讼。[1] 又如无锡市中级人民法院制定的《环境公益民事诉讼的审理规则（试行）》、昆明市中级人民法院与昆明市人民检察院联合制定的《关于办理环境民事公益诉讼案件若干问题的意见（试行）》等也有类似规定。

从司法实践来看，行政机关尤其是环保行政机关已提出较多数量的环境民事公益诉讼，且绝大多数获得了胜诉。[2] 不过从 2015 年检察机关开始公益诉讼的试点工作开始，环保行政机关提起环境民事公益诉讼的数量已经很少了。据统计，2015 年、2016 年环保行政机关提起的环境民事公益诉讼的案件占比分别为 1.75%、0%。[3]

在理论界，对是否应赋予行政机关提起环境民事公益诉讼的原告资格也有较大争议。其中，赞成行政机关可以提起环境民事公益诉讼的理由主要包括：(1)《环境保护法》明确规定了国家环境保护的代表是环境保护行政主管部门，资源管理的代表是法律授权的代表国家行使所有权的机关，因此对于侵害

---

① 陈小平、潘善斌、潘志成：《环境民事公益诉讼的理论与实践探索》，法律出版社，2016，第 231 页。

② 柯阳友：《民事公益诉讼重要疑难问题研究》，法律出版社，2017，第 64 页。

③ 吕忠梅、张忠民：《环境司法专门化与环境案件类型化的现状及展望》，载吕忠梅等《中国环境司法发展报告（2015—2017）》，人民法院出版社，2017，第 13 页。

公众或国家环境资源权益的行为，环境保护机关应当以公众受托人或者国家环境资源所有权代表人的身份提起公益诉讼。这同时是环境保护机关履行环境保护职责的重要形式之一。[①]（2）环保部门提起环境公益诉讼具有制度上的正当性，可以弥补现行行政手段维护环境公共利益的不足。主要体现在：一是可以克服环保部门在环境执法主管范围上的局限。例如，对立法尚未赋予环保部门监督管理职权的光污染问题，若准许环保部门对眩光污染制造者提起公益诉讼，正好可以弥补现行立法在这一问题上的空白；二是可以克服环境执法启动条件上的局限。如针对行为合法但在客观上造成环境损害的分散型排污者，环保部门陷于既无权责令限期治理、又无权施以行政处罚的困境，这种情形下如准许环保部门提起公益诉讼则可有效地维护环境公共利益；三是可以克服环境执法强制性或权威性不足的局限，如环保部门即使针对行政相对人作出了限期治理、行政处罚等决定，但由于决定的强制性不足而无法制止环境违法行为时，由环保部门提起公益诉讼可以实现对受到侵害的环境权益的有效预防和救济；四是可以克服环境执法功能不足的局限，如对违法企业施以行政罚款往往受到"上限"的限制，在罚款数量上远远不能弥补违法行为所实际造成的环境损害，而由环保部门就所发生的生态环境损失提起公益诉讼则可有效救济受损的环境公益。[②]与此同时，环保部门运用公益诉权将环境违法行为诉至法院，还可以通过增大违法行为人的环境违法成本，达到弥补当前环境行政执法不足的效果。[③]（3）与其他适格主体相比，环保部门在诉讼能力和地位上都具有比较优势，如环保部门具有启动环境公益诉讼程序的便利性、及时性；在设备、专业知识及能力方面具有其他适格主体难以比拟的独特优势；与环保组织相比在诉讼能力和地位上更能对抗强大的环境致害企业，等等。[④]

---

① 吕忠梅：《环境公益诉讼辨析》，《法商研究》2008 年第 6 期。

② 杨朝霞：《论环保部门在环境民事公益诉讼中的作用——起诉主体的正当性、可行性和合理性分析》，《太平洋学报》2011 年第 4 期。

③ 吴应甲：《中国环境公益诉讼主体多元化研究》，中国检察出版社，2017，第 132—133 页。

④ 杨朝霞：《论环保部门在环境民事公益诉讼中的作用——起诉主体的正当性、可行性和合理性分析》，《太平洋学报》2011 年第 4 期。

(4)我国一些地方法院已经审理了数起行政机关提起的环境民事公益诉讼,积累了一些经验并取得良好效果。尤其是在环境司法的制度建设层面,已通过对公益诉讼案件的审理在司法机关、行政机关、检察机关之间形成了良好的联动机制,因此在实践中应推动而非限制这些行之有效的措施的实施。① 此外,行政机关成为环境公益诉讼的主体在国外也有先例,如《俄罗斯联邦消费者权利保护法》规定,俄罗斯联邦生态和自然资源部有权在职权范围内,在制造人(执行人、销售人)违反商品(工作、劳务)的安全性要求的情况下向法院提出诉讼。② 又如在美国,根据美国联邦环境法律的公民诉讼条款,诸如联邦环保局(EPA)这样的环境行政主管机构可以依据公民诉讼条款提起环境公民诉讼。③

反对行政机关作为原告提起环境民事公益诉讼的理由主要包括:(1)行政机关已拥有法律赋予的行政权力去预防、控制对环境的损害,因而没有必要再赋予其提起环境公益诉讼的权力。④ 当造成了环境损害的违法排污者经行政机关责令改正,而其仍不改正时行政机关可以依法申请法院强制执行;当污染者造成了环境损害而不进行治理时,行政机关应及时代为履行以避免造成不可逆转的环境损失,代履行所产生的费用由行政机关依法向污染者索赔。⑤ 在行政机关完全可以通过行使其职权以维护环境公共利益的情形下,仍赋予其环境民事公益诉讼实施权,有浪费司法资源之嫌。⑥ (2)对于拥有强大管理权的行政机关尤其是环境行政机关来说,无论是从建设项目设计、施工到投入使用,还是企业因违反环境法而造成严重污染时,环保行政机关都拥有实施环境保护监督管理的职权。如仍允许其作为原告向法院寻求司法救济,则环境行政

---

① 最高人民法院环境资源审判庭:《最高人民法院关于环境民事公益诉讼司法解释理解与适用》,人民法院出版社,2015,第 26 页。

② 陈汉章:《俄罗斯联邦消费者权利保护法》,《环球法律评论》1993 年第 1 期。

③ 陈冬:《美国环境公益诉讼研究》,中国人民大学出版社,2014,第 211 页。

④ 王小钢:《为什么环保局不宜做环境公益诉讼原告?》,《环境保护》2010 年第 1 期。

⑤ 梁春艳:《我国环境公益诉讼的模式选择》,《郑州大学学报 (哲学社会科学版)》2015 年第 6 期。

⑥ 杨雅妮:《环境民事公益诉讼原告资格解读》,《湖北民族学院学报 (哲学社会科学版)》2018 年第 1 期。

机关难免有怠于履行行政职责之嫌。①特别是在行政机关的违法行为诱发了行政相对人侵害环境公共利益的事件后，为免于舆论压力或者逃避承担责任，行政机关必然会倾向于将行政相对人诉诸法院，从这一点来看，关于授予行政机关环境公益诉讼实施权具有"推卸职责甚至渎职的嫌疑"的疑虑并非没有道理。②（3）行政机关作为环境民事公益诉讼的原告有违民事诉讼当事人地位平等的原则。这是因为民事诉讼当事人平等原则是当事人平等的民事实体法律地位在诉讼中的体现，而一旦允许行政机关作为原告提起环境公益诉讼之后，就会将行政主体与行政相对人之间的命令与服从的行政法律关系，硬生生地扭转为原、被告之间的民事法律关系，从而扭曲了民事诉讼制度的基本原理。③（4）环保行政机关作为政府的职能部门且处于政府的统一框架之内，使其更易和其他职能部门及企业形成利益共同体，而非站在社会公众特别是弱势群体的一边，为其主张权利而提起环境公益诉讼。④还有学者指出，环境行政机关缺乏推进司法程序的激励。这是因为环境污染事件的发生本身就意味着环保行政机关失职在先，如果一定要环保行政机关作为原告提起公益诉讼，那么它会选择性地处理那些暴露自身疏于执法而致污染发生的证据，甚至有可能与污染企业形成共谋，由此可见环境公益诉讼中的环保行政机关与污染企业之间还会具有"共容利益"。⑤

对于上述行政机关是否可做环境公益诉讼原告的理论纷争，有必要立足于发挥环境公益诉讼制度的功能、行政执法是否能够充分维护环境公共利益等方面加以分析。

首先需要明确的是，环境公益诉讼制度的设立是以承认行政执法对于维护环境公益之不足为前提的。反过来说，如果仅凭行政机关一己之力就可实现

---

① 王小钢：《为什么环保局不宜做环境公益诉讼原告？》，《环境保护》2010 年第 1 期。

②③ 沈寿文：《环境公益诉讼行政机关原告资格之反思——基于宪法原理的分析》，《当代法学》2013 年第 1 期。

④ 李挚萍：《环境法的新发展——管理与民主之互动》，人民法院出版社，2006，第 389—390 页。

⑤ 戴彦艳、孙日华：《环境公益诉讼中的利他主义》，《西部法学评论》2014 年第 2 期。

对环境公共利益的充分维护,那么就没有了设置环境公益诉讼制度的必要。如"私人检察总长"的出现就蕴含了这样的前提:即使行政机关勤勉执法,也终究会因执法资源的有限而无法保证监测到每一个污染源。所以从这个角度来看,基于行政机关已拥有法律赋予的行政权力去预防、控制对环境的损害,而认为没有必要再赋予其环境公益诉讼实施权的观点是有待商榷的。并且,正如上文中所指出的,即使行政机关被赋予了广泛的行政权力去执行环境法,但其在环境执法主管范围、环境执法启动条件、环境执法的强制性或权威性、环境执法的功能上还存在局限,因而虽然行政机关被视为维护环境公共利益最主要的力量,但客观地说其在用尽了一切行政权力的情形下,也无法确保环境公共利益都能得到充分保护。例如,环境行政机构虽然可对违法排污者施以行政处罚,并可在其拒不改正违法行为时申请人民法院强制执行,但是对于分散型排污者的合法排污行为所导致的环境损害,环境行政机构将因其行为不具有违法性而陷入"无计可施"的窘境。而从环境民事公益诉讼的受案范围来看,恰恰就是针对侵害社会公共利益或具有侵害社会公共利益重大风险的环境污染、生态破坏行为,并不论该行为是合法的抑或违法的。又如,关于行政机关应及时代履行污染者造成的环境损害赔偿,在污染者不承担代履行费用时行政机关可依法向其索赔的观点值得肯定,但是如果污染者不予支付赔偿款怎么办?此时如果行政机关以提起诉讼的方式索赔,诉讼请求肯定会涉及对污染者所造成的生态环境损害赔偿,那么该诉讼请求实际上已经指向了环境公共利益尤其是生态性环境公益,很难说行政机关所提起的仅仅是维护国家对自然资源的所有权的诉讼。进一步地,如果行政机关是以国家不享有所有权的环境要素如空气被污染的损害后果向法院起诉要求赔偿,那么显然该诉讼更应属于环境民事公益诉讼的范畴。

其次,对于准许行政机关提起环境公益诉讼将会使其怠于履行职责的问题,这一问题在客观上是有可能发生的,但如以此为依据否定行政机关可以提起环境民事公益诉讼似有不妥。这是因为一方面,该观点成立的前提是特定环保行政机关对于某一可能导致或已经导致生态环境损害的行为拥有监督管理权,只有在这一前提成立的情形下才会发生该环保行政机关怠于履行职责的问题。但是不可否认,在某些情形下特定行政机关对于某些行为并无环境执法权。例如,当部门利益冲突和部门分割管理造成了管理真空,而环保行政机关对处于管理真空内的环境违法行为却无执法权时,若环保行政机关以环境违法者为被告提起环境民事公益诉讼,显然既非出于推卸职责的动机,也非怠于履行职责,而恰恰是其积极保护受到侵害的环境公共利益的表现。又如,对于流域上游行政区域的企业违法排污造成了下游水域严重污染的问题,上游行政区的环保行政机关基于地方保护主义怠于执法甚至不作为,然而下游行政区的环保行政机关却苦于对上游行政区的违法企业没有行政管辖权而难有作为。此时如若允许下游行政区的环保行政机关直接以上游行政区的污染企业为被告提起环境民事公益诉讼,甚至允许其以上游行政区的环保行政机关提起环境行政公益诉讼,那么下游行政区的环保行政机关实施的起诉行为显然也不是其怠于履行职责的后果,因为其本就处于"无权可使"的境地。它的行为不过是在现行环境行政管理体制内很难找到解决路径,而只能在现行行政管理体制之外寻找路径的结果。[①]另一方面,对于在行政机关享有行政执法权的前提下,可能出现的以提起环境公益诉讼的方式推卸职责的问题,可通过对行政机关提起环境民事公益诉讼设置一定的限制条件加以解决。对此在下文"对行政机关提起环境公益诉的限制"中进行探讨。

　　第三,关于行政机关作为环境民事公益诉讼的主体会扭曲诉讼制度基本原理的问题,需要注意两点:一是由于"行政处罚侧重于对违法行为的制裁而不具有对违法行为后果的消除功能""消除污染的后果涉及侵害者的私人利益和公共利益之间的冲突,依照正当程序的法治原则,不能在行政管理的框架内得到解决,必须假以诉讼"[②]。基于这一点,允许行政机关在一定条件下以环境污染、生态破坏行为的实施者为被告提起环境民事公益诉讼,以修复或赔偿其所导致的生态环境损害是非常必要的。从现有规范来看,虽然未明确赋予行政机关提起环境民事公益诉讼的原告资格,但是对行政机关以违法者为被告提起生态环境损害赔偿民事诉讼是认可的。如在最高人民法院《关于为加快经济

---

　　① 曹树青:《"怠于行政职责论"之辩——环保行政部门环境公益诉讼原告资格之论见》,《学术界》2012 年第 3 期。

　　② 邓一峰:《环境诉讼制度研究》,中国法制出版社,2008,第 222 页。

发展方式转变提供司法保障和服务的若干意见》中,规定了"依法受理环境保护行政部门代表国家提起的环境污染损害赔偿纠纷案件",在中共中央办公厅、国务院办公厅印发的《生态环境损害赔偿制度改革方案》中,亦规定了省级、市地级政府及其指定的部门或机构可以提起生态环境损害赔偿民事诉讼。这里需要注意的是,省级、市地级政府及其指定的部门或机构经国务院授权提起生态环境损害赔偿民事诉讼,与《海洋环境保护法》授权海洋环境监督管理部门代表国家对责任者提起环境民事公益诉讼相类似,其同样"是基于与责任者平等的地位寻求赔偿,不同于其运用行政权直接实现目的"①。二是关于环境民事公益诉讼中行政机关可能"凌驾于"对方当事人之上的问题,可以采取类似于解决检察机关在环境公益诉讼中角色冲突的办法处理,包括明确行政机关作为"原告"的身份和诉讼地位,依照民事诉讼法享有相应的诉讼权利并履行相应的诉讼义务,其诉讼活动应当遵循民事诉讼制度的基本原则等加以应对。同时,环境民事公益诉讼中的被告也可以在司法这个正义的平台上,通过借助律师、环境鉴定及损害评估机构、专家辅助人等力量使案件的来龙去脉呈现于法庭之上,同时亦使自己的合法权益得到保障。

　　第四,关于环保行政机关作为环境民事公益诉讼的原告,不易站在社会公众一边为其主张权利,以及环保行政机关缺乏推进司法程序的激励的问题。应该说这一问题是确实存在的,也正是基于这一点,与环境保护社会组织相比,环保行政机关在成为提起环境民事公益诉讼的"最佳原告"上并不具有比较优势。不仅如此,既然环境公益诉讼的主要功能之一在于弥补行政执法的不足,很明显行政机关不应成为环境民事公益诉讼的主要原告。只是基于前述的种种原因,还是需赋予行政机关在一定条件的环境民事公益诉讼实施权。从这一点来看,将行政机关称为"辅助的"或"补充的"环境民事公益诉讼原告可能更为合适。

　　最后需要说明的一点是,虽然环境民事公益诉讼与生态环境损害赔偿诉讼在起诉主体、起诉条件、诉讼请求、诉讼程序等方面都有所区别,但两者的

---

　　① 林莉红:《论检察机关提起民事公益诉讼的制度空间》,《行政法学研究》2018 年第 6 期。

"制度宗旨都是为了保护生态环境等社会公共利益"①。就生态环境损害赔偿诉讼制度来说，通常认为行政机关作为原告提出赔偿请求是基于国家对自然资源的所有权。但正如上文中所谈到的，即使作为环境要素的自然资源如水资源属于国家所有，但也只是"从经济功能的角度界定了水资源所有权，我们并不能从这条法律规则中推出水的环境功能也专属国家所有，因为河流流域的所有居民共同享受着河流容纳污染物的环境功能"②。基于此，那么行政机关在未获法律授权可以代表公众起诉的前提下，其所提起的生态环境损害赔偿诉讼的诉讼请求似乎应以自然资源的经济功能受损为限。然而从《生态环境损害赔偿制度改革方案》的规定来看，其中明确了"生态环境损害赔偿范围包括清除污染费用、生态环境修复费用、生态环境修复期间服务功能的损失、生态环境功能永久性损害造成的损失以及生态环境损害赔偿调查、鉴定评估等合理费用。"显然这里的"生态环境功能损害"不仅涵盖了作为环境要素的自然资源的经济功能损害，而且涵盖了自然资源所承载的生态功能的损害。与此同时，从《生态环境损害赔偿制度改革方案》对于"生态环境损害"的定义来看，"是指因污染环境、破坏生态造成大气、地表水、地下水、土壤、森林等环境要素和植物、动物、微生物等生物要素的不利改变，以及上述要素构成的生态系统功能退化"的规定。依据这一规定，行政机关还可就国家不享有所有权的大气的不利改变，以污染者为被告提起生态环境损害赔偿诉讼，其诉讼请求显然指向了由大气所承载的社会公共利益。而我们在判断某一诉讼是否属于公益诉讼时，就是以原告提出的诉讼请求所保护的利益指向为基准，即判断原告所请求保护的法益是否超过了私人利益的范围。③如依据这一标准来判断，在生态环境损害赔偿民事诉讼中，行政机关所请求保护的法益已经超过了国家利益的范围，尤其是指向了不为国家所专有的生态性环境公益，从这一点来看生态环境损

---

① 《最高法环境资源审判庭庭长王旭光谈环境资源审判工作》，法制网，http://www.legaldaily.com.cn/direct_seeding/node_101925.htm，访问日期：2019 年 7 月 8 日。

② 王小钢：《论环境公益诉讼的利益和权利基础》，《浙江大学学报（人文社会科学版）》2011 年第 3 期。

③ 江伟、肖建国主编《民事诉讼法（第 8 版）》，中国人民大学出版社，2018，第 158 页。

害赔偿民事诉讼与环境民事公益诉讼并无实质差异。还有学者进一步指出,适格省级政府、社会组织均可对特定的生态环境损害提起诉讼。根据《生态环境损害赔偿制度改革方案》,依法追究生态环境损害赔偿责任包括三种情形:(1)发生较大及以上突发环境事件的;(2)在国家和省级主体功能区规划中划定的重点生态功能区、禁止开发区发生环境污染、生态破坏事件的;(3)发生其他严重影响生态环境后果的。若省级政府的起诉在先,立案就适用生态环境损害赔偿制度;社会组织的起诉在先,立案就适用环境民事公益诉讼制度。①由此可见,就致力于维护环境公共利益来说,生态环境损害赔偿民事诉讼与环境民事公益诉讼可谓殊途同归。

事实上,在《民事诉讼法》2012 年修订之际,立法机关对《民事诉讼法》第55 条进行释义时就指出,"行政主管部门等有关机关作为公共利益的维护者和公共事务的管理者,作为诉讼主体较为合适,既可以促使其依法积极行政,也可以利用诉讼救济的方式弥补其行政手段的不足";不过考虑到我国的机关较多,为了避免引起混乱,可以提起公益诉讼的机关要有明确的法律依据。②可见,《民事诉讼法》对赋予行政机关提起环境公益诉讼的资格采取了开放的立法模式,并不排斥未来以单行法的形式赋予特定行政机关以环境公益诉权。结合《生态环境损害赔偿制度改革方案》关于"省级、市地级政府及其指定的部门或机构均有权提起诉讼",以及"明确国土资源、环境保护、住房城乡建设、水利、农业、林业等相关部门开展索赔工作的职责分工"的规定来看,环境保护、国土资源等部门经指定均可成为生态环境损害赔偿民事诉讼的原告。目前已有学者建议以单行法的形式授权环境保护行政主管部门提起环境民事公益诉讼,同时明确国土、林业等行政主管部门可以对非法采矿、滥伐林木等行为提起环境民事公益诉讼。③还有学者指出,《生态环境损害赔偿制度改革方案》所

---

① 程多威、王灿发:《论生态环境损害赔偿制度与环境公益诉讼的衔接》,《环境保护》2016 年第 2 期。

② 王胜明主编《中华人民共和国民事诉讼法释义》,法律出版社,2012,第 113—114 页。

③ 王翼妍、满洪杰:《论环境民事公益诉讼原告资格的实践扩张》,《法律适用》2017 年第 7 期。

规定的省级政府等行政主体可以待今后立法确认之后，自动归属于《民事诉讼法》第 55 条中的"法律规定的机关"，[①]从而最终在立法层面赋予特定行政机关提起环境民事公益诉讼的原告资格。

二、对行政机关提起环境公益诉讼的限制

如前所述，虽然在制度设计上不宜全面否定行政机关提起环境公益诉讼的原告资格，但是从发挥环境公益诉讼"弥补行政执法不足、促使行政机关积极实施环境法"功能的角度，允许行政机关不受限制地动辄提起环境公益诉讼就更加不妥。因此，有必要在赋予行政机关以环境公益诉讼实施权的同时，又对其行使该项权力予以一定限制。目前行政机关提起环境公益诉讼应限于提起环境民事公益诉讼，同时还需满足立法机关所指出的"提起公益诉讼的行政机关应与案件涉及的公共利益相关联，如对污染海洋行为提起公益诉讼的机关应当是环境保护部门、海洋主管部门等相关机关"[②]。除此之外，行政机关提起环境民事公益诉讼还需满足以下任一条件。

（一）行政权力用尽仍不能充分修复因环境污染、生态破坏行为所致的生态环境损害

这一限制条件的适用前提是行政机关对特定的环境污染、生态破坏行为享有行政管辖权。这里之所以将"行政权力用尽"作为行政机关提起环境公益诉讼的限制条件，主要基于两个方面的理由。

一是就维护环境公共利益而言，环境行政执法毋庸置疑是最主要的手段，而环境公益诉讼则处于辅助性、补充性的地位。这不仅因为环境行政与环境司法相比具有宏观性、整体性、预先性、主动性等优势，同时还由于其处于维护环境公共利益链条的"上游"位置，而愈显其在生态环境保护中的重要地位。[③]因

---

① 程多威、王灿发：《论生态环境损害赔偿制度与环境公益诉讼的衔接》，《环境保护》2016 年第 2 期。

② 王胜明主编《中华人民共和国民事诉讼法释义》，法律出版社，2012，第 113—114 页。

③ 杨朝霞：《论环保部门在环境民事公益诉讼中的作用——起诉主体的正当性、可行性和合理性分析》，《太平洋学报》2011 年第 4 期。

此,从有效保护生态环境的角度出发,行政机关应以积极履行法定职责为首要使命和选择,而不能在未充分履行职责时即寻求司法救济。从这一点来看,行政机关提起环境民事公益诉讼只能是在行政权力已经用尽,却仍然不能充分修复因污染环境、破坏生态行为所致的生态环境损害时。否则,行政机关不仅有怠于行使行政权之责,还会因其不必要的起诉浪费了宝贵的司法资源,甚至有使法院成为另一个环境执法机构的危险。不仅如此,如允许行政机关在未充分履行职责的前提下就可提起环境民事公益诉讼,那么学者对于行政机关为免于舆论压力或逃避承担责任,而倾向于将行政相对人诉诸法院的忧虑很可能会变为现实。

二是就环境公益诉讼的功能来说,既然其重要功能在于"弥补行政执法的不足"而非另创一平行的执法管道,因此在行政机关对被诉环境污染、生态破坏行为享有管辖权的前提下,应基于克服其在监管极限、监管强度、执法启动条件上的局限而提起环境民事公益诉讼。正是由于这些局限,使得行政机关即使用尽了行政权力,也无法弥补环境污染、生态破坏行为所导致的生态环境损害。例如,前述的 2005 年因中石油吉林石化公司双苯厂发生爆炸而导致的松花江重大水污染事件,虽然在事故发生后环境行政机关对该公司处以高达100 万元的罚款,但仍无法弥补其行为所导致的巨大生态环境损失——仅事故发生 5 年内国家为防治松花江流域水污染已累计投入治污资金达 78.4 亿元。[①] 在这种情形下如允许行政机关就排污行为所导致的生态环境损害提起环境民事公益诉讼,将可以突破行政监管的极限而予以环境公共利益更充分的保护。又如,对于因违法成本低、守法成本高而导致的屡罚不止的环境违法行为,通过行政机关提起诉讼使违法者对其造成的生态环境损害承担修复责任,可使得违法者的环境违法成本内部化,从而得以突破行政机关在环境监管强度上的局限。再如,对于行为合法但客观上造成了生态环境损害的分散型排污者,行政机关苦于对其无法运用限期治理、行政处罚等行政手段,此时如允许行政机关就其造成的生态环境损害提起环境民事公益诉讼,还可以克服行

---

① 《中石油松花江污染事故国家买单近 80 亿》,新浪网,http://finance.sina.com.cn/roll/20110607/09179954335.shtml,访问日期:2019 年 7 月 11 日。

政机关在执法启动条件上的局限，从而借助司法的力量实现对环境公共利益更充分的保护。

（二）对被诉环境污染或生态破坏行为无行政管辖权，以至于无法预防、修复该行为所致的生态环境损害

这一限制条件的适用前提是起诉的行政机关对被诉环境污染、生态破坏行为不享有行政管辖权。如前所述，对于因部门利益冲突和部门分割管理造成的管理真空内的环境破坏行为，以及立法尚未赋予行政机关监督管理职权的光污染等问题，如允许特定行政机关针对该环境破坏行为所造成的生态环境损失提起环境民事公益诉讼，将有力克服行政机关在环境执法主管范围上的局限，从而实现对生态环境的更有力保护。与此同时，对于跨行政区划的环境污染问题，例如前述的位于上游行政区的企业违法排污造成的下游水域严重污染的问题，如上游行政区的行政机关基于地方保护主义怠于执法或不作为，此时准许下游行政区的行政机关直接以该违法企业为被告提起环境民事公益诉讼，不失为有效预防、修复生态环境受到损害的可行之策。

第五节　公民个人作为环境公益诉讼原告的资格

一、关于是否赋予公民个人原告资格的探讨

关于公民个人是否可以提起环境公益诉讼的问题，从立法来看，虽然1989年颁布的《环境保护法》第6条规定了"一切单位和个人都有保护环境的义务，并有权对污染和破坏环境的单位和个人进行检举和控告"，但这里的"控告"是否包括向法院提起诉讼则存有争议。进一步地，2012年修订的《民事诉讼法》第55条明确授权"法律规定的机关和有关组织"可以提起环境民事公益诉讼，从而排除了公民个人作为环境民事公益诉讼原告的资格。2017年修订的《行政诉讼法》第25条第2款仅赋予了检察机关提起环境行政公益诉讼的资格，公民个人仅能依据该条第1款之规定，作为行政行为的相对人或者与行政行为有利害关系的一方提起诉讼。可见，公民个人被排除在环境行政公益诉

讼的原告范围之外。不过在地方法院制定的规范性文件中,仍有赋予公民个人环境公益诉权规定的。如贵阳市中级人民法院、清镇市人民法院《关于大力推进环境公益诉讼、促进生态文明建设的实施意见》第 3 条至第 6 条规定,公民既可以有关责任主体为被告提起环境民事公益诉讼,也可以环境保护管理机构、县级以上人民政府及有关部门为被告提起环境行政公益诉讼。[①]

从司法实践来看,由公民提起并获法院受理的环境公益诉讼案件至今仅一起,就是 2012 年公民蔡长海诉贵州省清镇市屋面防水胶厂负责人龙某环境污染一案。受理该案的清镇市人民法院基于蔡长海的环保志愿者身份确认了其起诉资格,并判决被告赔偿 30 万元至清镇市环保局公益资金专用账户。[②]不过,在 2013 年公民任坚刚诉安徽超彩钛白科技有限公司环境污染案、2014年公民刘庆元等五人诉兰州市威立雅水务公司自来水污染案这两起案件中,法院均认为公民不是《民事诉讼法》第 55 条规定的起诉主体,因而分别作出了驳回起诉、不予立案的决定。

在理论界,对是否赋予公民提起环境公益诉讼的原告资格也有不同看法。支持授权公民提起环境公益诉讼的理由主要包括:(1)公民具有代表环境公共利益的正当性。这是因为环境公共利益并非归国家所有的国家财产,环境公共利益的最终归属主体是社会公众,而社会公众作为一个抽象概念存在是由千万个普通主体将其具体化的,因此任何普通主体均可以自己的名义直接代表环境公益提起诉讼。[③]并且在现实中,如果没有公民个人通过提起公益诉讼主张救济受到侵害的公共利益,广泛共享的利益就根本得不到代表。[④](2)提起公益诉讼是人民当家作主、管理国家事务的体现之一。根据我国《宪法》第 2 条之规定,"中华人民共和国的一切权力属于人民""人民依照法律规定,通过各

① 陈小平、潘善斌、潘志成:《环境民事公益诉讼的理论与实践探索》,法律出版社,2016,第 247 页。

② 吴应甲:《中国环境公益诉讼主体多元化研究》,中国检察出版社,2017,第 185—186页。

③ 黄锡生、谢玲:《环境公益诉讼制度的类型界分与功能定位——以对环境公益诉讼"二分法"否定观点的反思为进路》,《现代法学》2015 年第 6 期。

④ 徐卉:《通向社会正义之路——公益诉讼理论研究》,法律出版社,2009,第 72 页。

种途径和形式,管理国家事务,管理经济和文化事业,管理社会事务",从理论上讲这里的"各种途径"应包括诉讼救济的途径。提起公益诉讼给予了公民在国家利益和社会公共利益受到侵害,而有关职能部门不履行职责时直接行使管理事务的权力。①还有的学者指出,公益诉讼是迄今为止能够找到的最理想的民治方式,它将历来比较含糊、不确定的人民主权转换成了明确而清晰的现实权利,为人民参与国家事务的管理提供了一条新的有效途径;②从"公民的诉权是第一制度性的人权"出发,指出任何人均可自主地决定是否提起诉讼,并且诉权经历了从过去单纯地保障诉权主体的利益,到不仅保障诉权主体的利益而且保障社会公共利益的转变。③如在美国,之所以将公法领域内涉及公益的诉讼也纳入民事诉讼领域,其中一个重要理由就是不论纠纷的法律性质如何,进入法院是公民的一项基本人权。④(3)公民作为环境公共利益的最终受益者和环境污染、生态破坏的直接受害者,能够有力地监督各种环境违法行为。具体而言,一是公民能够对行政机关违反环境法的行为进行有力监督。这是因为行政权力的行使并不必然会使公共利益得到保护,因此当行政机关违法或不当行政侵害了环境公共利益时,公民作为与环境公共利益最息息相关的一方,有权诉请法院依法对该行政行为进行司法审查,从而更强有力地介入环境法律的执行。尤其是在当前我国行政执法严重不足及其他适格主体容易受到地方保护主义、经济利益影响的情形下,赋予公民以补充性的公益诉讼实施权对完善环境公益保护机制非常必要,而且有助于公众对公益诉讼的其他适格主体进行监督。⑤从这一点来看,公民作为原告与环境公益诉讼制度"弥补行政执法不足、促进行政机关积极实施环境法"的功能是相契合的。二是公民能够对政府以外的主体实施的污染环境、破坏生态行为进行有力监督。这是

---

① 邓一峰:《环境诉讼制度研究》,中国法制出版社,2008,第 215 页。

② 齐树洁:《我国公益诉讼主体之界定——兼论公益诉讼当事人适格之扩张》,《河南财经政法大学学报》2013 年第 1 期。

③ 黄学贤、王太高:《行政公益诉讼研究》,中国政法大学出版社,2008,第 111—112 页。

④ 陈冬:《美国环境公益诉讼研究》,中国人民大学出版社,2014,第 31 页。

⑤ 肖建国、黄忠顺:《环境公益诉讼基本问题研究》,《法律适用》2014 年第 4 期。

由于环境污染行为如违法排污往往具有常发性、随机性、隐蔽性的特点,行政机关所拥有的执法资源又无法保障能够监控到每一个污染源,此时居住在污染源附近的公民就成为监督污染行为最经济、最有效的监控者。[①]并且对于生活在被污染的环境中的公民来说,其健康、财产和享受优良环境的权利必然会因生态环境遭到破坏而受到威胁、损害,所以这些公民既能够直接感知到这种威胁或损害,也有基于保护生态环境的目的而对环境污染行为提起诉讼的动机。从这一点来看,由公民作为原告还有利于发挥环境公益诉讼"预防、救济环境公共利益遭受侵害"的功能。

　　反对公民个人提起环境公益诉讼的理由主要包括:(1)公民个体的利益偏好决定了其作为社会公益代表的代表性不足,如允许公民提起环境公益诉讼,可能有悖于环境公益诉讼维护社会公共利益之目标。不仅如此,由于公民起诉时可能掺杂有个人利益的考虑,其起诉的对象又常常是处于强势地位的违法者,因而在原、被告双方实力悬殊的情况下可能难以阻却被告对公民个人的收买。(2)准许公民提起环境公益诉讼容易导致滥诉。如有的公民提起公益诉讼有炒作之嫌,这种炒作有可能对我国现行管理体制造成冲击并影响社会安定,[②]有的公民还会基于私人恩怨或打击竞争对手的目的,假借维护公益的名义占用宝贵的司法资源,从而导致环境公益诉讼秩序的混乱。(3)公民不具备提起、参与环境公益诉讼的诉讼能力。如前所述,环境公益诉讼的高技术性、专业性、复杂性及高成本决定了原告需具备与之相应的诉讼能力,然而对于普通公民来说,其既无充裕的资金支持以负担高昂的诉讼成本,也难以应对诉讼中常常涉及的复杂技术问题及法律问题。因此有学者提出,如果仅仅把公民作为启动环境公益诉讼的主体,至于环境公益受损的情况如何最终仍由法院根据实际情况作出裁决,那么公民提起环境公益诉讼就没有任何意义。[③]

　　从国外立法来看,大陆法系国家普遍限制公民个人提起环境公益诉讼。如

① 李静云:《美国的环境公益诉讼》,《中国环境报》2013 年 7 月 4 日。
② 王胜明主编《中华人民共和国民事诉讼法释义》,法律出版社,2012,第 112 页。
③ 吴应甲:《中国环境公益诉讼主体多元化研究》,中国检察出版社,2017,第 185—186 页。

德国不认可私人主体可以依据民事诉讼法提起公益诉讼。①在对欧洲各国的环境公益诉讼发展产生实质性影响的《奥胡斯公约》中,则明确规定了个人享有就环境事宜诉诸司法的权利,包括就政府以外的私人违反环境法的行为提起诉讼以实施法律的权利,以及就政府的作为、不作为提起司法审查的权利。起诉事由大致包括公众获得环境信息的权利受到侵害、公众参与环境决策的权利受到侵害、违反其他环境法的规定三个方面。②

美国则在《清洁空气法》《清洁水法》《噪声控制法》《海洋倾废法》《濒危物种法》《资源保护与恢复法》等多部法律中规定了自然人可以提起环境公益诉讼的公民诉讼条款。在印度,最高法院以务实的态度和激进的变革方式,允许任何个人提起公益诉讼而不必证明其与案件有着直接利害关系,法院甚至可以根据任何人写的一封信、一张明信片或提交上来的新闻报道就行使公益诉讼的管辖权。印度的最高法院之所以如此放松对公益诉讼主体资格的限制,是因为它认为程序仅仅是从属于正义的,程序不应该成为弱势群体获取司法公正的阻碍,因而任何人都可以提起公益诉讼的方式实施社会弱势群体的集体权利。③在 M.C.Mehta 律师诉恒河流域市政机构环境污染公益诉讼案中,M.C.Mehta 律师针对市政当局的不作为或不积极作为而导致的恒河水污染提起诉讼。虽然该律师并非恒河沿岸的居民,但最终印度最高法院仍然认可了他的原告资格,理由是该污染损害的是不特定群体的公共利益,期待这类诉讼仅由沿岸居民提起是不合理的,因而 M.C.Mehta 律师诉至法院要求自治政府和市政机构依法履行职责的起诉权是无可争议的。④

可以看出,以上或支持或反对公民个人提起环境公益诉讼的理由在很大程度上反映了理论与现实之间的差距。从理论上讲,赋予公民提起环境公益诉

---

① 吕忠梅:《环境公益诉讼辨析》,载吕忠梅、王立德主编《环境公益诉讼中美之比较》,法律出版社,2009,第 6 页。

② 李挚萍:《欧洲环保团体公益诉讼及其对中国的启示》,《中州学刊》2007 年第 4 期。

③ 蒋小红:《通过公益诉讼,推动社会变革——印度公益诉讼制度考察》,《环球法律评论》2006 年第 3 期。

④ 杨严炎:《环境诉讼:从案例到制度的深层分析》,法律出版社,2017,第 108—109 页。

讼的原告资格无疑是正当和必要的,然而从现实出发,提起诉讼的公民又未必都会站在社会公众一边致力于环境公共利益的保护,同时还不一定具备进行诉讼的能力。从这一点来看,"在现阶段,我国立法否定公民个人的环境公益诉讼原告资格具有一定的合理性。但从长远看,赋予公民个人环境公益诉权是大势所趋"①的观点较为合理。进一步地,对于公民环境公益诉权的授予不宜一步到位,可以在公益诉讼制度施行了一定时间,积累了一定司法经验及配套条件成熟时,以修改法律的形式逐步赋予没有直接利害关系的公民在一定条件下对损害公益的违法者提起公益诉讼的资格。②

笔者之所以赞同允许公民在一定条件下提起环境公益诉讼,还基于以下的理由。

第一,从环境公益诉讼的本质和功能的角度,赋予公民个人在一定条件下提起环境公益诉讼的权利是必要的。一方面,既然环境公益诉讼的本质是"在司法层面为社会公众参与环境治理提供入口,并通过诉讼途径实现防止生态环境破坏及恢复环境生态的目的"③,那么现代公民作为社会公众的一分子,亦如在罗马法中作为"凡市民"的一分子提起公益诉讼的普通市民,其所提起的诉讼的本质并没有发生改变——都是通过诉讼途径实现维护社会公益之目的。对于社会公众来说,虽然由社会组织提起环境公益诉讼也可视为公众参与了环境治理,但是这种参与渠道毕竟不是直接的而是间接的。因此,准许公民个人在环境公共利益遭受侵害或有侵害之虞时提起公益诉讼,实际上是在司法层面为社会公众直接参与环境治理提供了入口,与其间接参与环境治理相比当然更能体现环境公益诉讼的本质。也就是说,"只有赋予公民环境公益诉讼主体资格,使公民可以最直接、最明确、最有效地表达环境利益诉求,才能真

① 王翼妍、满洪杰:《论环境民事公益诉讼原告资格的实践扩张》,《法律适用》2017 年第 7 期。

② 齐树洁:《我国公益诉讼主体之界定——兼论公益诉讼当事人适格之扩张》,《河南财经政法大学学报》2013 年第 1 期。

③ 最高人民法院环境资源审判庭:《最高人民法院关于环境民事公益诉讼司法解释理解与适用》,人民法院出版社,2015,第 47 页。

正实现环境公益诉讼公众参与功能"①。

另一方面,从有效发挥环境公益诉讼功能的角度,由社会组织、检察机关、行政机关、公民个人作为环境公益诉讼的原告各有优劣势,因此,建立各主体互补的多元化环境公益诉讼机制可能更适应现实的需要。就当前来说,在地方政府因追求经济发展而牺牲环境利益的情形时有发生,检察机关在政治、经济和人事等方面仍然会受制于地方政府,以及作为理论上"最佳原告"的社会组织还没有如欧美国家的环保团体那般成为提起环境公益诉讼的"主力军"的现实环境下,考虑赋予公民在一定条件下提起环境公益诉讼的权利是必要的。特别是在司法实践中, 虽然理想状态下的社会组织具有代表社会公益的民意基础,但实际上提起环境公益诉讼的社会组织多为具有官方背景的环保组织。据学者统计,2015 年之前的环境公益诉讼案件主要由官方主导的环保组织提起,2015 年虽然民间环保组织起诉的案件数量有所增长,但官方主导的环保组织起诉的案件数量还是占到了六成。不仅如此,2015 年环保组织提起的环境公益诉讼案件的地域分布也极不均衡,仅贵州、宁夏、江苏、山东四省受理的环境公益诉讼案件就占据八成,并且一些环境质量不佳、问题严重的省份立案较少或无案,而在一些环境质量较好、环保实践积极的省份受理的案件却较多,这似乎说明决定环境公益诉讼案件数量的主要因素不是当地环境问题的严重性,而是地方政府的环保意愿和支持度。②应当说,这一调查结论与人们预想的情形可能有较大出入, 毕竟从常理来说某个地方的环境问题突出正好说明了当地环境公益受到侵害的程度严重, 加之我国对社会组织提起环境公益诉讼又无地域限制,因此这些地方似乎应有更多的环境违法者被起诉。在现实与理想有较大差距的情形下,对于生活在污染严重地域的居民来说,如果导致当地环境状况不佳的主要原因还包括有关机关的违法或不充分履行职责的行为,又无其他适格主体提起环境公益诉讼,深受环境问题之苦的公民也因不具备原告资格无法启动公益诉讼程序, 那么受到侵害的环境公共利益将处于无

---

① 刘汉天、刘俊:《公民环境公益诉讼主体资格的法理基础及路径选择》,《江海学刊》2018 年第 3 期。

② 巩固:《2015 年中国环境民事公益诉讼的实证分析》,《法学》2016 年第 9 期。

法予以司法救济的危险境地。当然也可能会有这样一种设想,即认为可通过公民提起私益诉讼的途径"附带地"地实现维护公益之目的。但是正如上文所说的,通过私益诉讼实现保护公益之目的具有很大的局限性。尤其是对于与公民的人身或财产损害并无直接联系的生态破坏行为,以及在污染行为所导致的环境本身的损害已经发生,但是以环境为媒介的公民的人身、财产损害后果尚未发生,或者由于损害的潜在性、隐蔽性而使得损害的后果尚未显露时,此时将会因为没有适格的原告可以提起私益诉讼,而导致无法通过私益诉讼的途径实现公益救济之目的。

　　第二,对于公民个人作为社会公益代表的代表性不足的问题,需要辩证地看待。实际上,由社会组织作为环境公益诉讼的原告仍然会存在这个问题。虽然社会组织与公民个人相比在客观上通常更接近公共利益的代表,但严格地说它也只能代表个别阶层、社区、社团、人群的利益,它在代表公共利益时同样会有自己的一些利益偏好。并且从司法实践来看,我国活跃于环境公益诉讼领域的社会组织较多具有官方或半官方背景,基于这一点甚至可以说这些组织兼具了"政府利益"的色彩。但是即便如此,仍然不可否认在我国环境保护组织整体尚不发达的情况下,这些具官方色彩的社会组织对于环境公益诉讼制度所起的重要作用。相类似地,对于公民作为环境公益诉讼的原告来说,虽然"不排除提起公益诉讼有个人自己的利益考虑,但恰恰是有个人的利益考虑,才有动力推动公益诉讼的进行"[1]。并且公民个人的生命、健康、财产与生态环境的状况息息相关,因此公民愿意在生态环境遭到破坏或者受到威胁时挺身而出,恰恰是因为他的个人利益与环境公共利益是"一荣俱荣、一损俱损"的关系,并不能因为公民在维护公共利益时兼具利己主义的动机就否定其环境公益诉权。事实上,正是由于"每一个人都是自己利益的最佳保护者,赋予公民以公益诉讼起诉权是法律和社会发展的必然趋势"[2]。另外,对于提起公益诉讼的公民可能基于利己主义的考虑,在诉讼过程中被处于强势地位的被告收买的问题,

---

[1] 张卫平:《民事公益诉讼原则的制度化及实施研究》,《清华法学》2013 年第 4 期。

[2] 齐树洁:《我国公益诉讼主体之界定——兼论公益诉讼当事人适格之扩张》,《河南财经政法大学学报》2013 年第 1 期。

可以通过对原告撤诉、原告自认和认可对方证据、当事人和解进行限制等方法予以解决，并不能据此作为否定授予公民环境公益诉讼原告资格的理由。

第三，关于授予公民环境公益诉权会导致滥诉的问题，实际上这种担忧不必过于放大。这在很大程度上是因为环境公益诉讼本质上是一种利他型诉讼，并且在《环境保护法》第 58 条、《环境民事公益诉讼司法解释》第 34 条已明确规定，社会组织不得通过诉讼牟取经济利益的情况下，可以推断即使公民个人被赋予了环境公益诉权也应适用这一规定。与此同时，环境公益诉讼的高技术性、利益冲突的复杂性以及强势的被告已经让普通公民望而生畏，而在公民一旦提起诉讼之后，其还将面临投入大量时间和资金成本的挑战，尤其是可能涉及高昂的律师费用、生态环境损害鉴定费用等。在这种情形下，一般而言作为"理性经济人"的普通公民是不太愿意迈进法院的大门的。结合 2016 年环境公益诉讼案件的受理情况来看，虽然 2014 年修订的《环境保护法》、2015 年全国人大常委会授权检察机关开展试点工作的决定扩大了环境公益诉讼的原告范围、降低了起诉门槛，但是并未出现之前人们普遍担心的"诉讼爆炸现象"，反而仍然有"叫好不叫座"之嫌。[1] 退一步说，即使在赋予公民环境公益诉权之后，可能会有人出于炒作、私人恩怨或打击商业对手等动机而滥用诉权，那么还可以通过限定起诉标准和法院的审查加以排除；同时还可以借鉴贵州省中级人民法院《环境民事公益诉讼审理规程（试行）》关于"民事公益诉讼原告涉嫌滥诉，申请诉讼费减交、缓交或者免交的，人民法院不应准许"的规定。[2] 所以说，基于赋予公民环境公益诉权会引发滥诉的担心无须过于放大，更何况现实中历来都有具有利他精神的人愿意为公众利益而战斗。正如印度大法官 Krishna Iyer 在审理 Fertilizer Corporation Kamgar Union 一案中所指出的，"法律是一位社会审计师，只有当某个真正有公共利益精神的人点燃司法审判权，它的审计功能才能得到发挥。我们不能因为担心每一个人都会好讼、他们的时间

---

① 张忠民等：《环境公益诉讼的数量与质量》，载吕忠梅等《中国环境司法发展报告（2015—2017）》，人民法院出版社，2017，第 171 页。

② 王立主编《环保法庭案例选编——贵州省贵阳市生态保护"两庭"成立十周年特辑》，法律出版社，2017，第 108 页。

和金钱以及法院的时间都会浪费在虚假的和不重要的诉讼上而被吓得不敢采取变革"①。

最后,关于公民不具备相应诉讼能力的问题,的确是公民成为环境公益诉讼的适格原告的一大阻碍。对此,可以考虑通过对公民行使环境公益诉权进行限制,以及对提起诉讼的公民的诉讼能力进行补强予以应对。同时,如果赋予公民以环境公益诉权,将为律师参与环境公益诉讼提供一个入口,而律师通常是具备参与环境公益诉讼的能力的,从而更有利于公众在司法层面参与环境公共治理。

二、对公民个人提起环境公益诉讼的限制

如前所述,赋予公民环境公益诉权是法律和社会发展的必然趋势,但鉴于公民作为环境公益诉讼原告存在的不足,还需对其提起环境公益诉讼予以一定限制。具体来说,就是在逐步赋予公民环境公益诉权的过程中,可以先考虑准许其提起环境行政公益诉讼,待积累了一定司法经验后再决定是否赋予其提起环境民事公益诉讼的原告资格。这里之所以将公民的环境公益诉权限定为提起环境行政公益诉讼,主要基于以下几方面的考虑。

第一,无论从有效保护生态环境,还是从环境公益诉讼"弥补行政执法不足、促进行政机关积极实施环境法"的功能出发,准许公民提起环境行政公益诉讼都优于准许其提起环境民事公益诉讼,这是由于行政机关在生态环境保护中的核心地位所决定的。也正是基于这一点,环境公益诉讼的功能才在于弥补行政执法的不足,而非另创一平行的执法管道,毕竟"把有限的精力、时间和经费用在迫使政府完善或执行环境法律法规上比用于取缔个别污染源更有意义"②。因此,相较于准许公民直接针对环境污染、生态破坏行为的实施者提起环境民事公益诉讼,不如准许其通过提起环境行政公益诉讼的途径监督行政

---

① 李新庄:《我国土地行政公益诉讼制度构建研究》,博士学位论文,南京农业大学,2010,第44页。

② 陈虹:《环境公益诉讼功能研究》,载吕忠梅、王立德主编《环境公益诉讼中美之比较》,法律出版社,2009,第19页。

机关,以促使行政机关积极实施环境法从而更好地维护环境公共利益。

第二,关于赋予公民环境行政公益诉权可能导致滥诉的问题,基于我国公民为自身利益提起行政诉讼的案件数量本已极少,可以预见公民为维护公共利益而提起环境公益诉讼的案件数量可能更少。美国行政法大师伯纳得·施瓦茨就曾风趣地指出,"只有疯子才会认为法院拥有复审权是因为行政诉讼具有无穷的乐趣……司法复审诉讼费钱费时,很少有人为了复审而要求复审的,也很少有纯粹为了使政府蒙受不必要的折腾而要求复审"①。据统计,2016 年我国各级法院审结的一审行政案件与民事案件的比例约为 1∶31,而 2012—2016 年环保类行政案件占行政案件的比例都在 2%以内,②可见就全国来看环境行政案件的数量很少。这一现象与民众长期以来的"民不告官""信访不信法"等观念有着直接联系。对于普通民众来说,敢于为了一己之私与行政机关对簿公堂已属不易,而为了维护公共利益不惜耗时费力决意冒犯行政机关就更加难得。③因此,相对于准许公民提起环境民事公益诉讼,公民提起环境行政公益诉讼会导致滥诉的可能性更小。

第三,从公民诉讼能力的角度,相较于环境民事公益诉讼对于原告举证能力的要求,环境行政公益诉讼因对原告的举证能力要求较低因而更具可行性。根据《环境侵权责任纠纷司法解释》第 6 条规定,环境民事公益诉讼的原告需举证证明污染者排放了污染物、被侵权人的损害、污染者排放的污染者或次生污染物与损害之间具有关联性。对于不具有专业技术知识和法律知识的普通公民来说,要举证证明以上的事实并非易事。一是关于"污染者排放了污染物"的证明,作为原告的公民可能因被诉污染行为的隐蔽性、随机性而难以提供充足证据材料,如针对排污者在夜间偷排污染物或私设暗管排污等行为的证明。二是关于"被侵权人的损害"的证明,在环境民事公益诉讼中即为对生态环境本身所受损害的证明。有学者指出对于损害结果的证明是环境民事公益诉讼

---

① 〔美〕伯纳德·施瓦茨:《行政法》,群众出版社,1997,第 424 页。

② 戚建刚等:《环境行政案件的法律供给与需求》,载吕忠梅等《中国环境司法发展报告（2015—2017）》,人民法院出版社,2017,第 89 页。

③ 黄学贤、王太高:《行政公益诉讼研究》,中国政法大学出版社,2008,第 111—112 页。

举证责任中最难的部分,①要举证证明生态环境损害结果是否发生、损害的范围及程度等对于普通公民来说很不容易。三是关于"污染者排放的污染者或次生污染物与损害之间具有关联性"的证明,虽然原告的证明目标是证明被诉污染行为与环境损害结果之间存在因果关系的可能性而非确定性,但由于对因果关系的证明需要有相应的科技知识作为支撑,而对于作为原告的普通公民来说明显不具备这一点。与此同时,在环境民事公益诉讼中的原告可能还要承担高昂的诉讼费、律师费、环境损害的评估与鉴定费用等,这对于普通公民来说常常是"不可能承受之重"。

相比之下,环境行政公益诉讼对原告举证能力的要求要低得多。这是因为根据《行政诉讼法》第 25 条的规定,环境行政公益诉讼所针对的是生态环境和资源保护领域负有监督管理职责的行政机关违法行使职权的行为或者不作为,可见被诉行政行为是行政机关实施的侵害国家利益、社会公共利益的违法履行职责的行为,明显不同于环境民事公益诉讼所针对的是不以违法性为要件的环境污染、生态破坏行为。同时依据《行政诉讼法》第 34 条、第 37 条、第 38 条规定,在行政诉讼中,由被告对其作出的行政行为承担举证责任;原告可以提供证明被诉行政行为违法的证据,但即使原告所提供的证据不成立,也不能免除被告所负的举证责任;对于被诉行政行为是不履行法定职责的情形,原告应提供其向被告提出申请的证据,但被告应依职权主动履行法定职责、原告因正当理由不能提供证据的情形除外。由上述规定可知,行政诉讼的被告需对其实施行政行为的合法性或其已履行了法定职责承担举证责任。值得一提的是,参照《检察公益诉讼司法解释》第 22 条第 2 项规定,检察机关提起公益诉讼应提交被告违法行使职权或者不作为,致使国家利益或者社会公共利益受到侵害的证明材料。对于这里的"致使国家利益或者社会公共利益受到侵害"的证明,可以理解为须举证证明违法履职行为导致国家利益或社会公共利益处于受侵害的状态,并不一定需要对所造成的生态环境损害结果的范围及程度的证明。当然,原告也可对被告违法行为所导致的生态环境损害结果提供证

---

① 王秀卫:《我国环境民事公益诉讼举证责任分配的反思与重构》,《法学评论》2019 年第 2 期。

明材料,但并不能因此免除被告对其已依法履行了职责的证明责任,而被告依法履行了职责的一个判断标准就是在其职责范围内维护好了环境公共利益。因此,相比较而言,环境行政公益诉讼对于原告举证能力的要求较低,并且与环境民事公益诉讼对公民在资金保障上有较高要求相比,环境行政公益诉讼对于公民个人来说实施的成本相对较低。[1]可以说,环境行政公益诉讼更能适应公民在诉讼能力上的不足,同时还可以避免公民在环境公益诉讼中仅仅承担程序"启动者"的角色,从而防止了法院在审理过程中出于对维护公益的积极追求而影响其"中立者"的地位。

在授予公民提起环境行政公益诉讼原告资格的基础上,为防止公民滥用诉权造成对环境执法的不当干扰及占用宝贵的司法资源,同时有利于发挥环境公益诉讼"弥补行政执法不足、促进环境法的充分实施"的功能,还有必要对其提起诉讼设置一定的限制条件。

从国外立法与司法来看,美国以"事实上的损害"作为环境公民诉讼原告资格的核心要件。所谓事实上的损害,是指损害必须是具体的而不是抽象的,是实际的、迫近的、特别的损害,而不是推测的、臆想的、假想的损害。[2]美国联邦最高法院在"Allen v. Wright"案中指出,如果审判不以存在具体争议为必要,如果认可抽象损害的可审判性,那么就会把联邦法院"扭曲为维护旁观者利益的工具",有违宪法对司法权的定位;而通过要求原告与案件之间具有最低限度的利害关系,可在一定程度上排除虚假诉讼,保证诉讼的真实性和对抗性。[3]在美国提起公民诉讼还需符合以下限制性条件:一是公民诉讼须具有明确的可诉范围,即提起公民诉讼必须依据单行联邦环境法律的公民诉讼条款,且只得针对违法行为而提起;二是提起公民诉讼前必须历经通知程序,通知的期限通常为 60 日。在违反联邦环境法律特定条款或内容的情形下,通知的对象包

---

① 刘汉天、刘俊:《公民环境公益诉讼主体资格的法理基础及路径选择》,《江海学刊》2018 年第 3 期。

② 曹明德:《中美环境公益诉讼比较研究》,《比较法研究》2015 年第 4 期。

③ 巩固:《美国原告资格演变及对公民诉讼的影响解析》,《法制与社会发展》2017 年第 4 期。

括执行联邦环境法律的行政机构、被控违法行为发生地所在州政府和被控违法者;在执法者不作为的情形下,通知对象为执行该联邦环境法律的行政机构的行政首脑。三是对于起诉通知中的违法行为,如果执法者采取勤勉地实施法律的措施,则不得提起公民诉讼。①

与美国等国家相比,据了解印度已成为环境公益诉讼原告资格最为宽松的国家,任何一名公民均可绕过通常的法律程序直接诉至最高法院以保护其基本权利。对于公民原告资格的限制,主要是由印度最高法院所确立"充分利益"标准。帕格瓦提法官在"S. P. Gupta v. Union of India"一案中,指出"公益诉讼的目的是救济公众受到的公共损害,促使政府履行法定职责以保护社会的公共利益。任何公民只有与该诉讼具有充分的利益关系并且提起诉讼时是善意的,他就应该具备诉讼资格"。②目前印度关于提起公益诉讼的限制条件几乎仅为是否恶意,以此排除基于私人恩怨或打击商业竞争对手的目的而提起的"虚假"的公益诉讼。③

在我国有学者提出,根据中国的环境司法实际,无"直接利害关系"的公民如欲成为环境公益诉讼的适格原告,必须证明他与已经遭受损害或即将遭受损害的环境公共利益存在合理关联。④这一观点具合理性的主要理由是,生态环境的公共物品属性及空间开放性、环境公共利益内容的多样性决定了几乎每个个体都对生态环境有着某种利益或期待,如果公民仅仅以其关心环境事务、保护环境公共利益为由就可以提起公益诉讼,那么他可能会将一些不适合司法处理而更适合通过政治或其他途径解决的生态环境问题提交给法院,法院也很难判断其提起诉讼的真实目的,从而难以避免环境公益诉讼被某些别有用心的人操纵用于实现其他目的。与此同时,从环境公益诉讼的"弥补行政执法不足、促进环境法充分实施"的功能的角度,规定公民在提起环境行政公

---

① 陈冬:《美国环境公益诉讼研究》,中国人民大学出版社,2014,第96—100页。

② 杨严炎、廖海清:《印度环境公益诉讼制度及实践的启示——以印度恒河环境污染公益诉讼案为例》,《东方法学》2014年第5期。

③ 杨严炎:《环境诉讼:从案例到制度的深层分析》,法律出版社,2017,第109页。

④ 阮丽娟:《环境公益诉讼诉权的限制》,《政治与法律》2014年第1期。

益诉讼之前须历经诉前程序也是必要的，目前已有地方法院在这一问题上作出了有益探索。如贵阳市中级人民法院、清镇市人民法院《关于大力推进环境公益诉讼、促进生态文明建设的实施意见》第 4 条规定，公民在提起环境行政公益诉讼之前，应先向环境保护管理机构举报、要求及时查处污染环境的行为，只有在环境保护管理机构未在合理期限内对公民举报的污染问题作出答复或处理的，该公民才可以该环境保护管理机构为被告提出环境行政公益诉讼。①

---

① 陈小平、潘善斌、潘志成：《环境民事公益诉讼的理论与实践探索》，法律出版社，2016，第 247—248 页。

第四章　环境公益诉讼审理程序中的特别规则

第一节　环境民事公益诉讼审理程序中的特别规则

从本质上看,我国目前所进行的民事诉讼、行政诉讼都属于私益诉讼的范畴。民事诉讼以保护私益为目的自不待言,行政诉讼亦是公民、法人或者其他组织为保护自己的合法权益而提起,它本身就是一种私权保护措施,体现了私权对公权的限制。[①]由于我国目前尚未建立专门的环境诉讼机制,因而环境公益诉讼只能依附于传统的民事诉讼与行政诉讼制度。但鉴于环境公益诉讼具有不同于私益诉讼的目的及功能,以及在保护对象、受案范围等方面也区别于私益诉讼,因此无论民事诉讼程序规则还是行政诉讼程序规则都难以满足审理环境公益诉讼案件的特殊要求。这种情况下就有必要通过设置一些特别的程序规则,以更好地适应环境公益诉讼案件的特点,进而实现环境公益诉讼制度的目的及发挥其功能。环境公益诉讼的特别规则可能涉及案件从立案到执行的全过程,本章主要针对审理程序中的特别规则进行探讨。

就环境民事公益诉讼而言,其目的"在于预防环境公共利益受到环境污染、生态破坏行为的损害,或在损害发生后通过法院的审理和执行予以最大限度的修复"[②],而《民事诉讼法》是以私益为中心制定的,对于环境民事公益诉讼

[①] 吕忠梅:《环境公益诉讼辨析》,载吕忠梅、王立德主编《环境公益诉讼中美之比较》,法律出版社,2009,第4—5页。

[②] 最高人民法院环境资源审判庭:《最高人民法院关于环境民事公益诉讼司法解释理解与适用》,人民法院出版社,2015,第67页。

案件审判的立法供给不足。同时，由于环境民事公益诉讼针对的是环境污染、生态破坏行为，此类行为所造成的损害后果往往具有隐蔽性、间接性、波及空间范围广、延续时间长、损害结果的不可逆性等特点，导致案件本身还呈现出社会影响大、利益关系复杂、更强的冲突性及对抗性、涉及较多专业性或技术性问题等特点。例如，据学者对中国裁判文书网上公布的环境侵权案件的统计（包含了环境民事公益诉讼案件），环境侵权案件的上诉率是全部民事案件上诉率的 2.16 倍，这在一定程度上表明了环境纠纷较之于其他类型纠纷具有更强的冲突性和对抗性。[①]这种情形下就需要在《民事诉讼法》的基础之上设置与环境民事公益诉讼目的相匹配、与案件本身的特殊性相适应的一系列特别程序规则。从现行法律及司法解释来看，关于环境民事公益诉讼审理程序的特别规定主要涉及以下几个方面。

一、关于证明责任的分配

证明责任作为民事诉讼的重大基础理论之一，被誉为"民事诉讼的脊梁"[②]、民事证据制度的"永恒主题"[③]。德国著名诉讼法学者莱奥·罗森贝克在其名著《证明责任论》中指出："消除事实问题方面的疑问，是证明责任规范的使命。""证明责任的本质和价值就在于，在重要的事实主张的真实性不能被认定的情况下，它告诉法官应当作出判决的内容。"[④]在理论上，民事诉讼中的证明责任主要有行为责任说、双重含义说及危险负担说三种界说，其中双重含义说是我国司法实践中的主流观点，也是《最高人民法院关于民事诉讼证据的若干规定》等司法解释予以肯定的一种界说。双重含义说认为，证明责任包括行为意义上的证明责任和结果意义上的证明责任的双重含义，前者是指对于诉讼中

---

① 张宝、窦海阳：《环境侵权案件的逻辑与经验》，载吕忠梅等《中国环境司法发展报告（2015—2017）》，人民法院出版社，2017，第 53、57 页。

② 〔德〕莱奥·罗森贝克：《证明责任论（第四版）》，庄敬华译，中国法制出版社，2002，第64 页。

③ 李浩：《民事证明责任研究》，法律出版社，2003，封面语。

④ 王永明：《证明责任分配缘何成为"民事诉讼脊梁"》，《检察日报》2017 年 1 月 26 日。

的待证事实,应当由谁提出证据加以证明的责任;后者是指当待证事实的存在与否最终处于真伪不明的状态时,应当由谁承担因此而产生的不利法律后果的责任。就两者之间的关系来说,结果意义上的证明责任涉及的是法律适用问题,是证明责任的实质所在,它与涉及事实认定问题的行为意义上的证明责任之间是内容与形式的关系。行为意义上的证明责任是一种动态的责任,在证明过程中会随着举证的必要而转移,而结果意义上的证明责任是由实体法规范所规定的,在法律确定由某一方当事人承担后始终固定于该方当事人。①

(一)环境侵权责任的归责原则与构成要件

环境侵权责任的归责原则,是确定环境民事公益诉讼证明责任分配的前提。这是因为目前对于环境公益损害的司法救济呈现“借道”于环境侵权的特征,这种“借道”除了表现在通过私益诉讼的途径间接、部分地维护环境公共利益之外,还表现在直接将环境民事公益诉讼归于“环境污染责任纠纷”的案由之下。② 根据《侵权责任法》第 65 条规定,因污染环境造成损害的,污染者应当承担侵权责任。2014 年修订的《环境保护法》第 64 条亦规定了因污染环境和破坏生态造成损害的,应当依照《侵权责任法》的有关规定承担侵权责任。可见,环境污染、生态破坏责任应适用无过错责任的原则。进一步地,《环境侵权责任纠纷司法解释》第 1 条明确规定,污染者污染环境造成损害的,不论其有无过错均应承担侵权责任。污染者以排污符合国家或者地方污染物排放标准为由主张不承担责任的,人民法院不予支持。这一规定所强调的亦是污染环境、破坏生态行为的致害性,而非该行为的违法性。结合该司法解释第 18 条关于“本解释适用于审理因污染环境、破坏生态造成损害的民事案件”的规定来看,破坏生态的情形亦被纳入环境侵权的范畴。可见,《环境侵权责任纠纷司法解释》在《侵权责任法》第 65 条的基础之上,将损害社会公共利益的环境污染与生态破坏均纳入侵权责任的框架之中。在最高人民法院研究室、最高人民法

---

① 江伟、肖建国主编《民事诉讼法(第 8 版)》,中国人民大学出版社,2018,第 211—213页。

② 张宝、窦海阳:《环境侵权案件的逻辑与经验》,载吕忠梅等《中国环境司法发展报告(2015—2017)》,人民法院出版社,2017,第 68 页。

院环境资源审判庭编著的《最高人民法院环境侵权责任纠纷司法解释理解与适用》一书中,就明确将环境侵权责任定义为"是指行为人因污染环境、破坏生态造成他人或者社会公共利益损害,依法应当承担的民事责任。"同时还明确了《侵权责任法》第65条规定的是"造成损害"而非"造成他人损害",这一表述意味着"损害"不仅指自然人、法人或者其他组织的人身、财产损害,还包括社会公共利益遭受的损害。正是基于这一点,在《环境民事公益诉讼司法解释》没有特别规定的情形下,《环境侵权责任纠纷司法解释》有关环境侵权的归责原则、构成要件以及免责事由等规定也适用于环境民事公益诉讼案件。[①]据此可以认为,在环境民事公益诉讼案件中,因污染环境、破坏生态造成社会公共利益损害的责任亦适用无过错责任的原则。

需要说明的是,于2021年1月1日起施行的《民法典》在"环境污染和生态破坏责任"这一章中,分列了因污染环境、破坏生态造成"他人损害"及"生态环境损害"两种情形,前者为"人"所受到的损害,后者为生态环境本身受到的损害。其中,《民法典》第1229条明确规定了"因污染环境、破坏生态造成他人损害的,侵权人应当承担侵权责任",而第1234条、1235条仅规定了对于违反国家规定造成生态环境损害的侵权人,国家规定的机关、法律规定的组织有权请求其承担修复责任,以及赔偿生态环境受到损害导致的损失及有关费用。不过,结合上述司法解释以及保护社会公共利益的重要性来看,因污染环境、破坏生态造成环境公共利益损害的责任应适用无过错责任原则。

由于环境侵权责任适用无过错责任的原则,因此它的构成要件与一般的侵权行为民事责任的构成要件有所不同,无须具备一般侵权行为责任的行为人主观过错这一要件。环境侵权责任的构成要件包括:环境侵权行为、损害事实、环境侵权行为与损害事实之间的因果关系。对于环境民事公益诉讼来说,由于它套用了环境侵权责任的构成要件,因此亦围绕这三个要件事实在原、被告之间进行证明责任的分配。

---

① 沈德咏主编《最高人民法院环境侵权责任纠纷司法解释理解与适用》,人民法院出版社,2016,第19—20页。

（二）原告所承担的证明责任

1. 对被告实施环境污染、生态破坏行为的证明责任

如前所述,环境侵权的原因行为既包括环境污染、又包括生态破坏行为,环境法学者将之统称为"环境侵害行为"。与此相应地,《环境民事公益诉讼司法解释》第 1 条将可以提起环境民事公益诉讼的行为,界定为"已经损害社会公共利益或具有损害社会公共利益重大风险的污染环境、破坏生态行为"。据此,对于提起环境民事公益诉讼的原告来说,应对被告实施了环境污染、生态破坏行为的基础事实承担证明责任。这一点分别在《环境民事公益诉讼司法解释》第 8 条、《环境侵权责任纠纷司法解释》第 6 条中有所体现。根据《环境民事公益诉讼司法解释》第 8 条的规定,提起环境民事公益诉讼应当提交被告的行为已经损害社会公共利益或者具有损害社会公共利益重大风险的初步证明材料,此处"被告的行为"显然指的是环境污染或生态破坏行为。《环境侵权责任纠纷司法解释》第 6 条则规定被侵权人根据侵权责任法第 65 条规定请求赔偿的,应当提供污染者排放了污染物、被侵权人的损害、污染者排放的污染物或者其次生污染物与损害之间具有关联性的证据材料。

由于环境侵权责任适用无过错责任原则,因而在环境民事公益诉讼中,原告只要能够提交证据证明被告实施了环境污染、生态破坏的行为,并且达到使法官确信的证明程度,原告即完成了这一举证义务,而不论该环境污染、生态破坏行为是合法的抑或是违法的。需要注意的是,对于一些只有超过国家规定的排放标准才构成环境污染的行为,如向环境排放噪声、电磁辐射等行为,原告不仅要举证证明被告实施了向环境排放噪声或电磁辐射的行为,还必须举证证明被告向环境排放的噪声、物质或能量超过了国家规定的排放标准,否则不能认为原告已完成其举证义务。就证明手段来说,原告提交被告实施了环境污染、生态破坏行为的证据材料可能包括提取的物证、污染源的环境检测报告、环境污染事故报告、排污申报表、环保设施运行记录、生态环境和资源保护领域负有监督管理职责的行政机关的调查材料、现场公证或现场证据保全形成的视听资料,等等。需要说明的是,《环境民事公益诉讼司法解释》第 8 条所规定的提起诉讼应提交被告的行为已经损害社会公共利益或者具有损害社会公共利益重大风险的初步证明材料,是针对立案审查阶段的规定。由于起诉时

案件尚未进入实体审理阶段，所以原则上法院不应针对原告提交的证明材料进行实质审查，原告所提交的证明材料也无须达到确切证明的程度。[①]不过，当案件进入实体审理阶段之后，环境民事公益诉讼的原告对于被告实施了环境污染、生态破坏行为的证明，还是需达到使法官确信的证明程度，即达到《最高人民法院关于适用〈中华人民共和国民事诉讼法〉的解释》（法释〔2015〕5号）第108条第1款规定的高度盖然性的证明标准。所谓"高度盖然性"的标准，是指法院基于对证明待证事实的证据的审查判断之结果，并结合其他相关事实，认为待证事实的存在具有高度可能性的，即应依法对该事实予以认定。[②]

在某些情形下，由于环境民事公益诉讼的原、被告之间存在严重的信息不对等，诸如被告所排放的污染物名称、排放方式、排放的浓度和总量、超标排放情况、防治污染设施的建设和运转情况等关键环境信息均掌握在被告手中，此时若被告拒不配合提供相关环境信息，那么原告实际上是无法提交被告实施了环境污染行为的证明材料的。为了实现双方在诉讼中举证能力的对等化，《环境民事公益诉讼司法解释》第13条规定，原告请求被告提供其排放的主要污染物名称、排放方式、排放浓度和总量、超标排放情况以及防治污染设施的建设和运行情况等环境信息，法律、法规、规章规定被告应当持有或者有证据证明被告持有而拒不提供，如果原告主张相关事实不利于被告的，人民法院可以推定该主张成立。同时《环境保护法》第55条规定，重点排污单位应当如实向社会公开其主要污染物的名称、排放方式、排放浓度和总量、超标排放情况，以及防治污染设施的建设和运行情况。依据上述规定，原告只要能够提交证据证明被告被列入重点排污单位的名单，那么被告就有义务按照《环境保护法》第55条规定提供有关环境信息，若被告提供的环境信息已能能够证明其实施了原告所指控的环境污染行为，则可认为原告完成了对该行为的举证义务。如果被告未被列入重点排污单位的名单，当然也就不负有公开有关环境信息的法定义务，此时原告就需提交证明被告持有相关环境信息而拒不提供的证据。

[①] 最高人民法院环境资源审判庭：《最高人民法院关于环境民事公益诉讼司法解释理解与适用》，人民法院出版社，2015，第133页。

[②] 江伟、肖建国主编《民事诉讼法（第8版）》，中国人民大学出版社，2018，第220页。

若被告仍拒绝提供且原告主张的事实不利于被告的，这种情形下法院就可直接推定原告所主张的事实成立。

2.对生态环境危害结果的证明责任

不同于一般的侵权行为，环境侵权行为的损害后果具有二元性，即环境污染、生态破坏行为既可能造成"环境"本身的损害后果，又可能以生态环境为媒介造成具体的"人"的人身或财产损害。[1] 就环境民事公益诉讼而言，环境污染、生态破坏行为的损害后果均应指向环境公共利益受到的损害，而不包括以生态环境为媒介所致的具体的"人"的人身或财产损害。因此，依据《环境民事公益诉讼司法解释》第 8 条、《环境侵权责任纠纷司法解释》第 6 条及第 18 条之规定，环境民事公益诉讼的原告除了要对被告实施了环境污染、生态破坏行为承担证明责任之外，还应对社会公共利益损害结果的基础事实承担证明责任。与此同时，由于"在本质上，生态环境本身遭受到侵害才是环境公共利益受损的表现形式"[2]，此原告对社会公共利益损害结果所承担的证明责任，实质上就是对生态环境本身遭受的损害后果承担证明责任。不过，如局限于将环境损害的结果作为损害要件，而将可能导致生态环境遭受损害的重大风险排除在外，则有违环境法上的"预防为主"原则而不利于对生态环境的保护。因此，有学者提出以"危害后果"取代"损害后果"的概念更能体现导致环境损害的危险状态，[3] 即环境危害结果涵盖了已经造成的生态环境损害结果、虽未发生实际损害结果但具有损害生态环境的风险这两种类型。从最高人民法院对于《环境侵权责任纠纷司法解释》的理解来看，对环境侵权的损害事实进行了扩大的阐释，认为"环境受到损害，并非仅仅强调损害结果本身，对于良好环境受到现实威胁当然也属于环境侵权责任的损害后果要件的范畴"[4]。结合《环境民事公益

① 吕忠梅：《论环境侵权的二元性》，北大法律信息网，http://article.chinalawinfo.com/ArticleFullText.aspx?ArticleId=87459，访问日期：2019 年 7 月 25 日。

② 乔刚、赵洋：《我国环境民事公益诉讼的可诉范围研究》，《河南财经政法大学学报》2018 年第 2 期。

③ 宋宗宇：《环境侵权民事责任研究》，重庆大学出版社，2005，第 110 页。

④ 沈德咏主编《最高人民法院环境侵权责任纠纷司法解释理解与适用》，人民法院出版社，2016，第 24 页。

诉讼司法解释》第 1 条、第 8 条的规定来看,环境污染、生态破坏行为对于社会公共利益的侵害,既包括已经造成了社会公共利益的损害,又包括具有损害社会公共利益重大风险的情形。因此,在环境民事公益诉讼中,原告实际上须对被诉环境污染、生态破坏行为已经造成的生态环境损害结果,或者具有损害生态环境的重大风险承担证明责任。

(1)对"生态环境损害结果"的证明责任。

就原告对"生态环境损害结果"承担的证明责任来说,涉及对是否造成了生态环境损害的后果以及损害的范围、程度的证明。结合《生态环境损害赔偿制度改革方案》《生态环境损害鉴定评估技术指南总纲》对"生态环境损害"的定义来看,原告应对已经造成的生态环境损害提交相关证据材料,即证明造成了大气、地表水、地下水、土壤、森林等环境要素或植物、动物、微生物等生物要素的不利改变,或者由上述要素构成的生态系统功能的退化。与此同时,原告还需对生态环境损害的范围及程度提交相关证明材料。不过,由于环境问题的专业性与复杂性,对于环境公共利益损害的程度和范围通常难以界定,[①]尤其是对于生态环境损害价值的量化往往需要借助专业机构的力量。按照《生态环境损害鉴定评估技术指南总纲》的规定,对生态环境质量的损害,一般以特征污染物浓度为量化指标;对生态系统服务的损害,一般选择指示物种种群密度、种群数量、种群结构、植被覆盖度等指标作为量化指标,然后选择采用环境价值评估等方法以计算生态环境损害的数额。[②]因此从证明手段上看,原告要完成对"生态环境损害结果"的证明责任,常常需要提交具备相应资质的司法鉴定机构所出具的鉴定意见,在没有相应司法鉴定机构的前提下提交国务院环境保护主管部门推荐的机构或者其他专业机构出具的意见,申请通知有专门知识的人出庭就专门性问题发表意见,以及负有相应监督管理职责的行政机关的调查材料、现场公证或现场证据保全形成的视听资料等。同时,鉴于现

---

① 张宝、窦海阳:《环境侵权案件的逻辑与经验》,载吕忠梅等《中国环境司法发展报告(2015—2017)》,人民法院出版社,2017,第 72 页。

② 王小钢:《生态环境修复和替代性修复的概念辨证——基于生态环境恢复的目标》,《南京工业大学学报(社会科学版)》2019 年第 1 期。

阶段环境损害鉴定评估费用较高、鉴定机构较少的问题,根据最高人民法院和最高人民检察院《关于办理环境污染刑事案件适用法律若干问题的解释》(法释〔2013〕15 号),原告还可以委托一些不具备司法鉴定资质的机构对一些专门性问题进行检验。[①]

从证明标准来看,原告对于"生态环境损害结果"的证明应达到"高度盖然性"的标准。实际上,就环境民事公益诉讼的原告来说,相对于因果关系的证明,原告对生态环境损害结果和范围的证明才是举证责任中最难的部分。[②] 这不仅体现在生态环境损害的程度及范围常常难以界定,还体现在环境损害后果的发生在多数情况下要经历一个累积的过程才能发现,有的环境损害是通过其他媒介的连锁反应而形成的间接损害后果,以及因生态环境所具有一定的自我恢复、自我调节、自我更新的功能等原因,使得在某些情形下原告要举证证明已经发生了生态环境损害结果会非常艰难。结合最高人民法院环境资源审判庭对于《环境民事公益诉讼司法解释》的阐释来看,在司法实践中,常有排污者以环境具备自净能力,如认为其向水体排污的行为未必造成了实际损害后果为由进行抗辩,此时法官就需要综合考虑河流的流速、流量或者环境的自净能力,排放污染物致使水体、水生物、河床甚至河岸土壤等生态环境质量发生改变的实际状况,对污染物的排放是否造成了环境污染或生态破坏的后果作出恰当判断。[③]

(2)对"具有损害生态环境的重大风险"的证明责任。

根据《环境民事公益诉讼司法解释》第 8 条第 2 项之规定,提起环境民事公益诉讼的,应提交被告的行为已经损害社会公共利益或者具有损害社会公共利益重大风险的初步证明材料。但从 2018 年"两高"联合发布的《检察公益

---

① 最高人民法院环境资源审判庭:《最高人民法院关于环境民事公益诉讼司法解释理解与适用》,人民法院出版社,2015,第 319 页。

② 王秀卫:《我国环境民事公益诉讼举证责任分配的反思与重构》,《法学评论》2019 年第 2 期。

③ 最高人民法院环境资源审判庭:《最高人民法院关于环境民事公益诉讼司法解释理解与适用》,人民法院出版社,2015,第 37 页。

诉讼司法解释》第 14 条第 2 项来看,仅规定了检察机关提起民事公益诉讼应提交被告的行为已经损害社会公共利益的初步证明材料,却未规定其对"被告的行为具有损害社会公共利益重大风险"的举证责任。据此可以认为,仅社会组织可以针对严重威胁公共利益的环境污染、生态破坏行为提起环境民事公益诉讼,并在起诉后负有对"具有损害生态环境的重大风险"的证明责任。

对于以严重威胁公共利益为由提起的环境民事公益诉讼,最高人民法院的看法是在现行立法尚未明确界定"公共利益""重大风险"的前提下,鉴于具有损害社会公共利益重大风险的污染环境、破坏生态行为尚未发生实际的损害后果,因此在司法实践中应从严把握,不应允许原告随意针对尚未发生损害结果的行为提起诉讼。同时又指出,可以将《环境保护法》第 63 条规定的四种行为视为具有损害社会公共利益重大风险的污染环境、破坏生态行为,具体包括:建设项目未依法进行环境影响评价,被责令停止建设,拒不执行的;违反法律规定,未取得排污许可证排放污染物,被责令停止排污,拒不执行的;通过暗管、渗井、渗坑、灌注或者篡改、伪造监测数据,或者不正常运行防治污染设施等逃避监管的方式违法排放污染物的;生产、使用国家明令禁止生产、使用的农药,被责令改正,拒不改正的。此外,超过污染物排放标准或超过重点污染物排放总量控制指标排放污染物的行为,也可以视为具有损害社会公共利益重大风险的环境污染行为。[1]据此可以认为,环境民事公益诉讼的原告如果能够提交被告实施了上述任意一种行为的证据材料,并且达到了"高度盖然性"的证明标准,即可认为原告完成了对被告行为"具有损害生态环境的重大风险"所负的证明责任。

当然,原告对于上述行为之外的环境污染、生态破坏行为"具有损害生态环境的重大风险"的证明,就证明手段来说,可能需要提供科学实验报告、专家意见书或申请有专门知识的人出庭作证等加以证明。有学者指出,由于在这一类的诉讼中原告无须举证证明损害结果的要件,因而使得原告的证明负担大大减轻从而具有引发滥诉的风险,进而会对企业的正常生产经营造成消极影

---

[1] 最高人民法院环境资源审判庭:《最高人民法院关于环境民事公益诉讼司法解释理解与适用》,人民法院出版社,2015,第 38 页。

响,因此主张原告对于被告行为危害性的证明以达到高度盖然性为宜。①应该说,在现行法律与司法解释未作出特别规定的情况下,原告对于具有损害生态环境的重大风险的证明,还是应达到《最高人民法院关于适用〈中华人民共和国民事诉讼法〉的解释》第 108 条第 1 款规定的高度盖然性的证明标准。

3.对存在因果关系的可能性的证明责任

如前所述,环境民事公益诉讼套用了环境侵权责任的构成要件。在环境侵权责任的三个构成要件中,相对于环境侵权行为与损害结果要件,环境侵权行为与损害结果之间的因果关系要件居于极其重要的地位,这不仅因为因果关系是任何一种法律责任的基本构成要件,还因为在环境侵权责任适用无过错责任原则的前提下,因果关系既是判断环境侵权行为与损害结果之间是否具有引起与被引起的逻辑关系的重要依据,又是判断行为人是否应对其所造成的损害结果承担侵权责任的客观依据。因而在诉讼过程中,在对环境侵权行为与损害结果没有太大争议的情况下,对于因果关系是否存在的证明就成为环境侵权诉讼中最重要的争论点。

根据《环境侵权责任纠纷司法解释》第 6 条第 3 项之规定,被侵权人应当对污染者排放的污染物或者其次生污染物与损害之间具有关联性提供证据证明。结合《环境侵权责任纠纷司法解释》第 18 条、《环境民事公益诉讼司法解释》第 8 条规定来看,目前并未就环境民事私益诉讼、环境民事公益诉讼对证明责任的分配分别作出规定。因此,除了《环境侵权责任纠纷司法解释》第 18 条第 2 款规定的相邻污染侵害纠纷、劳动者在职业活动中因受污染损害发生的纠纷不适用该司法解释之外,其他环境侵权纠纷包括环境民事公益诉讼均应按照《环境侵权责任纠纷司法解释》第 6 条第 3 项的规定,由原告对环境侵权行为与损害之间的关联性提供证据证明。当然,这里所说的“损害”既可能是私益诉讼中的人身或财产损害,也可能是公益诉讼中环境公共利益受到的损害。至于如何理解“关联性”,最高人民法院的看法是由原告对因果关系存在的可能性进行初步证明,即原告的证明目标是举证证明因果关系的可能性而非

---

① 郭颂彬、刘显鹏:《证明责任减轻:环境民事公益诉讼证明责任分配之应然路径》,《学习与实践》2017 年第 8 期。

确定性。①并且由原告提交关联性的初步证明材料,意味着只要具有一般表象证据即可,不必严苛到这些证据与污染行为之间存在必然的直接联系。②因此在环境民事公益诉讼中,原告只需提交证明被告行为与损害结果之间具有关联性的初步证据材料,此时法官即推定因果关系存在,并由被告就法律规定的不承担责任或减轻责任的情形,以及其行为与损害结果之间不存在因果关系承担证明责任。由此可见,在环境民事公益诉讼中,原告、被告均对因果关系负有行为意义上的证明责任,同时被告还应就因果关系不存在承担结果意义上的证明责任。

之所以对环境侵权纠纷中因果关系证明实行特别的证明责任分配,而不是如一般的侵权纠纷由原告承担因果关系存在的证明责任,是由环境侵权纠纷的特殊性决定的。台湾地区学者邱聪智先生曾指出,"环境侵权颇富间接性,系透过广大空间,经历长久期间,并借各种不可量之媒介物之传播连锁,危害始告显著,故其因果关系脉络之追踪、侵害之程度、内容之确定,均甚困难"③。由此可见在环境侵权案件中,不仅所致侵害的程度和内容难以确定,受害人对于环境侵权行为与危害结果之间存在因果关系的证明亦非常困难。这种情形下如果仍然依照民事诉讼中"谁主张、谁举证"的一般原则,由被害者承担因果关系存在的举证义务,将会因被害者对因果关系的证明存在经济上、技术上的较大困难而导致其很难获得司法救济。因此,《侵权责任法》第66条规定由被告对其行为与损害结果之间不存在因果关系承担证明责任,体现了对环境侵权诉讼中受害人利益的特别保护。《民法典》第1230条也明确了因污染环境、破坏生态发生纠纷,行为人应当就其行为与损害之间不存在因果关系承担举证责任。

不过,在环境侵权诉讼中,如果直接适用举证责任倒置规则,又会因被告

---

① 沈德咏主编《最高人民法院环境侵权责任纠纷司法解释理解与适用》,人民法院出版社,2016,第93页。

② 沈德咏主编《最高人民法院环境侵权责任纠纷司法解释理解与适用》,人民法院出版社,2016,第87页。

③ 吕忠梅:《论环境侵权纠纷的复合性》,中国法院网,https://www.chinacourt.org/article/detail/2014/11/id/1481992.shtml,访问日期:2019年3月3日。

对于因果关系不存在的证明并不容易，而使得因果关系推定结论的准确性和可靠性大打折扣，从而很可能使不是真正环境侵害人的被告承担了民事责任。因此在司法实践中，法院也普遍拒绝在原告未对因果关系存在的可能性进行初步举证的前提下直接适用举证责任倒置。①据一项针对侵权责任法生效前782份环境民事裁判文书的统计显示，运用举证责任倒置的裁判文书的比例仅为49.6%。②在2011年侵权责任法生效后，另有一项针对该法生效后四年内环境民事裁判文书的统计表明，在总计170起案件中严格适用举证责任倒置的案件仅有23起，并且主要是污染源较单一、因果关系较明显、损害形式为财产损失的情形。③对于上述问题，《环境侵权责任纠纷司法解释》第6条、《环境民事公益诉讼司法解释》第8条均予以回应，规定了原告应对环境污染、生态破坏行为与损害结果之间具有关联性承担证明责任。只有在原告能够证明因果关系存在的可能性之后，法官才能够进行推定。结合大陆法系三种主要的因果关系推定理论——盖然性因果关系说、疫学因果关系说、概率因果关系说来看，不论是采取盖然性证明，还是疫学统计方法、概率方法进行因果关系推定，都必须具备的一个必要前提是，原告应对因果关系的存在进行必要的证明。如果没有因果关系存在的必要证明，就不存在因果关系推定的前提。④

与证明责任的分配相类似，目前司法解释也未区分环境民事公益诉讼、环境民事私益诉讼对因果关系是否存在的证明标准作出规定。按照最高人民法院的理解，关于环境污染侵权诉讼中原告对因果关系存在的证明标准，并非民事证据法上的一般盖然性，而应是低于一般盖然性的特殊标准，也就是说原告只要证明被告的环境污染行为有可能造成损害即可。这一方面是由于环境污染诉讼的特殊性决定了由原告对环境侵权行为与损害之间的因果关系举证证

---

① 沈德咏主编《最高人民法院环境侵权责任纠纷司法解释理解与适用》，人民法院出版社，2016，第87页。

② 吕忠梅、张忠民、熊晓青：《中国环境司法现状调查——以千份环境裁判书为样本》，《法学》2011年第4期。

③ 张宝、窦海阳：《环境侵权案件的逻辑与经验》，载吕忠梅等《中国环境司法发展报告（2015—2017）》，人民法院出版社，2017，第78页。

④ 杨立新：《侵权责任法（第三版）》，法律出版社，2018，第523页。

明非常困难。尤其是环境污染造成的损害具有间接性、潜伏性、波及空间范围广、延续时间长的特点，往往要经历较长时间被害者才能发现损害结果的发生，而此时很可能污染行为已经停止，被害者只能以追溯的方式去寻找污染行为。这种情形下，原告只要能够证明被告在污染损害能波及的一定地域范围内曾经实施过相关的环境污染行为，即可视为原告完成了本项证明责任。[①]另一方面的原因是环境侵权行为的损害后果具有二元性，不论是否发生了以环境为媒介的私益受损的结果，必然会先发生环境公共利益受到侵害的结果，并且由于对因果关系是否存在的证明往往会涉及一些科学不确定性问题，而"关系到公众利益的科学不确定性问题应降低证明程度"[②]，从这一点来看，也需要对原告举证证明因果关系的存在设定特别的证明标准。

关于原告对存在因果关系的可能性的证明手段，通常包括生态环境和资源保护领域负有监督管理职责的行政机关出具的调查处理报告、具备相应资质的司法鉴定机构出具的鉴定意见，其他专业机构出具的意见，专家意见、学术论著等。如在印度，法官为了大幅度降低环境侵权诉讼中原告的举证负担，原告还可以将相关书籍或文献上刊登的研究结论提交给法官，法官由此而假定因果关系的存在。[③]

4.对其他待证事实的证明责任

提起环境民事公益诉讼的检察机关、社会组织除了对上述三个要件事实承担相应的证明责任之外，还需对以下事实承担证明责任。

一是根据2018年"两高"联合发布的《检察公益诉讼司法解释》第14条规定，检察机关提起公益诉讼除了要提交被告的行为已经损害社会公共利益的初步证明材料之外，还需提交其已经履行了公告程序的证明材料。公告的理论依据是程序参与原则，检察机关所承担的这一举证义务对于保障其他适格原

---

① 沈德咏主编《最高人民法院环境侵权责任纠纷司法解释理解与适用》，人民法院出版社，2016，第93页。

② 吕忠梅、吴勇：《环境公益实现之诉讼制度构想》，载别涛主编《环境公益诉讼》，法律出版社，2007，第37页。

③ 杨严炎、廖海清：《印度环境公益诉讼制度及实践的启示——以印度恒河环境污染公益诉讼案为例》，《东方法学》2014年第5期。

告行使环境公益诉权具有重要意义，同时还体现了检察机关提起环境民事公益诉讼的谦抑性，以及其在启动生态环境损害的司法救济程序上的"兜底"功能。上述规定与司法解释第 13 条的规定相衔接，即检察机关在提起公益诉讼之前应当依法公告，在为期 30 日公告期满后，如其他适格主体不起诉则检察机关可以提起诉讼。

二是根据《环境民事公益诉讼司法解释》第 8 条第 3 项规定，社会组织提起环境民事公益诉讼的，还应当提交证明其具备原告资格的证明材料，包括社会组织登记证书、章程、起诉前连续五年的年度工作报告书或者年检报告书，以及由其法定代表人或者负责人签字并加盖公章的无违法记录的声明。

（三）被告所承担的证明责任

1.对免除、减轻责任事由的证明责任

虽然环境侵权责任适用无过错责任原则，但该责任并非绝对责任，侵权人仍可依据法律规定的免除、减轻责任的事由进行抗辩。根据《侵权责任法》第 66 条规定，污染者应当就法律规定的不承担责任或者减轻责任的情形承担举证责任。《民法典》第 1230 条也规定了因污染环境、破坏生态发生纠纷，行为人应当就法律规定的不承担责任或者减轻责任的情形承担举证责任。至于不承担责任或者减轻责任的情形，依据《环境侵权责任纠纷司法解释》第 1 条第 2 款规定，适用海洋环境保护法、水污染防治法等环境保护单行法的规定，在相关环境保护单行法没有规定的情况下则适用侵权责任法的规定。对于环境民事公益诉讼的被告来说，如欲免除或减轻自己的侵权责任，则须就法律规定的减免责任的事由举证证明。

从环境保护单行法对减免责任事由的规定来看，例如《海洋环境保护法》第 91 条规定，完全属于下列三种情形之一，虽经及时采取合理措施却仍不能避免对海洋环境造成污染损害的，造成污染损害的有关责任者免予承担责任：战争；不可抗拒的自然灾害；负责灯塔或者其他助航设备的主管部门，在执行职责时的疏忽，或者其他过失行为。又如《水污染防治法》第 96 条第 2 款、第 3 款规定，由于不可抗力造成水污染损害的，以及水污染损害是由受害人故意造成的，排污方不承担赔偿责任；由受害人重大过失造成的水污染损害，可以减轻排污方的赔偿责任。从以上规定来看，涉及的减免污染者责任的事由主要涉及第三人责任、被侵权人过错、受害人故意及不可抗力。

第一，关于第三人责任的问题。根据《民法典》第 1175 条规定，损害是因第三人造成的，第三人应当承担侵权责任。同时该法第 1233 条又规定，因第三人的过错污染环境、破坏生态的，被侵权人既可向侵权人请求赔偿，也可向第三人请求赔偿；侵权人在赔偿之后有权向第三人追偿。结合《环境侵权责任纠纷司法解释》第 5 条来看，其中明确规定污染者以第三人的过错污染环境造成损害为由主张不承担责任或者减轻责任的，人民法院不予支持。被侵权人请求第三人承担赔偿责任的，人民法院应当根据第三人的过错程度确定其相应赔偿责任。据此可以看出，在外部责任上，第三人的过错并非污染者减轻或免除其责任的事由，因而在环境民事公益诉讼中，污染者一般情况下不能以第三人过错作为减免其责任的事由。

第二，关于被侵权人过错、受害人故意。根据《民法典》第 1173 条、1174 条规定，被侵权人对同一损害的发生或者扩大有过错的，可以减轻侵权人的责任；损害是因受害人故意造成的，行为人不承担责任。上述规定与《侵权责任法》第 26 条、第 27 条的规定基本一致。不过就环境民事公益诉讼来说，无论是被侵权人的过错，还是受害人故意均不能构成污染者减免其责任的事由。这是因为环境民事公益诉讼中的被侵权人或被害人指的是不特定的多数人即社会公众，即使由于特定的被侵权人的过错、特定的受害人故意造成了生态环境损害的后果，在环境民事公益诉讼中也应当属于第三人责任，所以污染者不能依据《侵权责任法》第 26 条、第 27 条规定主张其不承担责任或减轻责任。[①]

第三，关于不可抗力。虽然 2014 年修订的《环境保护法》删除了原环境保护法第 41 条第 3 款内容，即关于污染者对于完全由于不可抗拒的自然灾害，虽经及时采取合理措施仍不能避免造成环境污染损害的，免于承担责任的规定，但是在环境民事公益诉讼中，污染者免除、减轻举证责任的事由主要是不可抗力，这也是国际上通行的做法。

---

① 最高人民法院环境资源审判庭：《最高人民法院关于环境民事公益诉讼司法解释理解与适用》，人民法院出版社，2015，第 250 页。

2. 对因果关系不存在的证明责任

《侵权责任法》第 66 条规定了环境污染责任的因果关系推定规则,亦有学者称之为因果关系的举证责任倒置规则,即污染者除了对其免除、减轻责任的事由承担举证责任之外,应当就其行为与损害之间不存在因果关系承担举证责任。《民法典》第 1230 条补充了因破坏生态发生的纠纷。上述规定的实质是由污染环境、破坏生态的行为人对因果关系存在的反面事实承担举证责任,"是立法者对受害人的有意倾斜,作为一种价值权衡,暗藏于证明责任规则之中"①。不过适用这一规则并不意味着原告对存在因果关系不承担任何的举证责任,原告仍应首先对污染行为与损害结果之间存在因果关系的可能性作出证明,只有在原告证明存在因果关系的可能性之后,法官才能够进行因果关系推定。在法官作出因果关系的推定之后,行为人如认为其污染环境、行为与损害结果之间没有因果关系的,则必须举证证明因果关系不存在,只有如此才可推翻因果关系推定以免除自己的责任。②

举证责任倒置尽管是实行严格责任的一种方式,但并不是给被告强加不适当的责任,也不意味着被告就要理所当然、没有条件地承担责任。法律仍然赋予被告就某种事由的存在与否进行抗辩的权利,只要他能够提出其中一项法定的抗辩理由就可以被免除责任。③结合环境污染侵权案件来看,虽然由原告举证证明因果关系存在的难度很大,但由被告反向证明因果关系不存在亦不容易,因此准许被告就某些因果关系不存在的事由举证证明也是必要的。根据《环境侵权责任纠纷司法解释》第 7 条规定,污染者欲否认因果关系要件,应当针对以下四种情形之一举证证明:(1)排放的污染物没有造成该损害的可能;(2)排放的可造成该损害的污染物未到达该损害发生地;(3)该损害在排放污染物之前已经发生;(4)其他可以认定污染行为与损害之间不存在因果关系的情形。在证明手段上,除一些显而易见的情形外,一般都需司法鉴定机构出

---

① 傅贤国:《环境民事公益诉讼证明责任分配研究》,《甘肃政法学院学报》2015 年第 3 期。

② 杨立新:《侵权责任法(第三版)》,法律出版社,2018,第 523—525 页。

③ 王利明:《论举证责任倒置的若干问题》,《广东社会科学》2003 年第 1 期。

具不存在因果关系的鉴定意见或由专业人员出具专业意见；环境保护行政主管部门以及其他监督管理部门出具的环境污染事件调查报告、鉴定意见、检验报告或数据，环境科学、环境医学等领域已被普遍认可的某种物质的环境效应结论，经法庭查证后也可作为证据使用。[①]另外，关于被告在举证责任倒置条件下对因果关系不存在的证明标准，与原告对因果关系存在的证明标准相比更高，须达到高度盖然性的标准。如果被告的证明未能达到这一标准，因果关系是否存在仍然处于真伪不明的状态，那么被告将因此承担举证不能的败诉后果。

需要特别说明的是，环境民事公益诉讼套用了环境侵权责任的构成要件，在证明责任的分配上亦适用《侵权责任法》《环境侵权责任纠纷司法解释》的规定，其隐含的预设前提是环境民事公益诉讼与环境民事私益诉讼在证明对象上并无实质差异。但不可否认的是，环境民事公益诉讼与环境民事私益诉讼在保护的利益、损害结果上均存在明显差异。环境民事公益诉讼中的"损害"指的是生态环境所承载的社会公共利益的损害，实际上就是生态环境本身遭受的损害结果；而环境私益诉讼中的"损害"则指向人身或财产损害，是具体的人的私益受损的结果。虽然两种损害都是由环境侵害行为所导致，但是环境民事公益诉讼中的损害是"行为人的行为直接作用于环境要素"的结果，[②]具有直接侵权的特征；而环境民事私益诉讼中的损害是经由生态环境的"媒介"作用而形成的后果，具有间接侵权的特征。相对而言，在因果关系是否存在的证明上，对环境直接侵权的因果关系证明不如对环境间接侵权的因果关系证明困难，这是因为与后者相比，前者不涉及对环境侵害行为"作用于周围的环境，并经过环境发生了复杂的转化、代谢、富集等物理的、化学的、生物化学的过程后，对人身和财产造成损害"这一过程的说明，[③]而只涉及对环境侵害行为导致了环境要素或生物要素的不利改变、由这些要素构成的生态系统功能退化的证明。

① 林文学：《环境民事公益诉讼争议问题探讨》，《法律适用》2014年第10期。

② 吕忠梅等：《环境司法专门化：现状调查和制度重构》，法律出版社，2017，第201页。

③ 吕忠梅：《论环境侵权纠纷的复合性》，中国法院网，https://www.chinacourt.org/article/detail/2014/11/id/1481992.shtml，访问日期：2019年3月3日。

结合上文中邱聪智先生所指出的环境侵权的因果关系脉络之追踪甚难，实际上是特别针对"环境侵权颇富间接性"来说的，即在环境侵权行为间接地导致了人的人身或财产损害的情形下，要追溯这种因果关系是极其困难的。

从立法来看，《民法典》第 1230 条、《侵权责任法》第 66 条关于污染者就因果关系不存在承担举证责任的规定，正是为了适应环境民事私益诉讼中因果关系举证困难的实际情况，即针对的是环境污染行为导致具体的人的人身、财产受损的情形。并且，基于《侵权责任法》的私法性质，其着重保护的也是被侵权行为所侵犯的人的人身和财产权利。对于环境污染的受害者来说，无论是在举证能力还是证据距离上都与污染者存在明显差距，尤其是因果关系证明常常涉及高度自然科学知识和科学不确定性问题，这种情形下如依旧遵循"谁主张、谁举证"的原则，要求被害者对因果关系的诸多环节一一予以科学的说明，那么无异于封闭了在经济上、技术上均面临较大困难的被害者获取司法救济的途径。因此，法律规定在被害者对因果关系存在的可能性举证证明的前提下，由污染者就其行为与损害之间不存在因果关系承担证明责任，实际上是对环境污染侵权案件的特殊性的回应。相比之下，由于环境民事公益诉讼中的因果关系证明较为简单，也不存在上述环境污染侵权案件的特殊性，并且作为适格原告的检察机关、环境保护社会组织在举证能力上要优于环境污染案件中的被害者，因此就这一点来看立法并未区分环境民事公益诉讼、环境民事私益诉讼规定相应的证明责任分配规则似有不妥，有待今后在司法经验积累的基础上对二者的证明责任分配分别作出规定。还有学者进一步指出，由于环境民事公益诉讼已将私人人身权益排除于保护对象之外，在因果关系的证明上也比普通环境污染侵权案件更为简单，因此，举证责任倒置已经失去了存在的最大价值。目前关于环境民事公益诉讼与私益诉讼完全趋同的举证责任配置过于简单，应区别对待，并探索淡化环境民事公益诉讼中举证责任倒置这一"简单化"且不符合司法实践的理论，将研究的重点转向生态环境损害的结果如何确定。①

---

① 王秀卫：《我国环境民事公益诉讼举证责任分配的反思与重构》，《法学评论》2019 年第 2 期。

二、关于案件情况的公告

环境保护公众参与原则作为环境法的一项基本原则，又称为环境民主原则，是指"公众有权通过一定的程序或途径参与一切与公众环境权益相关的开发决策等活动，并有权得到相应的法律保护和救济以防止决策的盲目性，使得该项决策符合广大公众的切身利益和需要"①。根据《环境保护法》第6条、第53条规定，"一切单位和个人都有保护环境的义务。""公民、法人和其他组织依法享有获取环境信息、参与和监督环境保护的权利。"环境法上的公众参与原则在司法领域的表现即为环境公益诉讼制度的确立，公众参与进而成为环境公益诉讼应遵循的一项审判原则，体现在依法保障适格主体的环境公益诉权，全面推行人民陪审员参与案件审理，完善司法便民和司法救助措施等方面。②除此之外，环境民事公益诉讼中的公告制度亦是环境保护公众参与原则的体现，这一制度对于保障社会公众依法享有知情权、参与权和监督权，进而通过司法途径实现公众对生态环境的治理意义重大。在环境民事公益诉讼的审判过程中，公告主要涉及案件受理情况及调解、和解协议的内容向社会公众告知。

（一）立案公告

根据《环境民事公益诉讼司法解释》第10条规定，法院在受理环境民事公益诉讼后应在立案之日起5日内公告案件受理情况，其他适格主体可在公告之日起30日内申请参加诉讼，如经审查符合法定条件的将被列为共同原告，如逾期申请的将不被允许。这一规定体现了环境民事公益诉讼的公众参与性，一方面，对于保障潜在的适格原告的知情权，以及在此基础之上的程序参与权具有非常重要的意义。尤其是给予其他适格主体参与诉讼的机会，不仅可以集合环境保护社会组织和有关机关之合力遏制破坏生态环境的行为，还避免了重复起诉、重复立案以及在不同法院审理所导致的判决矛盾问题。另一方面，法院通过公告的方式向社会公众告知案件受理情况，还可以使公众及时知晓

---

① 汪劲：《环境法学第2版》，北京大学出版社，2011，第106—107页。

② 魏文超、刘小飞、孙茜：《关于环境公益诉讼审判原则和程序规则的若干问题》，中国审判，http://www.chinatrial.net.cn/magazineinfo724.html，访问日期：2019年8月10日。

被诉的环境污染或生态破坏行为、原告的诉讼请求及所依据的事实理由,为社会公众积极参与并行使监督权提供了程序保障,包括提出变更诉讼请求的建议,提供被诉污染环境、生态破坏行为的有关线索或证据等,此外还可使污染行为的受害人在了解案件受理情况的前提下及时寻求救济。由此可见,立案公告不仅促使环境公益诉讼"在司法层面为社会公众参与环境治理提供入口"的本质得以体现,有利于预防、救济生态环境所遭受的损害,同时还为法院对案件的裁判结果提供了正当化的依据。

作为《环境民事公益诉讼司法解释》第10条规定的例外,"两高"联合发布的《检察公益诉讼司法解释》第13条、第17条第2款规定,检察机关对其履行职责中发现的损害社会公共利益的破坏生态环境、资源保护的行为,在提起诉讼前应进行为期30日的公告;检察机关在起诉之前已经履行了诉前公告程序的,法院在立案后就不再进行公告。上述规定既反映了检察机关提起环境公益诉讼的谦抑性,以及检察机关作为维护环境公共利益的最后一道防线的"兜底性",还可以起到与法院立案公告相近的效果,即向社会公众告知拟被起诉的破坏生态环境、资源保护的行为,同时避免了公告程序重复所导致的资源浪费和诉讼过程冗长的问题。

至于公告的范围,一般应在全国有影响力的媒体和互联网络上发出公告,以方便公众和其他有权提起环境民事公益诉讼的主体知晓。同时公告作为法院的具体工作范畴,各级法院也可根据自身实际情况确定公告的形式和范围。[①]如《贵阳市中级人民法院环境民事公益诉讼审理规程(试行)》第10条规定,法院应在辖区内主流媒体及法院网站上公告案件受理情况,内容一般应包括:案件基本情况;符合法律规定的适格主体在公告期限届满前有权申请参加诉讼;公众参与环境民事公益诉讼的权利;接受公众反馈意见的联系机构与联系方式;其他需要公告的内容。[②]

---

① 最高人民法院环境资源审判庭:《最高人民法院关于环境民事公益诉讼司法解释理解与适用》,人民法院出版社,2015,第152页。

② 王立主编《环保法庭案例选编——贵州省贵阳市生态保护"两庭"成立十周年特辑》,法律出版社,2017,第102页。

　　(二)调解协议、和解协议内容的公告

　　《环境民事公益诉讼司法解释》第 25 条明确了环境民事公益诉讼的当事人可以进行调解或自行和解。但因为环境公益诉讼的原告仅系程序意义上的诉讼当事人,为了防止原、被告之间出现利益勾兑损害社会公益的情形发生,原告处分权的行使应当以不损害社会公共利益为前提,协议的内容也必须接受社会公众的监督。根据《环境民事公益诉讼司法解释》第 25 条第 1 款、第 2 款规定,在当事人达成调解协议或自行达成和解协议之后,法院应当将协议内容进行不少于 30 日的公告,并且公告还是法院出具调解书的必经程序。将当事人调解协议、和解协议的内容向社会公众公告,可以使公众在知晓协议内容的前提下充分行使监督权。若公众认为调解协议或和解协议的内容损害了社会公共利益,可以通过向法院提出异议的方式监督当事人正确行使诉讼权利,从而使得社会公共利益不至于因双方当事人的私下勾结而遭到侵害,同时还有利于增强公众对司法审判的信任感。由此可见,对当事人调解协议或和解协议的内容进行公告,实际上是使当事人协商和谈判的过程处于社会公众的监督之下,是社会公众所享有的知情权、监督权能够得到具体落实的程序保障。

　　关于公告的范围与方式如何界定、可以提出异议的主体及其地位、法院对异议是否需要审查回应等具体问题,《环境民事公益诉讼司法解释》尚未作出明确规定,而是留待今后司法实践中进一步予以探索和完善。

三、处分原则的限制适用

　　《民事诉讼法》第 13 条第 2 款规定,"当事人有权在法律规定的范围内处分自己的民事权利和诉讼权利。"这是处分原则的立法体现。处分原则的确立是由民事权利属于私权利的性质决定的,这种实体法领域的自由处分权必然会延伸至民事纠纷的司法解决过程中。处分原则意味着通常情况下应由民事诉讼当事人自由决定是否行使、如何行使其依法享有的民事权利和诉讼权利,国家对此不得干预。当然法律在赋予民事诉讼当事人享有处分权的同时,还限定了当事人行使处分权的范围,即不得违反法律的禁止性规定,不得损害国家利益、社会公共利益和他人的合法权益。相对于传统民事诉讼当事人享有的处分权来说,环境民事公益诉讼当事人享有的处分权则受到更多限制。这一方面是因为环境民事公益诉讼不同于传统民事诉讼的目的所决定的，在环境民事公益诉讼中为确保维护环境公益之目的实现，必然会对当事人尤其是原告减损环境公益的处分权作出限制。另一方面，环境民事公益诉讼的原告系代表社会公众的利益提起诉讼，其代为处分实质当事人的实体权利应当始终秉持维护社会公益的底线，否则即构成权利滥用并会致使公众利益受到侵害。环境民事公益诉讼的上述特点决定了它在程序机制上与普通私益诉讼程序应有所差别，即"在诉讼程序中应当采取法院职权探知主义和职权进行主义，对于辩论主义和处分权主义应当限制适用"①。在环境民事公益诉讼中，对处分原则的限制适用主要体现在以下几个方面。

（一）对当事人和解、法院调解的限制

在我国民事诉讼中，以合意解决纠纷的制度包括法院调解和当事人和解。法院调解是指在人民法院审判人员的主持下，双方当事人就民事权益争议自愿、平等地进行协商，以达成协议、解决纠纷的诉讼活动。当事人和解是指在进入诉讼程序后，当事人双方通过自主协商达成解决纠纷的协议，从而终结诉讼的活动。②虽然法院调解与当事人和解的性质不同，即法院调解是法院的审判行为与当事人处分行为相结合的产物，当事人和解则是当事人行使处分权的体现，但二者都是以当事人对其实体权利和诉讼权利的处分权为前提的。在理论界，对于环境民事公益诉讼是否可以适用调解及和解存在争议。反对的观点主要认为：（1）和解、调解的达成往往意味着一定程度的妥协，其实质是双方当事人诉讼实力较量后所达成的一笔交易，而环境的公共性、整体性决定了没有任何人可以从中分离出属于他自己的那部分拿去交易。③（2）公益纠纷的性质决定了公益诉讼案件加害事实的有无不应成为法院调解的对象，而必须由法院加以认定；民事公益诉讼的原告并非公共利益的实体代表，因而不应对公益

---

① 宋朝武：《论公益诉讼的十大基本问题》，《中国政法大学学报》2010 年第 1 期。

② 江伟、肖建国主编《民事诉讼法（第 8 版）》，中国人民大学出版社，2018，第 224—226 页。

③ 梅宏、邓一峰：《人民检察院提起环境公益诉讼三题》，《中共山西省委党校学报》2011 年第 1 期。

诉讼案件的实体问题享有处分权,其诉讼权利也应受到相应限制;一般民事侵权案件的双方当事人基于对自己实体权利的处分自由,通常会围绕着仅就赔偿数额进行调解,而公益诉讼案件一般情形下并不涉及赔偿问题,自然也就不存在就赔偿数额进行调解或和解的问题。①(3)基于公益诉讼的广泛社会影响,判决结案能够最大限度地还原案件真实情况、有效消除公众疑虑,具有调解结案所不可比拟的制度优势。②

　　最高人民法院则认为在环境民事公益诉讼中保留调解、和解制度是必要和可行的,并在《环境民事公益诉讼司法解释》第25条中明确了当事人可以达成调解协议或者自行达成和解协议。其主要理由在于:(1)环境民事公益诉讼对于公益之保护不能寄希望于通过单一途径实现,基于环境民事公益诉讼查明事实的成本非常高昂或囿于有限的科学技术无法查明事实,这种情形下调解、和解不失为解决争议和维护公益的良方。(2)环境民事公益诉讼案件本身具有的受害人众多、侵害范围广、因果关系复杂、科技要求高、取证困难等特点决定了适用调解、和解的价值及意义,从经济学的角度分析调解、和解所达到的效果可以等于甚至优于判决所能达到的效果。(3)调解、和解符合我国目前倡导的构建社会主义和谐社会的要求,体现了秩序价值。③检察机关也认为,民事公益诉讼案件的公益性与其可调解性或合意性之间并不必然存在矛盾。④这主要因为环境民事公益诉讼的目的不在于置环境侵害人主体于死地,而在于制止其侵害行为及消除其行为之危害。在诉讼中采用调解或和解既确定了被告的民事责任使得公益受到维护,又可让被告保存必须实力以履行其"停止侵害、排除妨害、消除影响"等法律责任,并且在符合法律规定的情况下得以继续生产和发展。⑤从这一点来看,调解、和解制度与环境司法保护生态环境和

---

①　张卫平:《民事公益诉讼原则的制度化及实施研究》,《清华法学》2013年第4期。

②　陈亮:《环境公益诉讼研究》,法律出版社,2015,第58页。

③　最高人民法院环境资源审判庭:《最高人民法院关于环境民事公益诉讼司法解释理解与适用》,人民法院出版社,2015,第348—349页。

④　最高人民检察院民事行政检察厅:《检察机关提起公益诉讼的实践与探索》,中国检察出版社,2017,第53页。

⑤　蔡彦敏:《中国环境民事公益诉讼的检察担当》,《中外法学》2011年第1期。

促进经济发展的最终目标是吻合的。

结合国外立法及司法来看，日本在民事公益诉讼中亦十分重视调解制度的运用，其《民事调解法》规定法院在认为适当时可依职权将公益诉讼案件交付调解程序处理，日本 20 世纪六七十年代著名的"四大环境污染案"就有 2 起是通过调解解决的。① 在印度，法官倾向于公益诉讼是法院、公民和公共机构之间为达成合意而进行的协商，因而非对抗式审理模式的运用成为其公益诉讼制度的亮点之一。② 新西兰环境法院在案件处理过程中随时都可运用调解解决的方式，并且 2006—2009 年法院调解的成功率达到 60%—64%。美国佛蒙特环境法院运用调解机制解决的案件比例也超过了 20%。③ 此外，在美国环保团体和污染者之间还存在大量的和解行为，即使这种做法被认为损害了公民诉讼的公益性而遭到批评，但不可否认和解制度确实调动了环保团体提起公益诉讼的积极性，从而有助于遏制环境侵权行为。④ 可见，从有效遏制环境污染、生态破坏行为和及时化解生态环境保护纠纷的角度看，在环境民事公益诉讼案件的审理中运用包括诉讼调解、当事人和解在内的多元化纠纷解决机制无疑是必要的。结合我国的司法实践来看，目前调解已成为我国环境民事公益诉讼主要的结案方式。⑤

虽然环境民事公益诉讼的当事人被准许达成调解或和解协议，但由于协议内容涉及社会公共利益，因此还有必要对其权利的行使予以必要限制，以防止当事人之间的利益勾兑、原告诉讼能力欠缺或不作为等原因导致的公共利益受到损害的情形发生。因此《环境民事公益诉讼司法解释》第 25 条在赋予原告对社会公益享有一定处分权的同时，还对该权利的行使予以严格限制，即在环境民事公益诉讼当事人达成调解协议或和解协议后，法院应将协议内容进

---

① 孙洪坤、张姣:《论环境民事公益诉讼中的调解制度》,《广西社会科学》2013 年第 9 期。

② 翟健锋:《检察机关提起公益诉讼程序性问题探析》,《政法学刊》2010 年第 4 期。

③ 吴勇、王聪:《环境民事公益诉讼的调解适用辨析》,《湘潭大学学报（哲学社会科学版）》2018 年第 2 期。

④ 杨严炎:《环境诉讼:从案例到制度的深层分析》,法律出版社,2017,第 241 页。

⑤ 张忠民等:《环境公益诉讼的数量与质量》,载吕忠梅等《中国环境司法发展报告（2015—2017）》,人民法院出版社,2017,第 196 页。

行不少于 30 日的公告,只有在公告期满并经法院审查认为调解协议、和解协议的内容不违背社会公共利益的前提下,法院才应出具民事调解书予以确认,并且调解书还应写明诉讼请求、案件的基本事实和协议内容并且公开。还有学者进一步指出,与传统民事诉讼调解可在各阶段启用不同,环境民事公益诉讼的调解应在查清事实的基础上进行, 即调解应在法庭调查阶段经过举证质证程序之后启动。这是因为法院若在未查清案件事实的情况下就进行调解,不仅双方当事人很难就污染行为、因果关系、损害结果等方面达成一致看法,还会造成损害环境公共利益的实质后果。①实际上,由于在环境民事公益诉讼中对生态环境损害的范围及程度、因果关系的追溯通常不易,即使能够查明案件事实但付出的成本也极其高昂, 可能还会局限于现有的科技水平而对案件事实无法准确还原。但是即便如此,节省司法资源也不能以牺牲诉讼正义和社会公益作为代价,如果未经举证质证并对案件的基本事实有所掌握、分得清纠纷是非的情况下就进行调解或和解,那么法院将无从判断调解协议、和解协议的内容是否在实质上损害了环境公共利益, 从而不能确保受损的生态环境得到最大限度的维护。因此,环境民事公益诉讼的调解必须在经过充分的案件调查之后,即"原告的诉权在程序上能够获得充分的表达,双方当事人有机会进行观点交锋后,才可以考虑进入调解以及和解阶段"②。

与此同时,环境民事公益诉讼中的调解、和解还应以停止侵害、生态环境修复等法律责任能够得到履行为前提。只有如此,才能避免当事人相互串通、原告诉讼能力欠缺或不作为致使公共利益得不到有力维护的情形发生。因此,调解协议与和解协议应以侵权责任人在一定期限内采取切实有效的整改措施、消除造成的环境污染源为基本条款,防止在满足当事人之间的利益需求的同时,继续发生或再次发生危害环境质量与安全的隐患。③更进一步地,协议

---

① 吴勇、王聪:《环境民事公益诉讼的调解适用辨析》,《湘潭大学学报(哲学社会科学版)》2018 年第 2 期。

② 最高人民法院环境资源审判庭:《最高人民法院关于环境民事公益诉讼司法解释理解与适用》,人民法院出版社,2015,第 356 页。

③ 王立主编《环保法庭案例选编》,法律出版社,2012,第 80 页。

的内容一般应包括:明确被告实施了环境污染、生态破坏行为及应承担的环境修复责任;停止实施环境污染、生态破坏行为的具体方案;环境修复方案及方案的实施和监督主体、修复费用金额及支付对象等;明确被告应赔偿的生态环境服务功能损失金额;被告应承担的检验、鉴定及原告为诉讼支出的律师费及其他合理费用等。① 可见,上述协议的内容最终还是服务于将生态环境修复至原有状态和功能的目标。

(二)对撤诉、反诉的限制

1.对撤诉的限制

申请撤诉是当事人对自己诉讼权利的处分,根据《民事诉讼法》第 145 条规定,原告在宣判前申请撤诉的,由人民法院裁定是否准许。基于原告撤回起诉是建立在其可以自由行使处分权的基础之上,而环境民事公益诉讼的原告并非社会公共利益的实体代表,因而相较于传统民事诉讼的原告来说,环境民事公益诉讼的原告申请撤诉更需要法院进行审查并作出判断。如印度最高法院认为,不允许任何人以败坏他人为目的提起漫无边际的诉讼,应严格审查是否以假借帮助大众的名义通过公益诉讼来获得其所掩盖的目的和利益,因此法院一旦受理案件,除非法院同意是不允许撤回起诉的。②

从现行司法解释来看,我国对环境民事公益诉讼的原告撤回起诉规定了严格的限制条件。根据《最高人民法院关于适用〈中华人民共和国民事诉讼法〉的解释》第 290 条、《环境民事公益诉讼司法解释》第 25 条第 2 款及第 27 条规定,环境民事公益诉讼案件的原告在法庭辩论终结后申请撤诉的,人民法院不予准许;当事人以达成和解协议为由申请撤诉的不予准许。从上述规定可知,环境民事公益诉讼的原告申请撤诉需在法庭辩论终结之前,并且法院准许撤诉应以不存在损害社会公共利益的情形为前提。在法庭辩论终结后,由于此时案件已经具备判决的条件,法院和被告一方亦已投入大量成本,更重要的是案

---

① 魏文超、刘小飞、孙茜:《关于环境公益诉讼审判原则和程序规则的若干问题》,中国审判,http://www.chinatrial.net.cn/magazineinfo724.html,访问日期:2019 年 8 月 10 日。

② 蒋小红:《通过公益诉讼,推动社会变革——印度公益诉讼制度考察》,载别涛主编《环境公益诉讼》,法律出版社,2007,第 142 页。

件还涉及对受损的社会公共利益的救济，因此不应允许原告滥用权利撤回起诉。同时，环境民事公益诉讼的当事人不得以达成和解协议为由申请撤诉。这一方面是为了防止原、被告双方私下的利益勾兑对公共利益造成侵害，如美国就有一些环保团体经常以撤诉为条件，通过与被告达成和解协议以获取高额费用，被告也借此规避环境公民诉讼所带来的高额罚款。[①]并且，由于我国民事诉讼法对原告撤诉后再行起诉未予限制，这种情形下规定当事人不能以达成和解协议为由申请撤诉可以防止原告滥用诉讼权利。另一方面，还可以防止被告故意以欺诈方式与原告达成自觉履行环境修复责任的和解协议，又以此为由申请撤诉后，借助于和解协议不能作为执行的法律依据而逃避承担其责任。也就是说，这一规定是杜绝原告滥用诉讼权利及被告实施诉讼欺诈的可能，从而有力地维护环境公共利益所必需的。

目前唯一准许环境民事公益诉讼原告撤诉的情形，就是原告为维护环境公共利益的诉讼请求已经全部实现或诉讼目的已经达到。根据《环境民事公益诉讼司法解释》第26条、《检察公益诉讼司法解释》第19规定，法院应当准许撤诉申请的条件是，"负有环境保护监督管理职责的部门依法履行监管职责而使原告诉讼请求全部实现""民事公益诉讼案件审理过程中，人民检察院诉讼请求全部实现"。这里的原告或检察机关"诉讼请求全部实现"的判断标准是：（1）被告配合环境保护监督管理部门履行监管职责，对受到损害的生态环境已进行了有效的修复和治理；（2）原告为停止侵害、排除妨碍、消除危险而采取的合理预防、处置措施发生的费用，以及为诉讼支出的检验鉴定费用、合理的律师费以及为诉讼支出的其他合理费用等获得赔偿。[②]此时由于环境民事公益诉讼维护社会公共利益之目的已经达到，撤诉仅是终结诉讼的手段所以应予准许。

2.禁止反诉

所谓反诉，是指在已经开始的诉讼中，本诉的被告以本诉的原告为对方当

[①] 杨严炎：《环境诉讼：从案例到制度的深层分析》，法律出版社，2017，第45页。

[②] 郑学林、林文学、王展飞：《〈关于审理环境民事公益诉讼案件适用法律若干问题的解释〉的理解和适用》，《人民司法》2015年第5期。

事人,向受理本诉的法院提出与本诉具有牵连关系的,目的在于抵消或者吞并本诉原告诉讼请求的独立的反请求。① 反诉既是体现当事人诉讼地位平等原则的一项制度安排,同时也是实现诉讼经济、避免法院对关联性的纠纷作出矛盾裁判所必需的。《民事诉讼法》第51条规定了民事诉讼的被告有权提起反诉,但是由于环境民事公益诉讼本身的一些特殊性,决定了有必要对被告提出反诉予以限制。

根据《环境民事公益诉讼司法解释》第17条规定,被告在环境民事公益诉讼案件审理的过程中,被告以反诉方式提出诉讼请求的不予受理。同时《检察公益诉讼司法解释》第16条规定,在检察机关提起的民事公益诉讼案件中,被告以反诉方式提出诉讼请求的法院不予受理。也就是说,在环境民事公益诉讼的过程中,被告在任何情况下均不能提起反诉。之所以禁止被告提出反诉,主要是因为:(1)准许被告提起反诉与环境民事公益诉讼的目的不符。这是由于环境民事公益诉讼的立法目的在于维护环境公共利益,因而其具体的程序设计围绕着这一立法目的而展开。如果在环境民事公益诉讼中允许被告为维护其私益提起反诉,则完全不同于原告为维护公共利益而起诉之目的,从而有悖于环境民事公益诉讼程序设置的内在要求,也有违环境民事公益诉讼特别程序立法的宗旨。这同时说明了禁止反诉是环境民事公益诉讼程序特殊性的内在要求。②(2)准许被告提起反诉将面临反诉的主体问题障碍。经法律授权作为公共利益代表提起诉讼的有关机关和社会组织,其仅仅是程序意义上的当事人,社会公众才是环境民事公益诉讼的实质主体。由于反诉的主张应针对实体权利义务人提出,而社会公众本身是一个抽象的概念,其范围在数量上难以具体化和精确化,并且也未在环境民事公益诉讼中以原告的身份出现。这种情形下若准许被告反诉,明显不符合《民事诉讼法》第119条关于起诉必须有明确的被告的要求。如果准许被告以提起环境民事公益诉讼的有关机关、社会组织作为对方当事人提起反诉,那么有关机关或社会组织作为社会公众的代理人对诉讼结果并不具有诉的利益,并且对诉讼代理人提起诉讼明显不符合诉

---

① 宋朝武主编《民事诉讼法学》,中国政法大学出版社,2008,第360页。

② 张旭东:《环境民事公益诉讼特别程序研究》,法律出版社,2018,第181页。

讼规则。①（3）即使允许环境民事公益诉讼的被告提出反诉,但其与本诉在事实上、法律上、民事权益上均不具有牵连性,因而不符合提起反诉的条件。环境民事公益诉讼的原告只是作为社会公共利益的代表提起诉讼, 其与被告之间并不存在事实上的关联,也不会产生法律上的权利义务关系。公益诉讼本诉的法律关系是被告对社会公众实施的环境侵权行为所产生的侵权法律关系,而作为原告的有关机关或社会组织并非该侵权法律关系的当事人。如果被告基于该环境侵权法律关系提起反诉, 那么作为实质主体的社会公众并不是适格的被告主体;如果被告以原告对其存在侵权行为提起反诉,那么该侵权行为所产生的法律关系与本诉中被告对社会公众实施的侵权行为所产生的法律关系,二者之间并不存在法律上的牵连。此外,环境民事公益诉讼的原告作为社会公众的代理人进行诉讼,诉讼的后果并不由其承担,因而如被告对其提起反诉,并无民事权益上的关联性。②（4）环境民事公益诉讼的被告实际上很难提出与本诉相关的诉讼。基于反诉的前提是被告能够提出与本诉相关的诉讼,如果环境民事公益诉讼的被告根本不可能提出与公益诉讼相关的诉讼, 自然也就不会涉及反诉的问题。目前环境民事公益诉讼的被告可能提出与本诉相关的诉讼主要包括:一是被告认为原告滥用其提起诉讼的权利,要求赔偿其因应诉而支出的费用;二是被告认为原告在诉讼外实施的行为,如阻止被告生产经营导致其遭受损失要求赔偿;三是被告认为原告在诉讼中实施的行为,如申请财产保全或证据保全导致其遭受损失要求赔偿。由于上述三种情形的被告之诉均不符合反诉的条件,因此实际上可以说环境民事公益诉讼的被告很难提出与本诉相关的诉讼。③这种情形下,即使赋予环境民事公益诉讼的被告提起反诉的权利并无实质意义。

虽然上述司法解释禁止环境民事公益诉讼的被告反诉, 但只是对不构成反诉条件的起诉不予受理而非驳回起诉、驳回诉讼请求,并非要剥夺被告正当

---

① 柯阳友:《民事公益诉讼重要疑难问题研究》,法律出版社,2017,第166—167页。

② 最高人民法院环境资源审判庭:《最高人民法院关于环境民事公益诉讼司法解释理解与适用》,人民法院出版社,2015,第222—223页。

③ 刘澜平、向亮:《环境民事公益诉讼被告反诉问题探讨》,《法律适用》2013年第9期。

的诉讼权利。如果环境民事公益诉讼的被告坚持认为原告的行为侵犯其合法权益,可以通过另行起诉的方式保障其实体权利。

(三)法院向原告释明变更、增加诉讼请求

关于释明权,有的学者将它定义为"为了明了诉讼关系,由法官向当事人就有关法律上、事实上问题点发问,并给予当事人就这些问题充分陈述机会的一项权能"①。还有学者认为释明权是法院为了救济当事人因辩论能力上的不足或缺陷,通过发问当事人的方式以澄清当事人所主张的某些事实,引导和协助当事人就案件事实和相关证据问题进行充分的辩论。②从性质上看,释明权属于法院诉讼指挥权的范畴,是一项以当事人主义实施为前提的具有职权主义色彩的职权。由于当事人主义发挥作用是以双方当事人的地位大致平衡,相互之间可以进行有效的攻击防御作为前提的,因而在当事人地位轻重失衡的情形下,法官就有必要通过适当行使释明权以纠正这种失衡。《最高人民法院关于民事诉讼证据的若干规定》第3条第1款、第8条第2款、第35条第1款对法院释明权作出规定,法官行使释明权的范围包括当事人所承担的举证责任及其法律后果、当事人的权利处分行为,以及当事人主张的法律关系的性质或者民事行为的效力与法院根据案件事实作出的认定不一致时,法院应告知当事人可以变更诉讼请求。

关于环境民事公益诉讼中法官行使释明权的特别规定,主要见于《环境民事公益诉讼司法解释》第9条、《检察公益诉讼司法解释》第18条规定,即法院认为检察机关或其他适格原告提出的诉讼请求不足以保护社会公共利益的,可以向其释明变更或增加停止侵害、恢复原状等诉讼请求。之所以法官要在原告所提的诉讼请求不足以保护公共利益的情形下行使释明权,主要基于环境民事公益诉讼以最大限度地维护环境公共利益为目的。一方面,只有在原告提出的诉讼请求明确、全面、充分的前提下,法院才能通过对案件的审理对已经受损的、正在受损的或遭受重大威胁的环境公共利益给予充分的维护。另一方面,当原告一方非国家机关时双方当事人地位失衡的现象会比较突出。这是因

---

① 张卫平:《我国民事诉讼辩论原则重述》,《法学研究》1996年第6期。
② 毕玉谦:《民事证据法及其程序功能》,法律出版社,1997,第225页。

为被告常常是经济实力雄厚的污染企业,而环境公益诉讼的专业技术性、复杂性等特点又决定了原告需具备较强的诉讼能力, 以及有充裕资金支持以负担高昂的诉讼成本。在原告缺乏专业技术知识或无充足资金聘请律师的情况下,原、被告双方明显在攻防能力上处于不平衡的状态,此时法院就有必要去纠正这种偏畸。特别是在原告受限于诉讼能力不能提出停止侵害、恢复原状等使生态环境恢复至原有功能和状态的诉讼请求时, 法院就有义务向其阐明变更或增加停止侵害、恢复原状等诉讼请求,以实现充分保护环境公共利益之目的。实际上,即使是在检察机关提起环境民事公益诉讼的情况下,也不一定能对诉讼所涉及的一些复杂问题游刃有余地应对,因此《检察公益诉讼司法解释》第18 条还作出了法院对检察机关释明以变更、增加诉讼请求的规定。

　　虽然法官适当运用释明权可以帮助诉讼能力不足的原告合理地提出诉讼主张,从而实现最大限度地维护环境公共利益之目的。但是在法官行使释明权时,还是不能超过必要的限度,即以使原告明了其主张不足以保护环境公共利益为限度。同时法院应尊重原告的处分权,当原告经法院释明后仍坚持不变更或增加诉讼请求的,法院应遵循“不告不理”原则对其诉讼主张进行审理,不得在当事人的诉讼请求之外就当事人未请求的事项作出裁判。[1]结合国外司法来看, 民事公益诉讼对处分原则的限制适用还体现在法院裁判不受当事人诉讼请求的限制,判决主文与诉讼请求不具有对应性,多判、漏判不构成违反法定程序的行为。[2]

四、辩论主义的限制适用

　　在民事诉讼中,就作为判决基础的事实证据由谁负责主张和提供来说,存在着辩论主义与职权探知主义之分。[3]日本学者兼子一指出,辩论主义的内容主要包括:(1)判断权利发生或消灭的法律效果所必要的要件事实只要在当事

---

　　[1] 最高人民法院环境资源审判庭:《最高人民法院关于环境民事公益诉讼司法解释理解与适用》,人民法院出版社,2015,第 144 页。

　　[2] 江伟、肖建国主编《民事诉讼法(第 8 版)》,中国人民大学出版社,2018,第 168 页。

　　[3] 邵明:《析法院职权探知主义——以民事诉讼为研究范围》,《政法论坛》2009 年第 6 期。

人的辩论中没有出现,法院就不得以它作为基础作出裁判。(2)法院在判决理由中所需认定的事实仅限于当事人之间争执的事实,当事人没有争执的事实既无必要以证据确认也不允许法院作出相反的认定。(3)认定所争执事实的证据材料必须从当事人提出的证据中获得,法官不得依职权调查证据。[①]日本学者三月章指出职权探知主义的主要内容包括:(1)法院在观念上必须明确,当事人未经提出的事实同样可以作为裁判的基础。(2)必须承认法院可以透过职权调查收集证据。(3)法院认定事实可以不受当事人自认的拘束。[②]与辩论主义适用于民事私益诉讼案件有所不同,职权探知主义主要适用于含有公益因素的事项或民事公益诉讼案件。就环境民事公益诉讼来说,对辩论主义予以限制而在一定范围内适用职权探知主义既是案件本身的特殊性所决定的,同时也是克服辩论主义的局限以实现环境民事公益诉讼的目的所必需的。从我国现行法律与司法解释来看,对辩论主义限制适用而采用职权探知主义的规定主要体现在以下两方面。

(一)依职权调查收集证据及委托鉴定

根据《民事诉讼法》第 64 条第 2 款规定,人民法院认为审理案件需要的证据应当调查收集。同时《最高人民法院关于适用〈中华人民共和国民事诉讼法〉的解释》第 96 条、《最高人民法院关于民事诉讼证据的若干规定》第 15 条均明确了《民事诉讼法》第 64 条规定的"法院认为审理案件需要的证据"包括涉及可能损害社会公共利益的事实。更进一步地,《环境民事公益诉讼司法解释》第 14 条规定,"对于审理环境民事公益诉讼案件需要的证据,人民法院认为必要的,应当调查收集。对于应当由原告承担举证责任且为维护社会公共利益所必要的专门性问题,人民法院可以委托具备资格的鉴定人进行鉴定"。

之所以在环境民事公益诉讼中作出法院依职权调查收集证据的特别规定,主要是由辩论主义的局限性和环境民事公益诉讼本身的特殊性所决定的。在环境民事公益诉讼中,作为原告的社会组织、公民与作为被告的企业往往在

---

① 肖建国:《论现代型民事诉讼的结构和功能》,《朝阳法律评论》2010 年第 2 期。

② 〔日〕三月章:《日本民事诉讼法》,汪一凡译,台北五南图书出版有限公司,1999,第196 页。

经济实力、取证能力上存在较大差距,相关证据在双方当事人之间分布也极不平衡,从而难以实现平等地对抗。这种情形下若采取辩论主义不仅不能克服当事人在诉讼程序中的地位失衡状态,甚至还有可能加剧双方之间的不平等,其最终的结果就是以形式公正牺牲了实体公正,并导致已经受到侵害、正在受到侵害或遭受重大威胁的环境公共利益无法得到保护。对于环境民事公益诉讼中这种失衡的两造关系,必须由法院主动行使职权予以匡正,使法院不再固守于形式上的公正而要兼顾实质公正,并在依职权查明事实的基础上实现对环境公共利益的有力维护。需要说明的是,虽然法院调查收集证据的范围不限于当事人所申请调查的范围,但法院依职权调查还是应限于"为维护社会公共利益所必要的事项"的范围,并且对于原告负举证责任的被告存在环境污染、生态破坏行为的证据,还是应由原告提交而不宜由法院轻易代替调取,以免危及法院在诉讼中的中立地位,使法院有成为另一个行政执法机构之嫌。

关于法院依职权委托鉴定的问题,原则上也属于法院调查收集证据的范畴。在环境民事公益诉讼中,原告除了要举证证明被告实施了环境污染、生态破坏行为,其行为已经导致了生态环境损害结果或具有损害生态环境的重大风险之外,还需对被告的行为与生态环境损害之间存在因果关系承担初步的证明责任。虽然环境民事公益诉讼的证明责任分配作出了有益于原告的规定,但是正如上文所述,原告对于生态环境本身遭受的损害、存在因果关系的证明并不容易,尤其是涉及生态环境损害实物量化、生态环境损害价值量化及因果关系分析等往往需要提交有关鉴定评估机构作出的生态环境损害鉴定评估结论。然而,目前生态环境损害鉴定评估存在机构少、费用高、效力不明的问题也是不争的事实。对于作为原告的社会组织来说,其提起公益诉讼本身就是一种利他的勇敢行为,在负担诉讼费用之外还要面临一旦败诉可能面临的赔偿损失、遭人报复的风险。这种情形下如果对某专门性问题进行鉴定是保护环境公益所必需,并且也属于原告应承担举证责任的待证事实范围,而社会组织囿于其专业能力或资金有限无法提交有关鉴定意见,此时若法院根据证明责任的分配判决其承担举证不能的诉讼后果并不为过,但毕竟这样认定的法律事实与客观真实的一致性难以令人信服。不仅如此,这样的诉讼结果很可能会挫伤社会组织今后提起环境民事公益诉讼的积极性,使它更难以聚集勇气提起诉讼,从而不利于环境公益诉讼制度功能的发挥。因此,对于应当由原告承担举证责任且为维护社会公益所必要的专门性问题,法院在诉讼中可以委托进行鉴定。如此一来既可以克服环境民事公益诉讼原告的利他局限性,同时有利于法院在查明事实的基础上有力保护受到侵害的环境公共利益。至于何为"为维护社会公益所必要的专门性问题",《贵阳市中级人民法院环境民事公益诉讼审理规程(试行)》第 32 条规定可作为参考,即包括环境公共利益损害的范围及程度、修复费用的确定以及与环境行为之间的因果关系。①

(二)对自认的事实进行审查

诉讼上自认的事实,简称为自认,是指在诉讼过程中一方当事人对另一方当事人所主张的案件事实,承认其为真实。②自认的事实是当事人无须证明的事实,其理论基础就是辩论主义的诉讼法理。原则上在当事人之间的民事争议不涉及社会公共利益或他人合法权益的情况下,法院不应对当事人在诉讼中的自认进行干预。根据《最高人民法院关于适用〈中华人民共和国民事诉讼法〉的解释》第 92 条规定,一方当事人在法庭审理中或在起诉状、答辩状等书面材料中对于己不利的事实明确表示承认的,另一方当事人无须举证证明,但是涉及国家利益、社会公共利益等应由法院依职权调查的事实除外。就环境民事公益诉讼来说,由于诉讼目的在于最大限度地维护环境公共利益,因而法院在认定案件事实时可以不受当事人自认的拘束,既不能任由当事人处分案件事实和证据,又不能任由当事人虚假提出或虚假自认。这实质上是民事公益诉讼案件适用"实体真实主义"原则的体现,原因就在于法院若根据虚假自认作出的判决通常不能实现保护公益之目的,而法院以公益维护者身份依职权探知事实更能发现真实和维护公益。③《环境民事公益诉讼司法解释》第 16 条就是对原告自认和认可对方证据所作的限制性规定,即法院对于原告在诉讼过程中

---

① 王立主编《环保法庭案例选编——贵州省贵阳市生态保护"两庭"成立十周年特辑》,法律出版社,2017,第 105 页。

② 江伟、肖建国主编《民事诉讼法(第 8 版)》,中国人民大学出版社,2018,第 204 页。

③ 邵明:《析法院职权探知主义——以民事诉讼为研究范围》,《政法论坛》2009 年第 6 期。

承认的对己方不利的事实和证据,如认为损害社会公共利益应当不予确认。具体而言,由于环境民事公益诉讼的原告仅系程序意义上的当事人,以及原告因诉讼能力不足等原因可能会在未经核实的情况下轻率认可对己不利的事实或证据,这种行为很可能导致案件事实无法查清的后果,当然也就难以充分实现对受到侵害的环境公共利益的司法救济。因此,法院如认为原告自认和认可对方的证据损害社会公共利益时,应当不予确认。

除此之外, 在环境民事公益诉讼中对辩论主义的限制适用还体现在当事人不主张的事实,如果事关公共利益的保护,法院也应当审理。当然,在环境公益诉讼中法院适度强化职权主义色彩并不意味着法院可以违背司法中立原则,而是应当确保当事人享有充分的攻击防御机会。[1]毕竟民事诉讼的基本构造仍以两造当事人的对抗开展诉讼活动。也就是说,环境民事公益诉讼虽然在制度设计上有一定的职权主义色彩, 但还是应秉持中立裁判和正当程序的基本要求,对双方当事人的合法权益予以平等保护。在环境民事公益诉讼中法院行使职权应有一定限度,这个限度就是"不能强大到否定公益诉讼的诉讼程序性质定位的地步,以至于使公益诉讼程序成为非讼程序或行政程序。"实际上,只要法律规则固守法官权力与当事人诉讼权利的界限, 法院又在规定的范围内行使职权,那么即使法官的职权行为在客观上产生对一方当事人有利或不利的后果,也是法律所允许甚至是希望达到的,不能据此而否定法院的中立性。[2]

五、关于环境民事公益诉讼与行政监管的衔接

鉴于现代环境问题具有多样性、系统性、综合性、动态性、科技性、复杂性、不确定性等特点,对于现代环境问题的治理要直接依赖于行政权这一积极、灵活、富有效率的公共权力。[3]据中国环境统计年报公布的数据,2005—2012 年,

[1] 肖建国、黄忠顺:《环境公益诉讼基本问题研究》,《法律适用》2014 年第 4 期。

[2] 许尚豪:《如何保持中立:民事公益诉讼中法院的职权角色研究》,《政治与法律》2017 年第 9 期。

[3] 王明远:《我国环境公益诉讼的发展方向:基于行政权与司法权关系理论的分析》,《中国法学》2016 年第 1 期。

我国环境信访量年均约 77 万件,但进入司法程序的不足 1%,可见绝大多数环境纠纷是通过行政部门进行了处理。[①] 行政执法不仅成为保护生态环境的主要手段,同时还因其处于维护环境公共利益链条的"上游"位置,而愈显其在生态环境保护中的重要地位。行政执法的这一特点与环境民事公益诉讼的功能是相契合的,环境民事公益诉讼处于维护环境公共利益链条的"下游"位置,其重要功能就在于弥补环境行政执法的不足而非取代之,是环境行政执法的重要补充和有效监督,起到维护环境正义的最后一道防线的作用。与此同时,就环境民事公益诉讼而言,环境污染和生态破坏行为所引发纠纷的利益冲突性、辐射广泛性、科学技术性、价值多元性等特点还决定了在诉讼过程中,不仅要引入社会公众的监督以及为公众参与环境治理提供入口,在一些专业性问题上还需要"以相配套的资金、人员、科学技术为基础,以诸多法律制度为工具,以执法机制为保障"的行政机关予以配合。[②] 也就是说,欲充分保护已经受到侵害、正在受到侵害或遭受重大威胁的环境公共利益,还有必要实现司法途径和行政手段的有效衔接。环境民事公益诉讼与环境行政监管的衔接涵盖了从立案到执行的过程,就审理阶段来说二者之间的衔接主要体现在以下两个方面。

（一）向负有环境保护监督管理职责的部门告知案件线索

根据《环境民事公益诉讼司法解释》第 12 条规定,法院在受理环境民事公益诉讼案件后,应当在 10 日内告知对被告行为负有环境保护监督管理职责的部门。这一规定体现了环境司法与环境行政执法之间的衔接,具有督促负有环境保护监督管理职责的部门积极履行监管职责的积极作用。与域外环境民事公益诉讼的诉前通知的前置程序有所不同,在我国法律规定的有关组织提起诉讼无须历经该程序。如在美国提起公民诉讼之前必须履行诉前通知程序:在违反联邦环境法律特定条款或内容的情形下,通知的对象包括执行联邦环境

---

① 刘慧慧:《环境民事公益诉讼与行政监管的衔接》,中国法院网,https://www.chinacourt.org/article/detail/2014/12/id/1501003.shtml,访问日期:2019 年 8 月 26 日。

② 王明远:《论我国环境公益诉讼的发展方向:基于行政权与司法权关系理论的分析》,《中国法学》2016 年第 1 期。

法律的行政机构、被控违法行为发生地所在州政府和被控违法者;在执法者不作为的情形下,通知对象为执行该联邦环境法律的行政机构的行政首脑。通知的期限通常为 60 日,经过 60 日后方得正式提起诉讼。①虽然我国环境民事公益诉讼的立案告知制度与域外的诉前通知程序在通知的主体、内容、期限、对象等方面都有所区别,但是二者在向执法者告知发生了环境违法行为,以促使其对违法者积极采取执法措施上却是一致的。而我国之所以未规定诉前通知程序却确立了立案告知制度,主要原因在于前置程序会对当事人提起公益诉讼设置新的障碍,与立案登记制改革的方向不符,社会效果不佳。②对于法院来说,将案件受理情况告知环境保护监督管理部门是一项强制性义务。结合 2014 年《最高人民法院、民政部、环境保护部关于贯彻实施环境民事公益诉讼制度的通知》来看,环境保护主管部门在收到法院受理环境民事公益诉讼案件的线索后,可以根据案件线索开展核查;如发现被告的行为构成环境行政违法的,应依法进行处理并将处理结果通报法院。至于法院告知的对象和内容,《贵阳市中级人民法院环境民事公益诉讼审理规程(试行)》第 9 条的规定可作为参考,即法院告知的对象包括环境公共利益密切联系地、环境侵害行为地、侵害结果地及环境风险密切联系地负有环境、资源、生态监督管理职责的部门、机关及检察机关;告知的内容一般应包括:案件基本情况;请求有关部门或机关作出必要的行政执法应对,或者回复被告的环境许可信息及环境违法信息,与案件相关的环境技术及监测信息,以及是否提供法律咨询、技术咨询、协助调查及支持起诉等决定。③如果环境保护监督管理部门在收到法院的案件线索后积极采取执法措施,并使得原告的诉讼请求全部实现,则可依据《环境民事公益诉讼司法解释》第 26 条、《检察公益诉讼司法解释》第 19 规定,由原告申请撤回起诉。

---

① 陈冬:《美国环境公益诉讼研究》,中国人民大学出版社,2014,第 98—100 页。

② 最高人民法院环境资源审判庭:《最高人民法院关于环境民事公益诉讼司法解释理解与适用》,人民法院出版社,2015,第 171 页。

③ 王立主编《环保法庭案例选编——贵州省贵阳市生态保护"两庭"成立十周年特辑》,法律出版社,2017,第 102 页。

（二）负有环境保护监督管理职责的部门对法院的配合义务

在环境民事公益诉讼中明确行政机关对司法机关的配合义务，是为了借用行政机关的专业行政资源和解决科学技术方面的挑战。[①]从现行司法解释来看，在环境民事公益诉讼审理中行政机关对法院的配合义务主要包括：（1）及时应法院要求提交有关证据材料。根据《最高人民法院、民政部、环境保护部关于贯彻实施环境民事公益诉讼制度的通知》第4条规定，法院因审理案件需要向负有监督管理职责的环境保护主管部门调取的涉及被告的证据材料，包括环境影响评价文件及批复、环境许可和监管、污染物排放情况、行政处罚及处罚依据等，除了不得对外提供的材料外相关部门应及时向法院提交。（2）将有关调解协议、和解协议的意见和建议及时向法院提出。上述通知第5条还规定，法院应当将调解协议、和解协议的内容告知负有监督管理职责的环境保护主管部门。相关部门如对协议约定的修复费用、修复方式等内容有意见或建议应及时向法院提出。这是由于调解协议、和解协议的内容通常会涉及一些专业技术性问题，而法院在处理这些问题时并不具有专长，如对于停止实施环境污染或生态破坏行为的具体方案、环境修复方案的内容尤其是修复方式及修复费用、被告应赔偿的生态环境服务功能损失金额等问题。通过法院告知有关行政机关协议内容的方式，使得行政机关有机会也有义务对协议约定的内容提出意见和建议，可以充分发挥行政机关在应对专业技术问题上的优势，从而可以防止因当事人相互串通、原告诉讼能力欠缺或不作为致使公共利益得不到维护的情形发生，同时也避免了法院对协议内容是否违背环境公共利益的审查缺乏相应的科学依据。（3）组织修复生态环境及对生态环境损害修复结果的协助审查。根据上述通知第6条规定，法院在必要时可以商情负有监督管理职责的环境保护主管部门共同组织修复生态环境；对于生态环境损害修复的结果，法院在必要时还可以商请环境保护主管部门协助审查。（4）就生态环境修复费用向法院提出意见。根据《环境民事公益诉讼司法解释》第23条规定，生态环境修复费用难以确定或确定所需数额需要的鉴定费过高的，法院在合理

[①] 王明远：《论我国环境公益诉讼的发展方向：基于行政权与司法权关系理论的分析》，《中国法学》2016年第1期。

确定数额时可以参考负有环境保护监督管理职责的部门的意见。从这一规定可知,在法院向有关部门征求生态环境修复费用的意见时,该部门基于其负有的环境保护监督管理职责有义务予以协助。

环境民事公益诉讼与行政监管的衔接还体现在法院在审理案件过程中就其发现的问题,及时向有关管理部门提出司法建议,以及商请行政机关参与法院调解等方面。如清镇市法院生态保护法庭充分利用环境行政机关的专业优势,积极邀请其参与法院的调解工作。①除此之外,昆明市中级人民法院发布的《关于建立环境保护执法协调机制的实施意见》,重庆市高级人民法院与重庆市人民检察院、公安局、环境保护局联合印发的《关于试点集中办理环境保护案件的意见》等,对环境资源执法协调机制的建设进行了有益探索。随着实践中逐步实现环境执法和环境司法的有效衔接、相辅相成,生态环境所承载的环境公共利益有望得到更充分更有效的保护。

除了上述特别程序规则之外,环境民事公益诉讼审理程序中的特别规定还包括预防性程序规则,主要是有关证据保全和行为保全的规定。《环境侵权责任纠纷司法解释》第 11 条、第 12 条分别对环境侵权诉讼中的证据保全和行为保全作出规定,这一规定既适用于环境民事私益诉讼也适用于环境民事公益诉讼,故未将其作为环境民事公益诉讼审理程序的特别规则加以列举和探讨。

第二节　环境行政公益诉讼审理程序中的特别规则

由于环境行政公益诉讼的目的在于促进行政机关依法履行职责,从而维护好生态环境所承载的国家利益和社会公共利益,而《行政诉讼法》在本质上亦属于私益诉讼的范畴,同样存在对于环境行政公益诉讼案件审判的立法供给不足的问题。因此与环境民事公益诉讼相类似,环境行政公益诉讼本身的特

---

① 傅贤国:《环境民事公益诉讼制度研究——以贵州省贵阳市"生态保护两庭"司法实践为中心的分析》,法律出版社,2016,第 27—29 页。

殊性也需要在《行政诉讼法》的基础之上，设置与其目的与功能相匹配的一系列特别程序规则。从现行法律及司法解释来看，关于环境行政公益诉讼审理程序中的特别规定主要涉及以下两个方面。

一、关于证明责任的分配

举证责任或证明责任的分配关系到案件事实的认定和最终的裁判结果，因此在环境行政公益诉讼的程序设计中居于非常重要的地位。《行政诉讼法》《最高人民法院关于行政诉讼证据若干问题的规定》在有关证据的规定中使用了"举证责任"的表述，区别于《最高人民法院关于适用〈中华人民共和国民事诉讼法〉的解释》所采用的"举证证明责任"一词，以及民事诉讼理论中双重含义说所指的"证明责任"的概念，即将行为意义上的证明责任及结果意义上的证明责任均包含在内。有学者指出，行政诉讼与民事诉讼的主要区别在于诉讼主体的法律地位，而作为证据制度本身的要求，行政诉讼与民事诉讼又具有一致性，即在证据的提供以及不利诉讼后果承担上是相同的，因而用"证明责任"替代"举证责任"的概念更为合适。[①] 从环境行政公益诉讼不同于一般行政诉讼的目的与功能出发，环境行政公益诉讼的证明责任分配应体现监督行政机关依法行政、促进环境法的充分实施的制度功能。也就是说，在证明责任的分配上，一方面应有利于适格原告通过司法程序有效监督行政机关执行环境法的行为，另一方面还要有利于提升环境行政机关依法行政的能力、促进其积极实施环境法。

（一）关于是否适用举证责任倒置原则的探讨

目前，检察机关是唯一被授权可以提起环境行政公益诉讼的主体。与一般"民告官"的行政诉讼明显不同，在"官告官"的检察行政公益诉讼案件中，是按照权责对应原则规定检察机关承担"谁主张、谁举证"的证明责任，还是应遵循行政诉讼法所确立的举证责任倒置原则，由行政机关对其行政行为的合法性举证证明，是一个颇具争议性的关键问题。认为检察机关应承担更多证明责任

---

① 李劲：《环境行政公益诉讼证明责任问题研究》，《渤海大学学报（哲学社会科学版）》2018 年第 2 期。

的理由在于,检察机关有别于一般行政诉讼中处于弱势地位的原告,其在人、财、物的配备及所掌握的侦察技术手段上均可与行政机关相抗衡,因而在举证责任的分配上已无适用举证责任倒置原则的必要,应按照民事诉讼中"谁主张、谁举证"的规则确定检察机关提起行政公益诉讼的举证责任原则。[①] 对此,有学者指出行政公益诉讼虽然是在"公益"领域内督促行政机关依法行政,但其本质上仍然属于行政诉讼的范畴,不应因起诉人举证能力的不同而放弃遵循举证责任倒置这一行政诉讼举证责任分配的基本原则。尤其是举证责任倒置原则看似因为行政相对人的举证能力不及行政机关而作出的举证公平的设置,但实则最根本的原因在于行政法治原则的要求。并且,在行政公益诉讼中确立举证责任倒置原则还符合"最有利于客观事实再现"原则,亦是实现行政公益诉讼制度价值功能的客观要求。[②]

从实现环境行政公益诉讼的目的及发挥其功能的角度,检察机关提起环境行政公益诉讼在总体上适用举证责任倒置原则是必要的。这是因为一方面,环境行政公益诉讼的目的——维护环境公共利益的实现,仍然要通过对行政行为的合法性审查才能达到,从这一点来看环境行政公益诉讼与一般行政诉讼并无实质差异。另一方面,从发挥环境公益诉讼"促进环境法的充分实施"的功能出发,由行政机关对其行为的合法性举证证明,无疑更有利于促进其不断提升依法行政的意识、能力并积极地实施环境法。行政机关作为生态环境保护的最主要力量,以及其处于维护环境公共利益链条的"上游"位置,其能否做到依法行政、积极实施环境法对于生态环境的保护至关重要。正是基于这一点,在环境行政公益诉讼的证明责任分配上,不宜将证明行政行为违法的结果意义上的证明责任施加于检察机关,否则有可能影响检察机关提起环境行政公益诉讼的积极性,从而导致环境公益诉讼促进环境法充分实施的功能难以发挥。不仅如此,即使检察机关能够"迎难而上"地提起诉讼,也未必能够掌握行政机关违法行使职权和不作为的全部情况,尤其是不易获取一些被行政机关所独占控制的关键证据,加之检察机关在一些涉及专业技术的问题上,如违法

[①] 季美君:《检察机关提起行政公益诉讼的路径》,《中国法律评论》2015 年第 3 期。

[②] 万进福:《行政公益诉讼中的举证责任分配》,《人民法院报》2017 年 9 月 27 日。

行政行为致使生态环境遭受损害的证明上与行政机关相比并不具有优势,这种情形下如适用"谁主张、谁举证"原则很可能导致检察机关难以通过司法程序纠正行政机关侵害环境公益的违法行为。因此,虽然从检察机关提起公益诉讼试点工作的情况来看,检察机关实际上承担了谁主张、谁举证的证明责任,①但是从实现环境公益诉讼的目的及发挥其功能的角度,还是应总体上适用举证责任倒置的原则。

具体来说,就是由检察机关就被告的违法行为侵害国家利益、社会公共利益的事实承担初步证明责任,而由行政机关对其行政行为的合法性及该行为与国家利益、社会公共利益的损害之间没有因果关系承担结果意义上的证明责任。所谓"初步证明责任",即检察机关提出初步证据即可,无须达到很高的说服程度,其功能在于引发后续诉讼。检察机关在完成其"初步证明"义务后,证明责任将全部转移至行政机关一方而使诉讼得以继续进行。②也就是说,检察机关在环境行政公益诉讼中承担的是推进责任而非结果责任,检察机关在完成对行政机关违法履行职责致使国家利益、环境公共利益受到侵害的初步证明之后,还需要行政机关对其行政行为的合法性举证证明,如案件事实仍处于真伪不明的状态时,则应由行政机关承担不利的诉讼后果。③

(二)原告所负的证明责任

目前关于检察机关在环境行政公益诉讼中的举证责任的规定,主要见于2018年"两高"联合发布的《检察公益诉讼司法解释》第22条第2项、第3项规定,即检察机关提起行政公益诉讼应提交"被告违法行使职权或者不作为,致使国家利益或者社会公共利益受到侵害的证明材料",以及"检察机关已经履行诉前程序,行政机关仍不依法履行职责或者纠正违法行为的证明材料"。可见,检察机关在行政公益诉讼中所承担的举证责任有别于一般行政诉讼的原

---

① 最高人民检察院民事行政检察厅:《检察机关提起公益诉讼的实践与探索》,中国检察出版社,2017,第88页。

② 张硕:《论行政公益诉讼证明标准》,《哈尔滨工业大学学报（社会科学版）》2018年第4期。

③ 李劲:《环境行政公益诉讼证明责任问题研究》,《渤海大学学报（哲学社会科学版）》2018年第2期。

告。一般行政诉讼的原告承担举证责任的范围包括:证明起诉符合《行政诉讼法》第49条规定的条件;在起诉被告不履行法定职责的案件中,证明其曾经申请被告履行职责;在行政赔偿、补偿的案件中证明自己受到损害的事实;主张的其他待证事实。① 而在环境行政公益诉讼中,检察机关就符合起诉条件所承担的举证责任明显重于一般行政诉讼的原告,尤其是要对被诉行政行为的违法性以及该行为致使国家利益、社会公共利益受到侵害的事实提供证明材料。不过根据《行政诉讼法》第37条关于"原告可以提供证明行政行为违法的证据。原告提供的证据不成立的,不免除被告的举证责任"的规定,以及结合上文关于环境行政公益诉讼宜总体上适用举证责任倒置原则的分析来看,上述司法解释是对检察机关证明其起诉符合条件的规定,而非将行政行为是否合法的结果意义上的证明责任转移至检察机关。具体来说,检察机关在环境行政公益诉讼中应对以下待证事实承担证明责任。

1.对被告违法行使职权、不作为的初步证明责任

在检察机关提起的环境行政公益诉讼中,检察机关应对被告违法行使职权或不作为承担初步证明责任。就被告违法行使职权的举证证明来说,由于违法行使职权的行为是作为形式的行政违法行为,主要表现为被诉行政机关在履行职责的过程中,存在事实认定上的错误、违反法定程序或者滥用职权等违反规定行为。因此检察机关应对被告存在上述行为提供相应的证明材料,包括有关行政文书、行政行为的实施情况、有关行政机关具体职责的相应法律依据、规范性文件等,以证明被告实施了事实认定错误或违反了法定程序的行政行为,或者存在滥用职权等违反规定的行为等。如被告实施了不符合行政许可条件核发排污许可证、核发危险废物经营许可证的行为,基于地方保护主义、权力寻租或者迫于相关部门压力而对环境违法行为进行包庇,在进行事关环境公益的重大决策活动中未听取公众意见的违法行为,过度发放采矿许可证、砍伐许可证的行为等。

就被告不作为的举证证明来说,检察机关一方面要提交有关被告不作为的证明材料,另一方面还要举证证明被告负有法定的监管职责,即具有相应的

---

① 张步洪:《行政诉讼举证规则的体系解释》,《国家检察官学院学报》2015年第4期。

作为义务。具体而言,行政机关不作为形式的违法行为包括完全不履职、不完全履职两种情形。对于被告完全不履职的行为,检察机关需提交被告违背其监管职责对违反环境法的行为不予立案调查,也没有采取任何处罚措施予以纠正的证明材料。如举证证明被告对其主管范围内的超标排放污染物、造成环境事故等行为,在发现或者接受举报后未及时进行查处。对于被告不完全履职的行为,检察机关需提交被告对于应为的监管职责没有达到要求,因而导致没有实现监管目的的证明材料。如举证证明环境行政机关对于违反环境法的行为实施处罚不充分、不注重复查监督或怠于实施强制措施的行为。此外,无论是行政机关违法行使职权抑或不作为,在检察机关经诉前程序向法院提起环境行政公益诉讼之时,检察机关还应就行政机关仍未依法履行职责或者纠正违法行为的事实举证证明。

在司法实践中,基于检察机关的法律监督者地位和具有较强的举证能力,检察机关虽然会尽可能地提出被告违法行使职权或不作为的证据材料,但也正如检察机关所指出的,虽然"了解和掌握行政机关违法履行职责或未履行职责的证据尤为重要,但存在很大的难度"①。同时,鉴于检察机关在环境行政公益诉讼中承担的是推进责任而非结果责任,因而就检察机关对于被告违法行使职权、不作为的证明标准来说,该证明标准的设置不宜过高。有学者进一步指出,在司法实践中行政公益诉讼证明标准尚未确定的情形下,检察机关对于行政违法性事实的证明应达到三项要求:对基础性行政事实能够举证并作出简要陈述,对细节的完整性、准确性则无太多要求;对违法性事实的陈述与已知事实无明显冲突,对非关键性事实的证明瑕疵有一定的容忍度;检察机关对于行政机关违法行使职权或不作为的叙述符合一般逻辑,使得法官相信该行政违法事实更可能存在。②

另外,在今后授权社会组织提起环境行政公益诉讼的前提下,由于社会组

---

① 最高人民检察院民事行政检察厅:《检察机关提起公益诉讼的实践与探索》,中国检察出版社,2017年版。

② 张硕:《论行政公益诉讼证明标准》,《哈尔滨工业大学学报(社会科学版)》2018年第4期。

织与检察机关相比,并不具有向行政机关调查收集证据的法定职权,包括《检察公益诉讼司法解释》第 6 条规定的检察机关在办理公益诉讼案件时,享有向有关行政机关以及其他组织、公民调查收集证据材料的职权,有关行政机关以及其他组织、公民应当予以配合。因此就社会组织对行政违法事实的初步证明责任来说,宜确立比检察机关对违法性事实证明更低的证明标准,即只要能够达到引发后续诉讼的目的即可。

2.对被诉行政行为致使国家利益、社会公共利益受到侵害的初步证明责任

检察机关提起环境行政公益诉讼除了要承担被告违法行使职权、不作为的举证责任之外,还要提交被诉行政行为致使国家利益、社会公共利益受到侵害的证明材料。具体来说,检察机关承担的这一举证责任涉及对两个待证事实的证明。

一是国家利益、社会公共利益受到了侵害。在环境行政公益诉讼中,被侵害的社会公共利益包括生态环境所承载的经济性环境公益及生态性环境公益,本质上就是生态环境本身所遭受的损害。由于国家所有的自然资源大多兼具经济性功能与生态性功能,因此当被诉行政行为造成了国家所有的自然资源的损害时,不仅是对国家利益的侵害,同时也是对自然资源所承载的经济性环境公益、生态性环境利益的侵害。对于提起环境行政公益诉讼的检察机关来说,相较于一般行政诉讼的原告通常只需提供其符合起诉条件的证据材料,检察机关对国家利益、社会公共利益受到侵害的证明意味着它承担了较重的举证责任。这在很大程度上是因为对生态环境本身所受损害的证明实属不易,常常需要提供具备相应资质的司法鉴定机构或其他专业机构出具的评估鉴定意见等。然而在环境行政公益诉讼中确定、量化生态环境损害的范围及程度并不是实现诉讼目的之必需, 这是因为环境行政公益诉讼的主要目的在于纠正行政机关的违法行为、促使其依法行政、积极实施环境法,而非环境民事公益诉讼所追求的"预防、修复环境公共利益的损害",通常也不涉及环境民事公益诉讼中对生态修复费用、生态环境受到损害至恢复期间服务功能损失等款项的确定。基于这一点,检察机关对于"致使国家利益或者社会公共利益受到侵害"的证明,除非是在环境行政附带民事公益诉讼中,否则是没有必要要求检察机

关提交确定生态环境损害的范围及程度的证据材料，如有关生态环境损害的评估鉴定意见等。还有学者进一步指出，检察机关对于国家利益、社会公共利益受到侵害的证明，实际上就是举证证明"国家利益或者社会公共利益处于受侵害状态"。①

二是被诉行政行为"致使"国家利益、社会公共利益受到了侵害，即被诉行政行为与国家利益、社会公共利益的损害之间存在因果关系。如前所述，检察机关对于国家利益、社会公共利益受到的损害的证明，实际上就是要举证证明国家利益、社会公共利益处于受侵害的状态。因此，检察机关还需对国家利益、社会公共利益因被诉行政行为而处于受侵害状态的事实进行证明。当然，这一因果关系的证明标准不宜过高，只要检察机关举证证明被诉行政机关的违法行政行为致使国家利益、社会公共利益处于受侵害状态，能够提出造成损害事实的初步证据即可。②

此外，由于现行行政诉讼法仅将"致使国家利益或者社会公共利益受到侵害的"违法行政行为纳入行政公益诉讼的受案范围，因此目前并不涉及检察机关对违法行政行为具有严重侵害国家利益或环境公共利益之虞的证明。若今后准许检察机关提起预防性的环境行政公益诉讼，由于起诉时侵害国家利益、社会公共利益的损害结果尚未发生，因此，检察机关可以不必提交有关国家利益或社会公共利益受到侵害的事实证明材料，只要提出可能出现或正在出现侵害的书面描述即可。当然检察机关亦可提交专家的有关论证材料，但不应作为检察机关提起预防性行政公益诉讼的硬性要求。③与对"致使国家利益或者社会公共利益受到侵害"的证明相类似，检察机关对于违法行政行为具有严重侵害国家利益、环境公共利益之虞的证明标准，也无须达到环境民事公益诉讼

---

① 徐全兵：《检察机关提起行政公益诉讼的职能定位与制度构建》，《行政法学研究》2017年第5期。

② 钱国泉、俞广林、付继博：《检察机关提起行政公益诉讼的举证责任分配》，《人民检察》2016年第22期。

③ 王春业：《论检察机关提起"预防性"行政公益诉讼制度》，《浙江社会科学》2018年第11期。

中原告对生态环境损害的"高度盖然性"标准，只要提出具有导致生态环境重大风险的初步证据即可。

3.对已经履行诉前程序的证明责任

《行政诉讼法》第25条第4款对检察机关提起行政公益诉讼必须履行诉前程序作出了规定。2018年"两高"联合发布的《检察公益诉讼司法解释》第22条第3项规定了检察机关提起行政公益诉讼，应提交其已经履行诉前程序而行政机关仍不依法履行职责或者纠正违法行为的证明材料。在检察机关提起的环境行政公益诉讼的整个过程中，履行诉前程序是极其重要的一个阶段，不仅有助于激活行政机关自我纠错的积极性，促使其依法行政、积极实施环境法进而实现对环境公共利益的有力维护，同时还符合经济原则，同时避免了检察机关的权力过分扩张可能导致的国家权力体系的混乱。因此，检察机关提起环境行政公益诉讼应以履行了诉前程序，并且行政机关仍不依法履行职责或纠正违法行为为前提。根据《行政诉讼法》第25条第4款、《检察公益诉讼司法解释》第22条规定，检察机关履行诉前程序的方式是向行政机关发出督促其依法履行职责的建议；行政机关应当自收到检察建议书之日起2个月内依法履行职责，并书面回复检察机关；当出现国家利益或者社会公共利益损害继续扩大等紧急情形的，行政机关应当在十五日内书面回复检察机关。依据上述规定，检察机关在提起环境行政公益诉讼时，应提交其已经履行了诉前程序的证明材料，包括向被诉行政机关发出检察建议书的时间、内容、方式，被诉行政机关的书面回复情况等。至于检察机关对于这一待证事实的证明标准，则应达到使法官确信无疑的程度。

除此之外，根据《最高人民法院关于行政诉讼证据若干问题的规定》第69条规定，原告确有证据证明被告持有的证据对原告有利而被告无正当事由拒不提供的，可以推定原告的主张成立。因此在环境行政公益诉讼中，如原告能够举证证明被诉行政机关持有相应证据，且该证据对原告有利，这种情形下法院可以直接推定原告所主张的事实成立。

（二）被告所负的证明责任

1.对被诉行政行为合法性的证明责任

如前所述，检察机关提起的环境行政公益诉讼总体上应适用举证责任倒置原则，在检察机关向法院提交被告违法行使职权或者不作为，致使国家利益、社会公共利益受到侵害等证明材料之后，应由被告对其作出的行政行为合法提供证据并承担结果意义上的证明责任。根据《行政诉讼法》第34条规定，"被告对作出的行政行为负有举证责任，应当提供作出该行政行为的证据和所依据的规范性文件。"具体就环境行政公益诉讼来说，被告对其行政行为合法性的证明包括两种情形：

一是被诉行政行为属于违法行使职权的情形。在环境行政公益诉讼中，在检察机关向法院提交了被告违法行使职权的证明材料后，被告应就其行使职权行为的合法性提供法律依据和事实根据，即需要提交有关被告的职权依据、其行使职权行为所依据的规范性文件、其行使职权行为所认定事实及程序方面的证据材料，以证明被诉违法行使职权的行为并不属于检察机关所指出的事实认定错误、程序违法或者滥用职权等违反规定的情形。同时，根据《行政诉讼法》第34条第2款规定，"被告不提供或者无正当理由逾期提供证据，视为没有相应证据。但是，被诉行政行为涉及第三人合法权益，第三人提供证据的除外。"环境行政公益诉讼的被告未向法院提供证据、提供的证据不足以证明其行为的合法性、无正当理由逾期提供证据的，将承担举证不能的诉讼后果。在第三人为维护自身权益、支持自己的主张而提供的证据足以证明被诉行政行为合法的情形下，则可免除行政机关举证不能的责任。不过被告在举证不能的情况下，行政机关不可以积极主动地支持第三人提供证据以证明其行政行为合法。①也就是说，第三人举证虽然可在一定程度上减轻被诉行政机关对其行为合法性的证明责任，但是并未改变环境行政公益诉讼中举证责任倒置的实质，这同时也是依法行政"先取证、后裁决"的基本要求所决定的。

二是被诉行政行为属于不作为的情形。在环境行政公益诉讼中，无论是违法行使职权的行为还是不作为，其性质都属于行政机关违反法律职责的行为。目前法院在行政不作为构成要件的把握上，已经形成了三重判断基准：(1)作为义务源自何处。包括源自法律规范、行政规范、行政行为、行政契约及行政行为。(2)有无现实作为可能。其中对危险防止型行政不作为"有无现实作为可

---

① 张步洪：《行政诉讼举证规则的体系解释》，《国家检察官学院学报》2015年第4期。

能"的判断包括:行政机关是否能够预见到危害结果的发生;行政机关能否通过规制权限的行使避免损害结果的发生，被害人是否无法排除危险的发生因而只能期待行政机关行使规制权限。(3)究竟是否已经作为。其具体表现除了拒绝作为、不予答复、拖延履行之外，还包括行政机关虽已实施一定行为,但该行为并未有效防止危害结果的发生。[①]在环境行政公益诉讼中,在检察机关向法院提交了有关被告完全不履职或不完全履职的证明材料之后，被告负有否定行政不作为的证明责任。具体来说,被告需针对上述行政不作为的三重判断基准提出相应的事实根据或法律依据，如基于事实说明其对于环境事故的发生不能够预见到,或提供其已经履行相应职责的时间、地点、人员、内容、方式等相关证据材料。被诉行政机关如仅举证证明其已实施了一定行政行为,但是国家利益、社会公共利益仍然处于受到侵害的状态,此时行政机关还不足以证明其已经充分履行了职责。只有行政机关举证证明其已最大限度地履行了法定职责,或其已经实施的行政行为达到了监管要求、实现了维护国家利益和社会公共利益的目的,才可以证明其行为不构成行政不作为。

环境行政公益诉讼被告对其行政行为合法性的证明,既涉及法律问题,又涉及事实问题及对事实的推论，其中被告对其行政行为合法性的相关事实的证明标准,虽然行政诉讼法及司法解释尚未明确作出规定,但从《行政诉讼法》第 69 条、《检察公益诉讼司法解释》第 25 条第 5 项规定来看,均将"行政行为证据确凿"作为法院驳回诉讼请求的适用条件,可以看出在环境行政公益诉讼中,被告对其行政行为合法性事实的证明标准应达到使法官确信无疑的程度。

2.对被诉行政行为合理性的证明责任

环境行政公益诉讼的主要目的就在于维护生态环境所承载的国家利益、社会公共利益，但是仅仅对行政行为的合法性进行审查还不足以实现对国家利益和社会公共利益的充分保护。这是因为在现实中对公益的损害既可能由违法行政行为所导致,也可能是合法但不合理的行政行为所造成,而在后一种情形下显然难以通过对行政行为的合法性审查就能实现维护公益之目的。特别是在某一合法行政行为意图实现的"公益"小于其所损害的"公益"时,仅仅

[①] 章志远:《司法判决中的行政不作为》,《法学研究》2010 年第 5 期。

要求被告就其行政行为的合法性进行举证尚不能够实现维护公益的目的,此时必须要求被告就其行政行为的合法性及合理性进行全面举证。[1]实际上,由于社会公共利益具有多元性,如促进经济发展和保护生态环境都维系着社会成员的共同利益,但如今二者之间的冲突已变得尖锐,特别是地方政府为追求短期经济利益而牺牲生态环境的行为时有发生。这一类行政行为明显就属于意图实现的"公益"小于该行为所损害的"公益"的情形,即短期内获得的经济利益远远不足以弥补对环境公共利益的损害。如检察机关对这一类行政行为提起环境行政公益诉讼,那么只有要求被告对其行政行为的合法性、合理性均承担证明责任,才能够实现对受到侵害的环境公益的有力维护。如果被告所提供的证据不足以证明其行政行为的合法性及合理性,那么其将承担举证不能的不利诉讼后果。

除此之外,还有学者提出,在行政公益诉讼中,被告除了对其行政行为或不行为的合法性进行举证外,还应就其行政行为与公共利益的损害事实之间没有因果关系举证证明。[2]结合《检察公益诉讼司法解释》第 22 条第 2 项规定来看,检察机关提起行政公益诉讼应当提交被告违法行使职权或者不作为,致使国家利益或者社会公共利益受到侵害的证明材料,其中就包括要求检察机关提供被告违法行使职权或不作为与国家利益、社会公共利益受到侵害之间存在因果关系的证明材料。这种情形下,由被告就被诉行政行为与国家利益、社会公共利益的损害之间没有因果关系进行举证并承担结果意义上的证明责任,不仅有利于检察机关通过司法程序有效监督行政机关实施环境法的行为,还能通过促进行政机关依法行政、积极实施环境法从而维护好生态环境所承载的社会公共利益。

二、对检察机关处分权的限制

在环境行政公益诉讼中,是否应如环境民事公益诉讼对当事人的处分权予以限制?对于这一问题有学者提出,检察机关在其提起的公益诉讼中有权行

---

[1] 万进福:《行政公益诉讼中的举证责任分配》,《人民法院报》2017 年 9 月 27 日。

[2] 黄学贤、王太高:《行政公益诉讼研究》,中国政法大学出版社,2008,第 249 页。

使实体处分权及程序处分权。检察机关享有实体处分权的依据在于就是否发动诉讼来说,检察机关实际上享有实体处分的权力,其基础是检察机关对侵害事实是否存在享有判断权;检察机关享有程序处分权的依据在于只要是诉讼就应当按照诉讼规律行事,因而诉讼当事人在法院的指挥下理应享有程序处分权。[①] 该观点未被之后的立法及司法解释所采纳,主要是由于行政公益诉讼不同于一般行政诉讼的目的所决定的。在行政公益诉讼中,由于提起诉讼一方并非实质意义上的当事人,为确保维护国家利益、社会公共利益之目的实现,必然会对其可能减损国家利益或社会公共利益的处分权作出限制。正是基于这一点,"一方面,当事人不能自由地'处分'争议的集体权利,另一方面,法官有责任确保:当事人的程序行为是,且在整个诉讼程序中皆保持为公共事业的'胜利的捍卫者'"[②]。在我国,检察机关作为国家法律监督机关和唯一被法律授权可以提起行政公益诉讼的主体,其在诉讼中享有的处分权应始终不得超越维护国家利益、社会公共利益的底线。如果对其处分权不加以任何限制,那么就有可能导致国家利益、社会公共利益不能得到充分保护的情形出现。因此,与环境民事公益诉讼对处分原则的限制适用相类似,在环境行政公益诉讼中也必须对检察机关的处分权予以一定限制。

从司法解释来看,目前对检察机关的处分权作出规定的主要是《检察公益诉讼司法解释》第 24 条。该条明确了法院应当准许检察机关撤回起诉的前提条件是,被诉行政机关纠正违法行为或者依法履行了职责,从而使得检察机关的诉讼请求得以全部实现。此时由于环境行政公益诉讼维护国家利益、社会公共利益之目的已经达到,撤回起诉只是终结诉讼的手段,所以应予准许。并且在这种情形下,检察机关还可以变更诉讼请求为确认原行政行为违法,法院对此应判决予以确认。上述规定与环境民事公益诉讼关于准许原告撤诉的规定接近,都是将原告的诉讼请求全部实现作为准许其撤回起诉的前提条件。当然,由于我国立法尚未赋予除检察机关之外的主体提起行政公益诉讼的权利,

---

① 翟健锋:《检察机关提起公益诉讼程序性问题探析》,《政法学刊》2010 年第 4 期。

② 〔意〕莫诺·卡佩莱蒂:《比较法视野中的司法程序》,徐昕、王奕译,清华大学出版社,2005,第 412 页。

因此目前尚不涉及对其他适格主体是否可以撤诉的规定。不过已有学者提出，应区分不同的起诉主体对是否准许其撤回起诉作出规定：如起诉一方是依法负有法律监督职责的检察机关，应对其撤回起诉作出必要限制；如起诉一方是公民或社会组织等，因其为维护公益而提起诉讼并不能够直接促进其私益增加，故在进入诉讼程序后不宜对其行使诉权作过多约束，否则既不利于其保护社会公共利益的积极性，还会因限制其退出诉讼程序而导致一些消极诉讼行为进而影响诉讼效果。基于此，应参照大多数国家的做法，允许社会组织或公民在被告作出实体答辩前撤回起诉。在其撤回起诉之后，基于维护社会公共利益的特殊性应由检察机关作为公益代表人继续进行诉讼，当然检察机关如认为不需要起诉时亦可向法院申请撤诉。① 上述观点将社会组织或公民申请撤诉的时间限定为被告作出实体答辩之前是恰当的，这是因为在被告作出实体答辩后案件已经具备判决的条件，法院和被告一方亦已投入相当精力和成本，更重要的是案件还涉及对受损的国家利益、社会公共利益的救济，因而此时不应准许其撤回起诉。

除了《检察公益诉讼司法解释》第 24 条规定的情形以外，检察机关在环境行政公益诉讼中不享有处分权，既不得与被告进行和解，也不得在法院的主持下进行调解。② 这主要是由于检察机关系代表国家利益、社会公共利益而提起诉讼，其不应享有对公益诉讼案件的实体问题的处分权，相应地对其诉讼权利也应予以限制。并且根据《行政诉讼法》第 60 条规定，行政诉讼案件不适用调解，只有行政赔偿、补偿以及行政机关行使法律、法规规定的自由裁量权的案件可以调解。目前虽然《检察公益诉讼司法解释》未专门就调解问题作出规定，但是检察机关自身也认为行政公益诉讼案件不适用调解。③ 应当说，从督促行政机关积极实施环境法以有效维护国家利益、社会公共利益的角度，在环境行政公益诉讼中不允许调解、和解是妥当的。

---

① 黄学贤、王太高：《行政公益诉讼研究》，中国政法大学出版社，2008，第 255—256 页。

② 范伟：《我国环境行政公益诉讼程序规则体系的构建》，《南京工业大学学报（社会科学版）》2018 年第 3 期。

③ 最高人民检察院民事行政检察厅：《检察机关提起公益诉讼的实践与探索》，中国检察出版社，2017，第 53 页。

第五章　环保组织(ENGO)提起环境公益诉讼的激励机制

第一节　ENGO 环境公益诉讼激励机制的存在机理

环境公益诉讼的目的就在于最大限度地维护环境公共利益，这一目的的实现必须依赖于有关适格原告具有启动环境公益诉讼的动力。在我国，被赋予环境公益诉权的主体包括法律规定的机关和有关组织。其中，对于被誉为"最佳原告"的环保组织(ENGO)来说，其提起公益诉讼除了基于强烈的生态忧患意识和热衷于公益之外，还取决于其是否有勇气在法庭上与处于强势地位的污染企业或行政机关针锋相对，是否有能力去应对诉讼过程的一些专业技术性问题和法律问题，是否能够承受在经济、精力、时间上的巨大耗费以及一旦败诉可能招致的风险。以上种种困难和风险常常致使符合规定条件的社会组织不敢、不愿或不能提起环境公益诉讼，从而导致其作为环境公益诉讼的"敲门人"的功能难以发挥，进而影响到司法实践中环境公益诉讼目的的实现。因此，从有效保护生态环境的角度，尤其是在我国正在面临"环境压力比任何国家都大，环境资源问题比任何国家都突出，解决起来比任何国家都困难"的紧迫形势下，[①]通过建立、完善社会组织提起环境公益诉讼的激励机制，以积极应对其起诉动力不足的问题进而促进环境公益诉讼功能的发挥已成为当务之急。

---

① 任仲平：《生态文明的中国觉醒》，人民网，http://opinion.people.com.cn/n/2013/0722/c1003-22270820.html，访问日期：2019 年 9 月 5 日。

激励,即激发和鼓励。"激励"一词源于《史记·范雎蔡泽列传》中的"欲以激励应侯",意为激发砥砺,促人振奋。所谓环境公益诉讼激励,"就是通过提供便利条件来调动原告的主动性,促使其顺利启动诉讼程序、维护环境公共利益的动力过程"[1]。环境公益诉讼的激励机制则是指,"通过降低起诉主体的诉讼成本,减少其诉讼障碍,保障切实维护生态环境权益的诉讼目的得以实现的一系列有效方法"[2]。与私益诉讼的激励机制内嵌于诉讼制度本身有所不同,环境公益诉讼需要在诉讼制度之外配置激励机制以应对适格原告尤其是环境保护社会组织起诉动力不足的问题,其主要理由在于以下几点。

一、基于环境公益诉讼制度的功能发挥

目前,虽然我国已在法律层面建立了环境公益诉讼制度,但是该制度功能的充分发挥是以适格主体有意愿并且有能力提起诉讼为前提的。就环境保护社会组织来说,目前其起诉动力不足的问题已经影响到环境公益诉讼制度功能的发挥。据中华环保联合会所作的《环保民间组织在环境公益诉讼中的角色和作用》调研报告显示,目前环境保护社会组织提起环境公益诉讼的主观意愿普遍不高,仅有30%被调查的环保组织将提起公益诉讼作为首要维权手段,另有57%的环保组织对提起公益诉讼持较谨慎态度,表示轻易不会提起诉讼,更有11%的环保组织明确对提起公益诉讼持否定态度。与环保组织较低的起诉意愿相匹配的,是只有14%的环保组织具有参加过环境公益诉讼的经历。[3] 另据最高人民法院工作报告显示,近五年来社会组织、检察机关提起的环境公益诉讼的案件数量分别为252起、1383起;其中,自2015年1月1日新环境保护法实施至2017年6月,全国法院共受理社会组织提起的环境民事公益诉讼

---

① 胥楠、王育才:《环境公益诉讼激励及域外借鉴——以 ENGO 为例》,《生态经济》2017年第 11 期。

② 颜运秋、罗婷:《生态环境保护公益诉讼的激励约束机制研究》,《中南大学学报(社会科学版)》2013 年第 3 期。

③《〈环保民间组织在环境公益诉讼中的角色和作用〉调研报告摘要》,http://www.acef.com.cn/zhuantilanmu/2013hjwqtbh/huiyinarong/2014/0303/12495.html,访问日期:2019 年 9 月 5日。

一审案件 246 起,占全部公益诉讼案件数的比例不足 20%。吕忠梅教授还进一步指出,从民政部发布的数据来看,全国具备环境公益诉讼原告资格的社会组织有 700 余家,但 3 年来仅有 25 家社会组织提起过环境公益诉讼,并且多数情况下是几家社会组织作为共同原告提起诉讼。[①] 可见在司法实践中,社会组织起诉意愿不高直接导致由其提起的环境公益诉讼案件的占比较低,反映了社会组织作为环境公益诉讼"敲门人"所发挥的效用有限,进而有可能使环境公益诉讼制度功能的发挥大打折扣。

不仅如此,环境保护社会组织的起诉动力不足还体现在起诉对象多为中小型企业特别是民营企业,而针对大型企业提起诉讼的可谓少之又少。[②] 这种现象似乎有"捡软柿子捏"之嫌,然而却更多反映了环保组织在提起诉讼时"心有余而力不足"的无奈。以跨国公司为例,其在对华直接投资时往往采用双重环境标准,如集中投资于污染密集型产业或将本国已经淘汰的高污染技术和设备转移至中国,从而造成了国内生态环境的日趋恶化。据《2012 跨国公司中国报告》显示的数据,2006 年 6 月 33 家在华知名跨国公司因违反环境法而被国家环保总局曝光,包括超标准排放废水的上海松下电池公司及长春百事可乐公司、主体设施未经验收即私自投产的上海雀巢公司等,而上述案例仅仅是在华跨国公司所涉环境污染问题的冰山一角。[③] 对于在华跨国公司所导致的环境污染问题,我国的环境保护社会组织并非无所作为。据 2012 年 10 月经济之声《央广财经评论》报道,自然之友、公众环境研究中心等五家环保组织经调查发现,阿玛尼、梅西百货、CK、家乐福等 49 家跨国企业在华的代工厂或原料供应商存在严重的环境污染问题。然而,面对环保组织的质询阿玛尼却不作任何回应,同样无视环保组织质询的纺织企业还有 18 家。[④] 上述事例的发生与地方

[①] 权敬:《社会组织如何发起公益诉讼》,人民政协报,http://csgy.rmzxb.com.cn/c/2018–03–21/2002303.shtml,访问日期:2019 年 9 月 5 日。

[②] 杨严炎:《环境诉讼:从案例到制度的深层分析》,法律出版社,2017,第 188—189 页。

[③] 樊增强:《跨国公司在华投资造成的环境污染及其监管》,《山西师大学报 (社会科学版)》2015 年第 3 期。

[④] 《阿玛尼等外企污染严重 地方政府被指放松管制》,正义网,http://news.jcrb.com/jxsw/201210/t20121009_960565.html,访问日期:2019 年 9 月 5 日。

政府为追求政绩放松管制不无联系,但自然之友等环保组织即使敢于调查和揭示跨国公司在华所致污染问题,但客观地说如其以这些公司为被告提起环境公益诉讼,对于环保组织来说很可能是"不能承受之重"而最终放弃起诉。此时,除了行政机关应积极实施环境法以维护环境公共利益之外,还应基于环境公益诉讼弥补行政执法不足等功能,通过建立、完善相应激励机制,使得环保组织即使面对强势如跨国公司的污染者,也能够在降低诉讼成本、减少诉讼障碍的前提下愿意且有能力提起诉讼。只有如此,才能保证在环境公共利益遭受损害时司法救济的程序得以启动,环境公益诉讼制度的诸多功能得以充分发挥。

二、基于环境公益诉讼本身的特殊性

环境公益诉讼最显著的本质特征就在于诉讼目的及功能的公益性,这一点与私益诉讼形成鲜明对比。在私益诉讼中,原告基于维护其人身或财产权益的目的提起诉讼,他既是被诉违法行为的受害者又是自身利益的发言人。基于实现自身利益最大化的动机,私益诉讼的当事人有充足的动力启动诉讼程序,同时还会竭尽所能地在法庭上与对方当事人展开对抗,积极实施收集证据、申请证人出庭作证、申请鉴定、监督代理律师等一系列行为。毕竟只有如此才能为己争取到最有利的诉讼结果,从而使自己被对方当事人的违法行为所侵害的私人权益、所投入的诉讼成本能够得到弥补。由此可见,在私益诉讼中,当事人为提起和参与诉讼所支付的成本与其赢得诉讼所获得的收益是相称的,追求自身利益最大化的动机已经为当事人提起诉讼提供了充足的驱动力,而无须再在诉讼制度之外配置专门的激励机制以促使其启动诉讼程序。也就是说,私益诉讼的激励机制是内嵌于私益诉讼制度本身的,它巧妙利用了当事人的"经济人"本性并以此激励着当事人的全部诉讼行为。[①]

相比之下,环境公益诉讼的原告是基于维护环境公共利益的目的提起诉讼,实质上是为了保护承载国家利益、社会公共利益的生态环境。而生态环境所具有的整体性、联系性、流动性、消费的不排他性或利益的非独占性等特征,

---

① 权敬:《社会组织如何发起公益诉讼》,人民政协报,http://csgy.rmzxb.com.cn/c/2018-03-21/2002303.shtml,访问日期:2019 年 9 月 5 日。

决定了它是一种典型的公共物品。环境的公共物品属性意味着个体可以在不支付成本的情况下就可享有环境公共利益,而一旦生态环境遭到破坏时,潜在的适格原告如欲提起公益诉讼则需单独承担相应的诉讼成本。由于良好生态环境的受益人为不特定的社会公众,因而若原告胜诉则收益以正外部性的形式由公众共同享有,而当原告败诉时则需面临承担包括诉讼费用在内的一系列诉讼成本。在上述两种情形下,显然环境公益诉讼原告所付出的诉讼成本与其收益明显呈现不对称,因而私益诉讼中的"成本—收益"分析并不能为公益诉讼的原告产生有效的激励。此时,对于每一个"理性"的潜在原告来说,很可能会作出指望别人去起诉而自己坐享其成的选择。于是,"搭便车"的现象因此而产生,同时产生的还有环境公益诉讼适格原告的起诉动力不足的问题。毕竟环境公益诉讼中的诸多救济手段,无论是法院发布禁止令、责令被告承担生态环境修复费用或赔偿生态环境期间损失,还是要求被诉行政机关履行法定职责等,都不能如私益诉讼一般为原告带来直接的经济利益,更何况原告还必须为提起诉讼独自承担相应的成本。由此可见,环境公益诉讼所欲维护的环境公共利益的非排他性或非独占性,催生了"搭便车"现象以及抑制了潜在原告的起诉积极性,此时唯有对潜在原告进行额外的激励,否则很可能因其不愿起诉而导致无法对受损的环境公共利益予以司法救济。正如美国经济学家曼瑟尔·奥尔森所指出的"认为有共同利益的个人组成的集团会增进那些共同利益这种流行观点看来没有什么价值""除非在集团成员同意分担实现集团目标所需的成本的情况下给予他们不同于共同或集团利益的独立激励,或者除非强迫他们这么做"[①]。

与此同时,与普通私益诉讼相比,在环境公益诉讼中原告所须负担的诉讼成本、所面临的诉讼风险往往更高,现实中环境维权常常陷入"立案难、取证难、鉴定难、胜诉难;没人诉、不愿诉、不敢诉、不会诉"的困局就充分说明了这一点。[②]尤其是环境公益诉讼因为涉及范围广、诉讼费用高、生态环境损害结

---

①〔美〕曼瑟尔·奥尔森:《集体行动的逻辑》,上海人民出版社,1995,第3页。
②《广东番禺:环保公益诉讼案　检察院坐原告席》,人民网,http://npc.people.com.cn/GB/9818215.html,访问日期:2019年9月10日。

果及因果关系存在的认定往往需要经过复杂的调查取证和评估鉴定，这无疑加大了原告提起环境公益诉讼的诉讼成本、败诉风险与胜诉收益之间的巨大反差,加之公益诉讼案件中"利益归属主体"与"利益代表主体"的疏离,从而进一步加剧了潜在原告基于理性冷漠而不愿起诉的可能性。此时,就只能通过建立相应的激励机制以激发适格原告提起公益诉讼的积极性,才能够确保环境公益诉讼制度的正常运转及其功能发挥。

三、基于环保组织的"最佳原告"地位

从国内外立法来看,环境公益诉讼的适格主体涵盖了特定社会组织、专门国家机构、公民个人三种类型。其中,环境保护社会组织在已经建立环境公益诉讼制度的大多数国家中,已成为最普遍的原告以及环境公益诉讼的核心力量,甚至被誉为环境公益诉讼的"最佳原告"。这一赞誉凸显了环保组织在环境公益诉讼中的独特优势及不可替代的重要作用。

与专门国家机构作为环境公益诉讼的原告相比,环保组织作为"生态人"所具有的公益性、民主性、非政府性等特征不仅与环境公益诉讼的本质相契合,而且为其致力于实现环境公益诉讼的目的提供了保障。一方面,鉴于环境公益诉讼的本质就在于"在司法层面为社会公众参与环境治理提供入口,并通过诉讼途径实现防止生态环境破坏及恢复生态环境的目的"①,而环保组织所具有的公益性、民主性特点,不仅为其代表社会公共利益提供了民意基础和现实基础,还使得公众通过环保组织提起诉讼获得了参与公共环境治理的机会。并且,环保组织与公民个人的联系最为紧密,它能够及时倾听民众对于生态环境保护的诉求,因而在主动发现环境公益诉讼案件的线索上独具优势。另一方面,在环境公益诉讼中,虽然特定行政机关、检察机关亦可作为社会公共利益的代表提起诉讼,但是不可否认在发生"政府失灵"或检察机关"诉权失灵"的问题时, 由环保组织提起公益诉讼是确保受到侵害的环境公益能够得到司法救济的重要途径。尤其是在现实中行政机关并不以维护环境公共利益为唯一

---

① 最高人民法院环境资源审判庭:《最高人民法院关于环境民事公益诉讼司法解释理解与适用》,人民法院出版社,2015,第47页。

目标，其怠于履行环境保护职责甚至其行为直接导致生态环境损害的情形并不罕见；而检察机关作为国家机关会天然地倾向于考虑国家利益，其在政治、经济等方面因受制于地方政府而可能发生"诉权失灵"的现象。与之相比较，环保组织作为独立于政府、企业的"第三部门"，作为始终保持着与环境资源的天然联系的"生态人"，能够及时发现政府在执行环境法律中的违法及不当行为，并通过启动环境公益诉讼程序的方式加以监督和制约。环保组织致力于保护生态环境的宗旨还决定了它在环境公益与其他利益发生冲突时，依然会倾向于最大限度地维护环境公共利益，并由此决定了在生态环境遭到破坏时它具有提起公益诉讼的动机。

　　与公民个人作为环境公益诉讼的原告相比，环保组织无论是在维护环境公共利益的意识上，还是诉讼能力上通常都更具优势。生态环境损害虽然与每一个公民的利益息息相关，但是这种损害对于个体利益的影响往往不是特别紧迫，特别是在尚未造成公民个人的人身或财产损害时，如生态破坏导致某种生物物种的数量减少甚至灭绝时，普通公民通常不会比环保组织表示出更多的关注与忧虑。与此同时，生态环境损害往往具有长期性、潜伏性的特点，普通公民常会因专业知识的欠缺而难以察觉到这种损害，此时寄希望于公民个人以提起公益诉讼的方式保护生态环境是不太现实的。不仅如此，由于环境公益诉讼的被告往往是具有经济实力的、高度组织化的污染企业或行政机关，并且诉讼还具有高技术性、高成本、利益冲突的复杂性等特点，此时由于"单个社会主体诉讼能力极为有限，无力在专业性较强的诉讼程序中对抗拥有庞大体量和资源的施害者"[①]，而相比之下，环保组织在负担开展诉讼活动的成本、应对诉讼中复杂的技术和法律问题上会比普通公民更有优势，从而由环保组织提起公益诉讼更加具有可行性。

　　在提起环境公益诉讼的问题上，环保组织的"最佳原告"地位不仅体现在它与专门国家机构、公民个人的比较优势上，还体现在它根植于所代表的社会公众之中。对于近年来屡有发生的暴力抗议污染的群体性事件，如果能够通过

---

　　① 白彦：《论民事公益诉讼主体激励机制的建构》，《北京大学学报（哲学社会科学版）》2016年第2期。

环保组织提起公益诉讼的途径予以疏导和解决,不失为有效化解社会矛盾、促进社会和谐稳定的好方法。当然,环保组织这么做的前提不仅是具有强烈的生态忧患意识和提起诉讼的动机,还取决于它是否真的具备要求颇高的诉讼能力。只有在环保组织具备相应诉讼能力的情形下,它想要提起诉讼的动机才能转换为实际的行动力,环境公益诉讼的目的也才能够达到。正是基于这一点,当前只有针对环保组织起诉动力不足的问题设置相应的激励机制,其作为环境公益诉讼"最佳原告"的积极功能才能得到有效发挥。

四、基于环保组织面临的现实障碍

对于环境公共利益的主体——社会公众来说,即使他们中的每一个人"有一系列的诉讼理由,多数情况下并没有能力为保护自己而将其付诸行动。其中,知识欠缺和不能负担为解决纷争,寻求个人应得利益及援助所需费用这两点是很大障碍"①。与普通公民相比,虽然环境保护社会组织在提起公益诉讼时明显更具优势,但是从实践来看,高昂的诉讼成本、对起诉者较高的专业能力要求仍然是其提起环境公益诉讼的两大挑战。与此相应的,目前我国环保组织在资金支持及专业能力上的不足也势必成为挫伤其起诉积极性的两大障碍。

(一)关于诉讼成本的障碍

对于以公益性、非营利性为显著特征的社会组织来说,环境公益诉讼高昂的诉讼成本显然是其提起诉讼的首要障碍。这是因为一方面,环境公益诉讼在目的和功能上的本质特征决定了提起公益诉讼的主体既不需要与被诉行为具有直接利害关系,也不得通过诉讼牟取经济利益,否则就与环境公益诉讼的公益性与社会组织的非营利性背道而驰了。②根据《环境民事公益诉讼司法解释》第 34 条规定,社会组织如有通过诉讼违法收受财物等牟取经济利益行为

---

① 〔意〕莫诺·卡佩莱蒂:《福利国家与接近正义》,刘俊祥等译,法律出版社,2000,第 69 页。

② 最高人民法院环境资源审判庭:《最高人民法院关于环境民事公益诉讼司法解释理解与适用》,人民法院出版社,2015,第 445 页。

的，可由人民法院依法收缴其非法所得、予以罚款，或者由有关机关依法处理。
正是由于社会组织提起环境公益诉讼是一种纯属"利他"的行为，因此其胜诉
的诉讼收益也应用于修复被损害的生态环境，而非用于填补其在环境公益诉
讼中所投入的成本。另一方面，与提起环境公益诉讼所要付出的高昂成本形成
巨大反差的，是社会组织在资金保障上的严重不足。环境公益诉讼案件的诉讼
成本主要包括诉讼费用、律师费用、机会成本和法外成本。以诉讼费用为例，由
于环境公益诉讼案件所涉的生态环境损害往往波及地域广、影响人数众多，特
别是环境民事公益诉讼案件因原告诉求的生态环境损害赔偿的数额巨大，故
案件的受理费用较高。如在引发关注的"常州毒地"公益诉讼案中，作为原告的
自然之友和绿发会就因败诉被一审法院判决负担案件受理费 189.18 万元。[1]
环境公益诉讼案件通常还会涉及一些专业技术性问题，尤其是生态环境损害
范围和程度的确定、环境污染或生态破坏行为与生态环境损害之间因果关系
存在的认定常常需要专门机构进行评估、鉴定，然而高昂的评估鉴定费极有可
能成为环保组织走进法院大门的"拦路虎"。例如自然之友在 2012 所起诉的曲
靖铬渣污染环境公益诉讼案件中，就曾面临生态环境损害评估鉴定费用过高
的难题，当时一家具有司法评估资质的机构的报价甚至高达 700 万元，而自然
之友 2011 年的总支出不过才 500 万元。[2]不仅如此，环境公益诉讼案件所具
有的审理周期长、专业性强的特点，使得环保组织在诉讼过程中需要持续投入
人力、物力、财力以完成相应的诉讼行为，这同样意味着诉讼成本的增加。对于
本身不具有盈利能力的环保组织来说，在未获得充足资金支持的前提下，如此
高昂的诉讼成本无异于强迫其放弃提起环境公益诉讼的愿望，同时加剧了在
起诉后一旦败诉可能面临的巨大风险。

　　虽然环境公益诉讼对于原告负担诉讼成本的能力要求较高，但是我国却
有相当数量的环保组织缺乏与之相应的资金支持。据一项中华环保联合会与

---

[1] 李超：《难以承受的"天价诉讼费"》，中国青年报，http://zqb.cyol.com/html/2017-02/07/
nw.D110000zgqnb_20170207_4-01.htm，访问日期：2019 年 9 月 10 日。

[2] 杨华军：《环境公益诉讼之困：取证难评估费用高》，腾讯公益，https://gongyi.qq.com/a/
20120417/000007_1.htm，访问日期：2019 年 9 月 10 日。

国际自然资源保护协会联合组织的调查显示，环境公益诉讼的成本动辄数十万元，如需进行鉴定还需更大数额的支出。在接受调查的环保组织中，认为环境公益诉讼的成本超过其资金承受范围的环保组织占41%，认为勉强能够承受环境公益诉讼成本的环保组织占48%，仅有4%的环保组织认为环境公益诉讼的成本对其不是问题。从环保组织的经费预算来看，大部分环保组织的年度预算都在100万元以下，还有接近一半的环保组织年度经费预算不足50万元。从环保组织的经费来源看，以相对稳定的财政拨款和会费作为主要经费来源的环保组织仅占23%，以申请项目经费作为主要经费来源的环保组织占近50%，另有18%的环保组织的经费来源依赖于社会捐赠。由于社会捐赠、申请项目经费作为经费来源都不具有常规性、稳定性，因而与实际从事环境公益诉讼所要求的持续、稳定的经费保障能力存在差距。[①] 由此可见，较高的诉讼成本及缺乏稳定、充足的资金保障已成为制约环保组织提起环境公益诉讼的一大障碍，进而影响到环保组织尤其是民间环保组织提起环境公益诉讼的积极性。在这种情形下，就有必要通过完善专门资金供给、诉讼费用规则等激励措施予以应对，以破解环境公益诉讼的高昂诉讼成本与环保组织的资金保障不足之间的冲突。

（二）关于专业能力不足的障碍

导致环保组织在参与环境公益诉讼的道路上举步维艰的，除了高昂的诉讼成本之外，还有环境公益诉讼对于原告专业能力的较高要求。这是因为环境公益诉讼不可避免地会涉及一些专业性较强的技术与法律问题，环保组织只有在具备相应法律及技术专业人员的前提下才可以从容应对。以证据的收集为例，虽然环境公益诉讼的证明责任分配体现了对原告所代表的社会公众的特别保护，并且在某些情况下原告还可依法申请法院调取证据，但是原告仍然要提供证明被告实施了被诉行为如环境污染、生态破坏行为的证据，被诉环境污染、生态破坏行为导致的生态环境损害结果，以及证明存在因果关系的可能性等证据。这些证据的收集必然要求提起诉讼的环保组织配置有环保技术及

---

① 王社坤：《环保组织会不会力不从心？》，中国新闻网，http://finance.chinanews.com/ny/2014/09–10/6577001.shtml，访问日期：2019 年 9 月 10 日。

法律专业的人员,才能胜任到污染现场勘验提取被告排污的证据、了解被告建设项目是否依法进行了环境影响评价、被告是否不正常运行防治污染设施、走访附近居民了解被告是否存在偷排等行为以及生态环境受损的实际状况等。不过,据中华环保联合会所作的《环保民间组织在环境公益诉讼中的角色和作用》调研报告显示,目前绝大部分环保组织的诉讼能力偏低,主要表现在:有48%的环保组织未设置专门的法律业务部门, 另有73%的被调查环保组织虽然有法律专业人员,但是大部分都不是从事环境法律服务的专职工作人员,难以保证他们有充足的时间和精力投入到环境公益诉讼中;还有接近60%的环保组织对《民事诉讼法》《环境保护法》的环境公益诉讼条款并不了解。[①] 实际上, 环保组织提起环境公益诉讼的专业能力欠缺不仅会导致其提起环境公益诉讼的动力不足,还会在一定程度上导致其选择案件时"捏软柿子"的现象。对于这一问题,当务之急是采取相应的激励与保障措施加以应对,以真正发挥环保组织作为环境公益诉讼"最佳原告"的积极功能。

第二节　ENGO 环境公益诉讼激励机制的建构

环保组织从它成立的那一天开始, 就体现了对生态环境保护的热忱与关注。然而要把环保组织对生态环境的关切转换为勇于提起公益诉讼的动力,还需要配置与之相应的激励机制。毕竟对于以公益性、非营利性为主要特征的环保组织来说,提起环境公益诉讼将是一场对其人力、财力、物力和勇气的巨大挑战。如果不对环保组织参与环境公益诉讼所面临的挑战或现实障碍作出有效回应,则无异于挫伤其提起公益诉讼的积极性,同时阻断了其寻求环境公益侵害的司法救济之路。正是基于这一点, 环境公益诉讼制度必须配套建立激发、鼓励社会组织提起环境公益诉讼的激励机制。该激励机制的建立不仅是环境公益诉讼制度的功能发挥所必需, 同时也是彰显社会公众参与环境治理的

---

① 王社坤:《环保组织会不会力不从心?》,中国新闻网,http://finance.chinanews.com/ny/2014/09-10/6577001.shtml,访问日期:2019 年 9 月 10 日。

环境公益诉讼的本质所要求的。当前,鉴于我国环保组织在行使环境公益诉权时主要面临诉讼成本高昂、专业能力不足的两大障碍,因此需着重从有效减轻其诉讼负担、增强其专业能力两个方面构建环保组织提起环境公益诉讼的激励机制。

一、合理确定诉讼成本的负担

如前所述,当前影响环保组织起诉积极性的阻碍之一是高昂的诉讼成本。即使作为"生态人"的环保组织期望通过司法途径保护受到侵害的环境公益,但是当面对高昂的诉讼成本与其经费不足之间的冲突时,寄希望于环保组织仅仅依靠生态伦理的感召而提起公益诉讼是不现实的。因此,有必要通过合理确定环境公益诉讼的成本负担机制,以缩小环保组织所负担的诉讼成本与其资金支持之间的巨大差距,从而达到鼓励环保组织在生态环境遭到破坏时能够挺身而出的目的。在环境公益诉讼中,社会组织需要负担的诉讼成本就是其在实施诉讼行为的过程中所消耗的人力、财力、物力的总和,可分为诉讼费用、当事人费用两部分。在我国前者仅指裁判费用,后者则是需要当事人私人承担的评估鉴定费、律师费、调查费、专家咨询及检验的费用等。合理确定环境公益诉讼的诉讼成本负担不仅要能有效激发环保组织提起诉讼的积极性,而且还要在约束滥诉的同时,通过加大被告的违法成本达到遏制环境侵害行为的效果。具体来说,合理确定诉讼成本的负担主要涉及环境公益诉讼中的诉讼费用负担规划和当事人费用的负担规则。

(一)关于诉讼费用的负担规则

"完善诉讼费用负担机制是环境公益诉讼激励机制的核心内容。"[①] 由于现行法律尚未明确赋予社会组织提起环境行政公益诉讼的权利,因此关于诉讼费用的负担目前仅涉及环境民事公益诉讼领域。从国外立法来看,行政公益诉讼不向原告收取诉讼费用或收取极低的诉讼费用已成为通例。如法国的越权之诉由于着眼于公共利益,因而当事人无须事先缴纳诉讼费用,即使在被告

---

① 最高人民法院环境资源审判庭:《最高人民法院关于环境民事公益诉讼司法解释理解与适用》,人民法院出版社,2015,第439页。

败诉的情况下法院也只收取极为低廉的费用。[①]在环境民事公益诉讼中,根据《民事诉讼法》第 118 条第 1 款、《诉讼费用交纳办法》第 6 条规定,诉讼费用主要包括案件受理费、申请费,以及鉴定人、翻译人员、理算人员在法院指定日期出庭发生的交通费、住宿费、生活费和误工补贴费。目前环境民事公益诉讼案件仍然根据国务院《诉讼费用交纳办法》按照财产案件交纳诉讼费用,并遵循由原告预先交费、败诉方最终负担诉讼费用的基本规则。据调查,2016 年全国各地法院对于环境公益诉讼案件基本上都是按照标的额收取诉讼费,江苏省高级人民法院还曾在二审审判时, 将一起一审法院按照非财产案件收取诉讼费的案件改判为财产案件进行收费。[②]另外,根据《环境民事公益诉讼司法解释》第 33 条规定,原告在确有困难的情况下依法申请缓交纳诉讼费用的,法院应予准许;败诉或部分败诉的原告申请减交、免交诉讼费用的,法院应视原告的经济状况和案件的审理情况决定是否准许。《诉讼费用交纳办法》第 46 条第 2 款还规定了法院准予减交诉讼费用的比例不得低于 30%, 也就是说法院在适用《环境民事公益诉讼司法解释》第 33 条规定准许败诉或部分败诉的原告减交诉讼费用时,应在 30%以上的范围内确定减交费用的比例。

显然,上述关于司法救助的规定有利于激励环保组织提起公益诉讼,特别是根据最高人民法院环境资源审判庭的阐释, 当败诉或部分败诉的原告申请减交诉讼费用时,除非原告明显系滥用诉权,一般应当准许减交,并且法院可以视情况大幅提高诉讼费用的减交比例以鼓励、支持适格原告提起诉讼。[③]但是这种激励作用尚有一定局限,主要体现在:(1)根据《诉讼费用交纳办法》第 44 条第 2 款规定,诉讼费用的免交只适用于自然人,因此当提起诉讼的环保组织败诉或部分败诉时,不能适用《环境民事公益诉讼司法解释》第 33 条关于免交诉讼费用的规定。(2)当原告败诉或部分败诉而需交纳的诉讼费用本已很高的情形下,即使其获准一定幅度的减交但仍有可能要承担不低的诉讼费用。

---

① 黄学贤、王太高:《行政公益诉讼研究》,中国政法大学出版社,2008,第 256 页。

② 李楯:《环境公益诉讼观察报告(2016 年卷)》,法律出版社,2018,第 362 页。

③ 最高人民法院环境资源审判庭:《最高人民法院关于环境民事公益诉讼司法解释理解与适用》,人民法院出版社,2015,第 442 页。

从实践来看,目前诉讼费用按照财产案件收取并遵循"败诉方负担"的规则,已经成为导致环境公益诉讼成本高昂的原因之一,如上文所述的自然之友、绿发会曾因败诉被法院判决负担案件受理费 189.18 万元,从而有可能挫伤环保组织提起环境公益诉讼的积极性。

一方面,环境民事公益诉讼案件通常具有波及范围广、诉求的赔偿金额大的特点,根据诉讼请求的金额或价额计算的案件受理费必然较高,从而导致经济实力不足的环保组织在提起环境公益诉讼时有所顾虑。不仅如此,按照财产案件交纳案件受理费还可能导致环保组织在选择案件时"抓小放大",毕竟诉求的损害赔偿数额越大就意味着提起诉讼所面临的风险越大。对于这一问题,已有观点指出环境公益诉讼案件应采取与私益诉讼案件相区别的诉讼费用计算方式,如强调应在诉讼费用的负担上作出有利于原告的规定,否则由原告承担败诉的诉讼费用和举证责任上的耗费无异于强迫其放弃诉讼,但是若完全免除原告的诉讼费用又有可能导致滥诉,因此环境公益诉讼案件的受理费应减半征收,但是诉讼标的额超过 50 万元的免收案件受理费。[1] 还有的观点指出环境公益诉讼的案件受理费应按件收取且应较低廉。[2] 从国外立法来看,美国联邦法院对于公益诉讼案件实行按件收费的制度,在法国、西班牙等国公益诉讼案件的收费也极低。[3] 德国还通过《诉讼费用援助法》在败诉者负担原则的基础上实行"诉额确定制度",即公益诉讼的原告只要预先证明其无力承担对方的诉讼费用,就可向法院提出设定比实际争议额低得多的起诉额,如果原告胜诉即可向被告收取以实际争议额为基础计算的诉讼费及律师费,而当原告败诉时则依据降低了的诉额计算比例承担被告的诉讼费用。[4] 以上制度的目的就在于通过减轻适格主体的诉讼负担及降低诉讼风险,以激发适格主体启动公益诉讼程序以维护公共利益的热情。

---

① 李艳芳、李斌:《论我国环境民事公益诉讼制度的构建与创新》,《法学家》2006 年第 5 期。

② 龙克琼:《我国环境公益诉讼费用规则之构建》,《湖北警官学院学报》2014 年第 8 期。

③ 颜运秋、罗婷:《生态环境保护公益诉讼的激励约束机制研究》,《中南大学学报(社会科学版)》2013 年第 3 期。

④ 赵欣:《各国民事公益诉讼制度比较法研究》,《前沿》2010 年第 6 期。

　　应当说,从有效激发、鼓励适格主体尤其是环保组织提起环境公益诉讼的角度看,降低环境公益诉讼案件的诉讼费用无疑是合理的。同时又由于诉讼费用还具有防止滥诉及制裁环境侵权行为等多种功能,因而一概免除诉讼费用的做法也不可取。并且,在环境公益诉讼中对生态环境损害的救济以恢复原状为原则,原告请求被告赔偿的是生态环境受到损害至恢复原状期间的服务功能损失,也就是说"原告不能就自己的私利请求损害赔偿,原告本身的诉讼目的并不具有财产性内容",①因而从环境公益诉讼案件的公益性和非财产性出发,采取按件交纳较低的诉讼费用的观点是合理的。这同时和我国目前大多数环保组织在经济上捉襟见肘的现状相适应,同时还避免了由于不同环保组织的经济能力差别较大,适用按财产案件交纳诉讼费用可能导致的实质不平等问题。

　　另一方面,在诉讼费用与诉讼请求金额呈正相关的前提下,环境公益诉讼遵循诉讼费用最终由"败诉方负担"的规则,将意味着社会组织一旦起诉可能面临巨大的风险。这在很大程度上是因为在环境公益诉讼中,提起诉讼的环保组织要通过一系列调查取证行为以完成举证证明的责任绝非易事。环保组织在诉讼中需要举证证明的待证事实包括被告实施了环境污染或生态破坏行为、造成的生态环境损害结果、该行为与结果之间存在因果关系的可能性。由于环保组织与被告之间存在严重的信息不对等,包括被告所排放的污染物名称、排放方式、排放的浓度和总量、防治污染设施的建设和运转情况、被告是否存在偷排污染物等关键环境信息均掌握在被告手中,因此环保组织要顺利取得充分的证据通常并不容易,特别是在被告未被列入重点排污单位名单因而不负有公开有关环境信息的法定义务时。更何况被告常常使用隐蔽的方式实施环境污染或生态破坏行为,这同样为环保组织获取相关证据增加了难度。与此同时,由于环保组织要提交生态环境本身所受损害的范围和程度的证据已十分困难,加之"因果关系分析应以存在明确的污染环境或破坏生态行为和生态环境损害事实为前提"②"环境侵害通常具有多因一果和一因多果的特征,

---

　　① 张颖:《环境公益诉讼费用规则的思考》,《法学》2013 年第 7 期。

　　② 参见环境保护部办公厅 2016 年 6 月 30 日印发的《生态环境损害鉴定评估技术指南总纲》。

因果关系呈现发散和多维状态"等原因，[①]必然会加大环保组织对举证证明生态环境损害结果、存在因果关系的可能性的难度，甚至有可能导致其以错误的对象提起诉讼。由此可见，环保组织一旦提起环境公益诉讼将可能面临巨大的败诉风险，尤其是在其诉请的损害赔偿数额巨大的情形下。以至于有学者指出，对于经济上本就捉襟见肘的环保组织来说，一旦因为败诉就要负担诉讼费用的后果无异于使其破产。[②]

由上可见，从有效激励环保组织提起公益诉讼的角度，确有必要对诉讼费用由败诉方负担的规则予以适当调整。笔者赞同胜诉原告的诉讼费用由被告承担，败诉原告的诉讼费用主要由国家公共财政负担，以减轻原告的诉讼负担、分散诉讼风险的观点。[③]这是由于站在国家的角度，与案件无直接利害关系的主体提起环境公益诉讼意味着社会公众分担了一部分本应由国家承担的社会责任，也就是说国家应当负担的那部分成本在向社会转移。既然如此，那么国家就有义务采取一定措施保障有关主体行使环境公益诉权的渠道通畅。[④]从这一点来看，主要由国家负担败诉环境公益诉讼原告的诉讼费用也在情理之中。

（二）关于当事人费用的负担规则

在环境公益诉讼中，当事人除了要向法院交纳诉讼费用之外，还要负担包括评估鉴定费、律师费、检验费、专家咨询费、调查取证等在内的诸多费用即当事人费用。就鉴定、检验等费用来说，法院根据"谁主张、谁负担"的原则决定由一方当事人支付给有关机构或单位；就律师费来说，则由各方当事人自行承担，并不能在当事人之间进行转移。由于当事人费用相较于诉讼费用往往更加高昂，对于环保组织的起诉动力的影响同样不可小视，因而合理确定当事人费用的负担规则也成为环境公益诉讼激励机制的重要内容之一。根据《环境民事

---

① 赵立新：《论环境公益诉讼中的公民原告援助机制》，载吕忠梅、王立德主编《环境公益诉讼中美之比较》，法律出版社，2009，第80页。

② 由然：《环保法庭为何无案可审？——法律经济学的分析和解释》，《东岳论丛》2018年第2期。

③ 张颖：《环境公益诉讼费用规则的思考》，《法学》2013年第7期。

④ 颜运秋、罗婷：《生态环境保护公益诉讼的激励约束机制研究》，《中南大学学报（社会科学版）》2013年第3期。

公益诉讼司法解释》第22条规定,环境民事公益诉讼的原告请求被告承担检验、鉴定费用,合理的律师费以及为诉讼支出的其他合理费用的,人民法院可以依法予以支持。之所以就当事人费用的负担要作出有利于原告的规定,主要基于环境公益诉讼的目的并非损害赔偿,而是保护生态环境不受污染和破坏,即诉讼本身蕴含浓厚的公益性。① 根据最高人民法院环境资源审判庭的阐释,在原告胜诉的情形下,上述费用均可请求由被告承担;在原告败诉的情形下,如无证据证明原告具有滥用诉权、通过诉讼违法收受财物等牟取经济利益的行为,法院将在条件允许的情况下就上述费用酌情予以考虑。② 就环保组织来说,这一规定对于缩小高昂诉讼成本与其经济实力不足的巨大反差,进而激发、鼓励其提起环境公益诉讼具有一定积极作用。其中,基于鉴定费、律师费通常在当事人费用中占据举足轻重的位置,下文着重就两种费用的负担规则进行探讨。

就鉴定费用的负担来说,由于目前国内具有环境损害鉴定评估资质的鉴定机构数量少、鉴定费用高,因而在无有效激励的情形下足以阻却环保组织走进法院的大门。根据《环境民事公益诉讼司法解释》第23条规定,在确定生态环境修复费用的具体数额所需鉴定费用明显过高时,法院可以在结合污染环境或破坏生态的范围及程度、生态环境的稀缺性、生态环境恢复的难易程度等因素,并且参考负有环境保护监督管理职责的部门和专家意见的基础上予以合理确定。但是,对于环境污染或生态破坏行为所致的生态环境损害的范围及程度、该行为与生态环境损害结果之间是否存在因果关系、生态环境恢复至基线状态并补偿期间损失的恢复措施的确定常常需要通过专门机构的鉴定予以确认。对于环保组织来说,能够提交支持其诉讼主张的鉴定意见无疑会极大地降低诉讼风险、增进其提起诉讼的信心,但是要在获得胜诉判决之前支付高昂的鉴定费显然是个难题。基于此,有必要在规定法院可依法判决被告负担鉴定费的同时,采取有效措施防止过高的鉴定费成为环保组织提起诉讼的"拦路

---

① 朱谦:《论环境权的法律属性》,《中国法学》2001年第3期。

② 最高人民法院环境资源审判庭:《最高人民法院关于环境民事公益诉讼司法解释理解与适用》,人民法院出版社,2015,第318页。

虎"。例如,法院可以在被告侵权事实基本确定的前提下,根据《民事诉讼法》第106条关于"因情况紧急需要先予执行的"规定,依原告的申请裁定被告先行垫付鉴定费。[1] 还有观点指出,根据《民事诉讼法》第153条规定,法院可在"其中一部分事实已经清楚"的情况下先行判决。而为避免高昂的鉴定费成为环境公益诉讼的阻碍因素,可通过立法或出台司法解释的方式肯定这种先行判决,即法院可先行就鉴定费进行判决并直接移送执行,如最终原告败诉再对鉴定费用重新作出判决,否则不必再就鉴定费用作出判决。在本案判决作出之前,被告只能对先行判决的必要性是否充足提起上诉,而不能因本案理由提起上诉。[2] 应当说,上述建议充分考虑到了环保组织在提起环境公益诉讼时面临的实际困难,对于消减环保组织的起诉顾虑具有积极意义。

就律师费用的负担来说,根据最高人民法院环境资源审判庭对《环境民事公益诉讼司法解释》第22条的阐释,胜诉原告可以请求由被告承担合理的律师费。贵州省高级人民法院在《关于创新环境保护机制推动我省生态文明先行区建设的意见》中,还明确了"被告败诉的,诉讼费用和律师费用由被告负担"。[3] 上述规定显然有利于激发适格原告提起环境公益诉讼的积极性,同时还能通过加大被告的违法成本警示潜在的环境违法者。从国外立法来看,美国为了解决环境公益诉讼的原告无力提供律师费与律师需要收入之间的矛盾,国会于1976通过了《公民权利律师费法》,并在随后制定的环境公益诉讼条款中引入了"败诉方负担"的规则,允许将胜诉原告的诉讼费用(包括合理律师费、专家证人费)转移由败诉被告承担。法官有权自由裁量决定诉讼费用的分配,包括依据原告胜诉的程度决定被告应负担诉讼费用的比例。[4] 这一规则由于明确了提起公益诉讼就有获取律师费的可能性,因而大大激发了适格原告提起诉

---

① 刘学锋、马黎:《环境民事公益诉讼程序的法院职权干预》,《人民司法》2014年第15期。

② 李楯:《环境公益诉讼观察报告(2016年卷)》,法律出版社,2018,第362页。

③ 陈小平、潘善斌、潘志成:《环境民事公益诉讼的理论与实践探索》,法律出版社,2016,第227页。

④ 周晗隽、姚贝:《环境公益诉讼激励机制比较研究——以美、印两国为参考》,《环境保护》2016年第16期。

讼的积极性,还会促使律师不惜花费时间和精力去发现那些有利可图的、可起诉的环境违法行为,而不是消极地等待受害者找上门。与此同时,如果原告恶意地、无意义地提起诉讼则需面临独自承担律师费的风险,因而"败诉方负担"规则对于抑制滥诉也具有一定积极作用。值得一提的是,"败诉方负担"规则并不意味着原告在败诉时就要承担被告的律师费。这是因为合理确定环境公益诉讼的律师费负担规则,需要从激励原告起诉、抑制滥诉、加大违法者成本三个方面综合加以考量。如果一律强调败诉原告应负担胜诉被告的律师费,虽然可以起到抑制滥诉的效果,但不可避免会加剧适格原告提起环境公益诉讼的巨大风险,使得经济实力微薄的原告在走进法院大门时更加裹足不前。更何况有充分理由可以相信,本就为保护环境而生的环保组织在绝大多数情况下提起公益诉讼,是出于及时修复受到破坏的生态环境的目的。因此,即使最终原告败诉,只要原告起诉不是属于显而易见的恶意提起诉讼等情形,一般而言不应由败诉原告承担被告的律师费用。如在美国的司法实践中,虽然胜诉被告也有获取律师费的可能性,但是大多数法院依据律师费分配条款的立法目的,即使在被告胜诉时并不会使其获得律师费。[①] 当然, 在原告部分败诉的情况下,则可由法院自由裁量决定被告负担原告律师费用的合理比例。

二、设立 ENGO 环境公益诉讼专项资金

为了确保环保组织愿意而且能够顺利实施一系列诉讼行为, 在环境公益诉讼中除了合理确定诉讼费用负担规则和当事人费用的负担规则外, 还有必要对经济实力普遍薄弱的环保组织提供适当的资金帮助。如在美国根据《超级基金修正与再授权法》的规定,在专家鉴定费方面最高可为公民团体提供 5 万美元的技术支援补偿款, 用于支付其预防参与评估污染场所遭受潜在危害的花费。[②] 我国在为原告提供适当的司法救助上,《环境民事公益诉讼司法解

---

① 詹蔚、李雨:《环境公益诉讼的律师费用分配制度——美国蓝本与中国借鉴》,《吉首大学学报(社会科学版)》2017 年第 S2 期。

② 胥楠、王育才:《环境公益诉讼激励及域外借鉴——以 ENGO 为例》,《生态经济》2017 年第 11 期。

释》第 24 条第 2 款规定了败诉原告所需承担的调查取证、专家咨询、检验及鉴定等必要费用，可以酌情从法院在其他案件中判决被告承担的生态环境修复费用、生态环境期间损失等款项中支付。这一规定虽然有利于消减环保组织提起环境公益诉讼的顾虑，但同时还应看到，大多数情况下法院判决被告承担的生态环境修复费用、生态环境期间损失等款项在用于生态环境修复后不会有所剩余，也就是说上述费用即便有少量剩余也属个别现象，不一定能够对败诉原告所承担的诸多费用提供实质性帮助。在这种情况下，就有必要为适格原告尤其是环保组织提起诉讼提供必要的资金保障。鉴于实务中已就环境公益诉讼基金设立进行了有益探索，下文主要针对 ENGO 环境公益诉讼专项资金进行探讨。

　　环境公益诉讼基金是一项重要的激励制度。2014 年 6 月发布的《最高人民法院关于全面加强环境资源审判工作为推进生态文明建设提供有力司法保障的意见》明确规定，"探索设立环境公益诉讼专项基金，将环境赔偿金专款用于恢复环境、修复生态、维护环境公共利益""鼓励从环境公益诉讼基金中支付原告环境公益诉讼费用的做法，充分发挥环境公益诉讼主体维护环境公共利益的积极作用"。对于经济实力普遍不足的环保组织来说，设立环境公益诉讼专项基金可以为其提起诉讼提供稳定、有力的资金支持，进而促进环境公益诉讼制度的功能发挥。目前已有部分省、市设立了环境公益诉讼基金或资金，既有由当地政府主持设立的如"昆明市环境公益诉讼救济资金"，又有由环保组织主持设立的环境公益诉讼支持资金，如自然之友基金会和阿里巴巴公益基金会于 2015 年合作成立的环境公益诉讼支持资金、广东省环保基金会于 2014 年设立的"环境公益维权专项基金"。虽然目前环境公益诉讼基金还存在设立的基金数量少、数额不足，以及基金资助的范围较狭窄、尚未规范化等问题，[1]但普遍都将支持环保组织提起环境公益诉讼作为资助的一项重要内容。从更有利于为环保组织提供资金保障的角度，无论是专门建立 ENGO 环境公益诉讼资金，还是将其作为一个子项目设立于环境公益诉讼基金之下无疑都是必

① 胥楠、王育才：《环境公益诉讼激励及域外借鉴——以 ENGO 为例》，《生态经济》2017 年第 11 期。

要的。

（一）资金来源

ENGO 环境公益诉讼专项资金的筹资渠道主要包括：（1）财政拨款。从为环保组织参与公益诉讼提供较稳定的资金支持的角度，由国家承担基金的一定份额是必要的，如海南省设立的环境公益诉讼资金就是由省政府拨款、专款专用。实际上，政府基于其不可推卸的保护环境资源的责任，为环境公益诉讼基金提供资金支持也是国际上通行的做法，如在美国的环境公益诉讼基金中有 12.5%来自财政拨款，另有 87.5%的份额通过税收予以补充，荷兰等国也采取了这种方式。①在我国环境公益诉讼基金制度尚不健全，且环保组织普遍经济实力微薄、起诉意愿不高的情况下，采取由政府扶持设立 ENGO 环境公益诉讼专项基金的做法值得推广。（2）法院判决无特定受益人的环境损害赔偿金、法院判决实施环境污染、生态破坏行为的被告承担的惩罚性赔偿金。当然，如果法院判决被告承担的生态环境修复费用在实际修复之后还有剩余的，也应纳入环境公益诉讼基金中。就惩罚性赔偿金来说，虽然《环境民事公益诉讼司法解释》未对惩罚性赔偿作出规定，但是判决实施环境污染、生态破坏行为的被告承担惩罚性赔偿金不仅有利于加大违法者的违法成本，而且从惩罚性赔偿金中提起一定比例纳入 ENGO 环境公益诉讼专项基金中，还能够进一步调动环保组织提起环境公益诉讼的积极性。（3）来自企业、社会公众的捐赠。其中，包括环境刑事案件的被告人自愿交纳的环境公益金。以贵阳市"两湖一库"环境保护基金会为例，由于在较大程度上依赖于政府拨款和企业捐赠的原始基金，因此亟须向更大范围的社会公众获得资金支持。②除此之外，还有观点提出可以接受国际援助、从国家福利彩票等公益性收入中提取一定份额等。总的来说，是想通过拓宽环境公益诉讼基金的来源渠道为环保组织参与公益诉讼提供更稳定、更充分的资金保障。

---

① 郭雪慧：《社会组织提起环境民事公益诉讼研究——以激励机制为视角》，《浙江大学学报(人文社会科学版)》2019 年第 3 期。

② 吴雅玲、朱源、张磊：《突破环境共治瓶颈的 GONGO——贵阳市"两湖一库"环境保护基金会的实践经验》，《环境科技》2012 年第 4 期。

(二)支出范围

ENGO 环境公益诉讼专项资金的资助对象是资金存在困难的环保组织，其支出范围应针对缓解环境公益诉讼的高昂诉讼成本与环保组织的经济实力不足之间的矛盾。具体来说，需涵盖以下两个方面：(1)环保组织在提起的环境公益诉讼中所发生的必要费用。这些必要费用包括向法院交纳的诉讼费用，以及调查取证、检验、鉴定、评估及聘请律师等当事人费用。虽然上述费用可以通过调整诉讼成本的负担规则和提供司法救助得以降低，但是环保组织仍然要面对一旦败诉可能负担高昂鉴定费、律师费的巨大风险。这种情形下就有必要为环保组织查明案件所涉的环境污染、生态破坏的事实提供必要资助，因而基金支出的范围应包括环保组织为查明事实而采取的检验、评估、鉴定、专家咨询等调查取证方式。如贵州省高级人民法院在《关于创新环境保护机制推动我省生态文明先行区建设的意见》中，明确规定了环境公益诉讼原告在资金困难的情况下，确需通过取证、检测、鉴定、评估等方法以查明事实的，可以申请由生态环境保护"两庭"协调生态保护专项资金提供必要资助。[1] 与此同时，由于律师在协助环保组织维护公共利益的过程中发挥了举足轻重的作用，而环保组织普遍在法律专业知识和实践经验上有所欠缺，因此将律师费也纳入基金支出的范围亦属必要。如九三学社提出可建立环保组织提起环境公益诉讼的资金支持制度，资金支持的范围可包括必需的调查、评估、鉴定、研究、律师代理等费用。[2] 当然，同时还可根据实际情况规定资金支持的限额，如《昆明市环境公益诉讼救济专项资金管理暂行办法》规定，救济资金的申请额度在鉴定费、调查取证费等实际支出的限额内确定，但是每案不超过 20 万元。(2)对获得胜诉的环保组织予以适当奖励。这既是对环保组织为保护环境所作的具体贡献的肯定，又是为了在更大范围内激发环保组织提起环境公益诉讼的积极性。

---

[1] 陈小平、潘善斌、潘志成：《环境民事公益诉讼的理论与实践探索》，法律出版社，2016，第 227 页。

[2] 权敬：《社会组织如何发起公益诉讼》，人民政协报，http://csgy.rmzxb.com.cn/c/2018-03-21/2002303.shtml，访问日期：2019 年 9 月 22 日。

（三）资金监管

科学监管 ENGO 环境公益诉讼专项资金的使用是保障其运行通畅的重要前提。具体来说，专项资金可由独立的第三方机构统一进行管理，在实践中社会组织还积极探索了以公益信托的方式管理公益诉讼案件赔偿款，如自然之友在长安国际信托有限公司设立了第一个环保慈善信托，绿发会曾委托中铁信托管理环境公益诉讼案件的赔偿款。[①] 在对 ENGO 环境公益诉讼专项资金的监管上，一方面应强化内部监督，专项资金内部要设立相应监督机构、规定严格的资金使用制度，确保专项资金能够得到高效、有序的使用。另一方面还应加强外部监督，有学者建议可在市一级政府层面设立专门的资金监管部门，定期披露资金来源、用途等必要信息以接受社会公众的监督，保证该项资金能够专门用于开展公环境公益诉讼活动。[②] 参考《贵阳市中级人民法院环境民事公益诉讼审理规程（试行）》第 44 条关于"生态环境修复资金的使用情况接受财政部门、审计部门及人民法院的监管"的规定来看，鉴于 ENGO 环境公益诉讼专项资金除了源自社会公众的捐款之外，还可能涵盖法院判决无特定受益人的环境损害赔偿金、法院判决被告承担的惩罚性赔偿金，因此由财政部门、审计部门及人民法院对资金使用进行监管亦有必要。总之在对 ENGO 环境公益诉讼专项资金进行监管的问题上，"公开透明、接受监督"是其中的关键。当然，在强化对资金监管的同时，还需要对资金的管理方式、申请程序、审核使用等作出合理、细致的规定，以确保所设立的 ENGO 环境公益诉讼专项资金能够在实践中真正发挥效用。

三、建立原告胜诉奖励机制

环境公益诉讼的原告胜诉奖励机制是指"在特定条件下，利用特定来源的资金，经过特定程序，对在环境公益诉讼中取得部分胜诉或实质性胜诉结果的环保组织给予奖励，以支持其维护环境公共利益的举措，从而实现环境公益的

---

① 李楯：《环境公益诉讼观察报告（2016 年卷）》，法律出版社，2018，第 340 页。

② 胥楠、王育才：《环境公益诉讼激励及域外借鉴——以 ENGO 为例》，《生态经济》2017年第 11 期。

最大化"①。就环保组织来说,虽然其提起环境公益诉讼是基于维护公共利益的利他主义理想,但如寄希望于这一理想能为环保组织提供源源不断的驱动力是不现实的。毕竟环保组织提起公益诉讼不仅要负担高昂的诉讼成本、面临较大的社会压力和高败诉风险,还要投入大量的时间与精力到并不算短的诉讼过程中,同时还不能从胜诉结果中直接获取经济收益。这种情况下,即使通过合理设定诉讼成本的负担规则等措施使环保组织支出的诉讼费用、鉴定费、律师费等得到一定弥补,却也无法补偿环保组织为提起公益诉讼而投入的大量精力、时间以及所面临的社会压力。此时,就有必要在降低环保组织负担的诉讼成本的同时,适当地增进其提起环境公益诉讼的收益,才可以对其利他主义的行为提供有效激励。原告胜诉奖励机制恰恰可以在一定程度上弥补环保组织为诉讼付出的时间与精力,并且奖励本身就是对其起诉行为的积极正面评价,从而能够为环保组织提起公益诉讼提供更充分的物质补偿与精神鼓励。

从国外立法来看,美国在环境纠纷领域广泛适用"告发人诉讼"规则,并与环境公民诉讼制度相辅相成取得了很好的实践效果。依据该规则,环境公民诉讼原告如胜诉将获得被告支付罚金数额的一定比例作为奖励,这样不仅能对原告所付出的时间、精力等无形成本进行弥补,还能使其从所提起的诉讼中获得排他性收益。②如美国《垃圾法》规定,对环境违法人提起诉讼的起诉人可以获得罚金的一部分;加州有关致癌化学物质的管制法律规定,经证实指控真实的起诉人有权获取其中25%的罚款。③虽然作为组织或个人的"告发人"提起诉讼的动机可能是为了获得奖励,但其行为至少在客观上达到了维护社会公共利益的效果。

就我国来说,在目前环保组织的起诉意愿普遍不高的情况下,对提起诉讼

---

① 吴真、李天相:《环境公益诉讼原告利益保障机制研究》,《郑州大学学报(哲学社会科学版)》2017年第6期。

② 周晗隽、姚贝:《环境公益诉讼激励机制比较研究——以美、印两国为参考》,《环境保护》2016年第16期。

③ 吕忠梅、吴勇:《环境公益实现之诉讼制度构想》,载别涛主编《环境公益诉讼》,法律出版社,2007,第31页。

的环保组织给予制度性的认可和褒奖是必要的，否则仅靠其生态理性及降低有形诉讼成本还不足以充分激发其起诉动力，同时也是难以持久的。尤其是在环保组织一旦起诉将面临较大社会压力和高败诉风险时，原告胜诉奖励机制的缺失往往会使其在迈入法院大门时举棋不定。即使有少数环保组织勇于提起环境公益诉讼，但正如上文所说的其起诉对象多为中小型企业特别是民营企业，而以大型企业为被告提起诉讼的极少，而大型企业包括在华跨国公司造成的污染问题却是不容忽视的。因此，为充分激发、鼓励环保组织监督破坏生态环境的行为并提起诉讼，以及吸纳更多热心公益的人们加入环保组织中以壮大其实力，确有必要建立对胜诉原告及部分胜诉的原告予以奖励的机制，以褒奖其为维护环境公共利益所作的具体贡献。并且，我国法律对于公民、法人或其他组织主动维护社会公共利益的行为给予奖励也是认可的。如《税收征收管理法》第 13 条、《税收征收管理法实施细则》第 7 条规定，"税务机关应当按照规定对检举人给予奖励""税务机关根据检举人的贡献大小给予相应的奖励，奖励所需资金列入税务部门年度预算，单项核定"。《统计法》第 8 条也规定了"对检举有功的单位和个人应当给予表彰和奖励"。在《贵州省高级人民法院关于推进环境民事公益诉讼审判工作的若干意见》中，也明确规定了法院可以与有关部门共同探索建立对胜诉原告给予适当奖励的机制，以鼓励更多的环保组织参与到环境公益诉讼中。①

　　从有效维护环境公共利益的角度，对胜诉原告进行奖励的资金可以来自判决被告承担的惩罚性赔偿金，而不应包括被告应支付的生态环境损害赔偿金。判决被告承担的生态环境损害赔偿金应用于修复受到损害的生态环境，这同时也是《环境民事公益诉讼司法解释》第 24 条所要求的。同时，对违反环境法的被告判决承担惩罚性赔偿金，还可通过加大其违法成本促使更多的潜在被告积极守法。当然，在目前尚未就环境公益诉讼规定惩罚性赔偿的前提下，通过环境公益诉讼基金向胜诉或部分胜诉的原告给予适当奖励也是可行的。并且，进行奖励的金额至少应保证胜诉原告的无形成本支出得到合理补偿，否

---

　　① 陈小平、潘善斌、潘志成：《环境民事公益诉讼的理论与实践探索》，法律出版社，2016，第 233 页。

则就无法发挥这一机制应有的激励功能。[1] 至于胜诉的判定,原告胜诉、部分胜诉、实质性胜诉都属于应予奖励的"胜诉"范畴。其中,胜诉是原告的诉讼请求完全得到法院支持;部分胜诉是原告的部分诉讼请求得到了法院支持;实质性胜诉则是由于被告自愿履行了责任导致原告的诉讼请求被撤销或被驳回,也就是客观上实现了原告提起公益诉讼的诉讼请求。[2] 另外,对胜诉原告的奖励可以采取物质奖励、精神奖励并重的方式。同时奖励既可以给予环保组织,也可以给予在诉讼中作出突出贡献的公益律师或组织成员,以带动更多的社会组织及其成员参与到环境公益诉讼中致力于环境公益的保护。[3]

四、提供必要的法律援助

现行法律仅明确赋予环保组织提起环境民事公益诉讼的权利。而从诉讼结构来看,环境民事公益诉讼的一个显著特征是原、被告的地位常常呈现明显的不平等,因而在原告缺乏任何外援的情况下,传统民事诉讼所预设的双方当事人平等对抗的诉讼结构在公益诉讼中是无法实现的。这主要是因为环保组织欲起诉的对象很可能是其行为导致了严重的生态环境损害结果,同时又具有雄厚经济实力和社会影响力的企业。在目前大多数环保组织的经济实力不足、缺乏从事环境法律服务的专职人员的情形下,其与被告之间的力量对比往往悬殊。与此同时,作为原告的环保组织与被告在信息掌握上的不对称,在诉讼经验、技术专业性等方面的差距也加剧了双方当事人的这种不平等。这种情形下作为生态人的环保组织由于缺乏足够的诉讼抗衡能力,要么在诉讼中因无法完成所负的证明责任或不能应对复杂的法律问题而难免败诉,要么在强大的对手面前产生畏难情绪而不敢、不愿起诉,即使起诉也会优先考虑以实力相对弱小的对象提起诉讼,从而使得环保组织作为环境公益诉讼"最佳原告"

---

① 陈亮:《环境公益诉讼"零受案率"之反思》,《法学》2013 年第 7 期。

② 吴真、李天相:《环境公益诉讼原告利益保障机制研究》,《郑州大学学报(哲学社会科学版)》2017 年第 6 期。

③ 张晓阳:《环保社会组织提起环境公益诉讼的困境与突围》,《黑龙江省政法管理干部学院学报》2015 年第 5 期。

的积极作用大打折扣。基于这一点,在构建 ENGO 环境公益诉讼激励机制时,除了要对阻碍其起诉的诉讼成本问题作出回应之外,还要着重关注环保组织与被告之间实质不平等的障碍。

从国外来看,自美国 1876 年出现专门为弱势群体提供法律援助的专业机构以来,各类包括公益律师、专业技术人员、大学教授在内的专业性公益机构和团体已经成为活跃在各国公益诉讼领域的重要支持力量。① 如美国为了解决环境公益诉讼原告与被告难以抗衡的问题,由政府出资建立了很多法律服务机构,同时社会上还有许多通过基金及捐助方式开办的公益律师事务所。英国由政府拨款建立了全国性的援助制度以支持公益诉讼的发展,在印度环境公益诉讼的原告也可通过法律援助的途径解决律师费的问题。② 可以说,法律援助机构和法律援助制度在推动这些国家公益诉讼发展的过程中起到了不可替代的作用。

就我国来说,根据《环境民事公益诉讼司法解释》第 11 条规定,检察机关、环境保护监督管理部门及其他机关、社会组织、企事业单位可以依法支持社会组织提起环境民事公益诉讼,支持的方式包括提供法律咨询、提交书面意见、协助调查取证等。这一规定有利于弥补作为原告的环保组织诉讼能力的不足,但同时还应看到,要在整体上增强环保组织的诉讼抗衡能力及抗压能力,还需要法律援助机构尤其是公益律师群体的加入。法律援助不仅能够有效减小环保组织与污染企业之间的实力差距,同时还与环保组织普遍"囊中羞涩"而环境公益诉讼案件的律师费不低的现实相适应。不过根据 2003 年发布的《法律援助条例》第 1 条、第 10 条第 1 款规定,法律援助的对象仅为经济困难的公民;申请法律援助的范围局限于公民依法请求国家赔偿的、请求给予社会保险待遇或者最低生活保障待遇等事项。应当说,在当前立法已经确立环境公益诉讼制度的前提下,将社会组织作为给予法律援助的对象,以及将环境公益诉讼

---

① 赵立新:《论环境公益诉讼中的公民原告援助机制》,载吕忠梅、王立德主编《环境公益诉讼中美之比较》,法律出版社,2009,第 83 页。

② 郭雪慧:《社会组织提起环境民事公益诉讼研究——以激励机制为视角》,《浙江大学学报(人文社会科学版)》2019 年第 3 期。

纳入申请法律援助的案件范围已是当务之急。目前在《法律援助条例》未作修订的前提下,建议可依据《法律援助条例》第 10 条第 2 款规定,由省、自治区、直辖市人民政府就环境公益诉讼案件的法律援助事项作出补充规定。进一步地,在给予法律援助的审查标准上,不宜以经济困难作为唯一标准,而应主要审查原告是否基于维护公共利益的目的提起诉讼以及原、被告之间的实力对比是否悬殊,包括原告虽然经济上不属贫困但被告的经济实力要雄厚得多、原告进行诉讼的成本已超出其经济承受能力等情形。与此同时,虽然专业律师的参与对平衡双方当事人的诉讼能力极为重要, 但是有关公益团体或机构对提起诉讼的环保组织给予技术方面的援助也是必不可少的。因此这里应对法律援助作广义的解释,即包括法律专业知识的援助、环境知识与技术检测等专业技术性的援助。法律援助机构除了专业律师之外,还可吸纳环境领域的专家及学者加入,并以提供咨询意见的方式帮助环保组织确定案件所涉的污染事实、致害原因、损害程度等,从而将法律援助机构打造成一个吸收各领域精英并为社会公共事业提供综合服务的平台。[①]实务中,已有对环境公益诉讼原告进行法律援助的有益探索,如贵州省高级人民法院在《关于创新环境保护机制推动我省生态文明先行区建设的意见》中,规定了"鼓励环境公益组织、法律援助机构及公益律师对提起环境公益诉讼的原告提供法律援助。"显然,只有以法律援助之"长"补环保组织的诉讼能力之"短",才能够保证环境公益诉讼的双方当事人在平等的基础上展开对抗,环境公益诉讼的目的也才能够在这个过程中得以实现。

　　除了上述激励机制之外,要充分调动环保组织提起公益诉讼的积极性,还需要在更宏观的层面上增强环保组织的诉讼能力。包括民政部门提出的为鼓励、引导、监督社会组织参与环境公益诉讼的相关措施:引导社会组织加强能力建设,做好人才、法律、技术方面的储备以增强诉讼能力;加大政策支持力度,包括制定人才队伍政策与税收优惠政策、加大政府购买服务力度、完善相关配套政策;做好监督管理工作,依据法院的司法建议对通过诉讼牟利的社会

[①] 颜运秋、罗婷:《生态环境保护公益诉讼的激励约束机制研究》,《中南大学学报(社会科学版)》2013 年第 3 期。

组织依法进行查处。[①]与此同时，虽然建立激励机制的目的在于激发、鼓励环保组织提起公益诉讼，但同时还需采取一定措施以防止适格原告滥用其诉权，包括上文谈到的在赋予社会组织以环境行政公益诉权的同时设置诉前程序，在环境公益诉讼中对当事人的处分权的限制等。其最终目的还在于既要确保社会公众能够在司法层面参与环境治理，又要保障环境公益诉讼制度的功能得到全面发挥。

---

① 王勇:《最高法发布环境公益诉讼司法解释》，公益时报网，http://www.gongyishibao.com/html/yaowen/7671.html，访问日期:2019 年 9 月 28 日。

参考文献

一、图书类

[1] 最高人民法院环境资源审判庭. 最高人民法院关于环境民事公益诉讼司法解释理解与适用[M]. 北京：人民法院出版社，2015.

[2] 沈德咏. 最高人民法院环境侵权责任纠纷司法解释理解与适用[M]. 北京：人民法院出版社，2016.

[3] 别涛. 环境公益诉讼[M]. 北京：法律出版社，2007.

[4] 江必新. 环境资源审判指导[M]. 北京：人民法院出版社，2016.

[5] 陈小平，潘善斌，潘志成. 环境民事公益诉讼的理论与实践探索[M]. 北京：法律出版社，2016.

[6] 黄学贤，王太高. 行政公益诉讼研究[M]. 北京：中国政法大学出版社，2008.

[7] 陈亮. 环境公益诉讼研究[M]. 北京：法律出版社，2015.

[8] 吕忠梅. 环境法原理[M]. 上海：复旦大学出版社，2018.

[9] 吕忠梅. 中国环境司法发展报告（2015—2017）[M]. 北京：人民法院出版社，2017.

[10] 吕忠梅，王立德. 环境公益诉讼中美之比较[M]. 北京：法律出版社，2009.

[11] 吕忠梅，等. 环境司法专门化：现状调查和制度重构[M]. 北京：法律出版社，2017.

[12] 杨严炎. 环境诉讼：从案例到制度的深层分析[M]. 北京：法律出版社，2017.

[13] 王立. 环保法庭案例选编——贵州省贵阳市生态保护"两庭"成立十周年特辑[M]. 北京：法律出版社，2017.

〔14〕傅郁林.民事司法制度的功能与结构〔M〕.北京：北京大学出版社，2006.

〔15〕最高人民检察院民事行政检察厅.检察机关提起公益诉讼的实践与探索〔M〕.北京：中国检察出版社，2017.

〔16〕王珂瑾.行政公益诉讼制度研究〔M〕.济南：山东大学出版社，2009.

〔17〕〔美〕霍尔姆斯·罗尔斯顿.环境伦理学：大自然的价值以及对大自然的义务〔M〕.杨通进，译.北京：中国社会科学出版社，2000.

〔18〕潘申明.比较法视野下的民事公益诉讼〔M〕.北京：法律出版社，2011.

〔19〕曹明德.生态法原理〔M〕.北京：人民出版社，2002.

〔20〕孔祥俊.行政行为可诉性、原告资格与司法审查〔M〕.北京：人民法院出版社，2005.

〔21〕世界环境与发展委员会.我们共同的未来〔M〕.长春：吉林人民出版社，1997.

〔22〕〔意〕莫诺·卡佩莱蒂.福利国家与接近正义〔M〕.刘俊祥，等译.北京：法律出版社，2000.

〔23〕季卫东.法律程序的意义——对中国法制建设的另一种思考〔M〕.北京：中国法制出版社，2004.

〔24〕日本律师协会.日本环境诉讼典型案例与评析〔M〕.北京：中国政法大学出版社，2011.

〔25〕R. W. 芬德利，D. A. 法贝尔.美国环境法简论〔M〕.程正康，等译.北京：中国环境科学出版社，1986.

〔26〕谷口安平.程序的正义与诉讼（增补本）〔M〕.王亚新，刘荣军，译.北京：中国政法大学出版社，2002.

〔27〕汪劲.环境法学〔M〕.北京：北京大学出版社，2011.

〔28〕周柯，谭柏平，欧阳杉.环境法〔M〕.北京：中国人民大学出版社，2018.

〔29〕江伟，肖建国.民事诉讼法（第8版）〔M〕.北京：中国人民大学出版社，2018.

[30]陈冬.美国环境公益诉讼研究［M］.北京：中国人民大学出版社，2014.

[31]李楯.环境公益诉讼观察报告（2016年卷）[M].北京：法律出版社.2018.

[32]张旭东.环境民事公益诉讼特别程序研究［M］.北京：法律出版社，2018.

[33]傅贤国.环境民事公益诉讼制度研究——以贵州省贵阳市"生态保护两庭"司法实践为中心的分析[M].北京:法律出版社,2016.

[34]王胜明.中华人民共和国民事诉讼法释义［M］.北京：法律出版社，2012.

[35]肖建华.民事诉讼当事人研究［M］.北京：中国政法大学出版社，2002.

[36]柯阳友.民事公益诉讼重要疑难问题研究［M］.北京：法律出版社，2017.

[37]江伟,邵明,等.民事诉权研究[M].北京:法律出版社,2002.

[38]王名扬.法国行政法[M].北京:中国政法大学出版社,1988.

[39]邓一峰.环境诉讼制度研究[M].北京:中国法制出版社,2008.

[40]王名扬.美国行政程序法[M].北京:中国法制出版社,1995.

[41]姜明安.外国行政法教程[M].北京:法律出版社,1993.

[42]叶俊荣.环境政策与法律[M].北京:中国政法大学出版社,2003.

[43]汪劲,严厚福,孙晓璞.环境正义:丧钟为谁而鸣——美国联邦法院环境诉讼经典判例选[M].北京:北京大学出版社,2006.

[44]〔美〕曼瑟尔·奥尔森.集体行动的逻辑[M].陈郁,郭宇峰,李崇新,译.上海:上海人民出版社,1995.

[45]李挚萍.环境法的新发展——管理与民主之互动[M].北京:人民法院出版社,2006.

[46]徐卉.通向社会正义之路——公益诉讼理论研究[M].北京:法律出版社,2009.

[47]宋宗宇.环境侵权民事责任研究[M].重庆:重庆大学出版社,2005.

［48］杨立新.侵权责任法(第三版)［M］.北京:法律出版社,2018.

［49］吴应甲.中国环境公益诉讼主体多元化研究［M］.北京:中国检察出版社,2017.

二、期刊类

［1］杨朝霞.论环境公益诉讼的权利基础和起诉顺位——兼谈自然资源物权和环境权的理论要点［J］.法学论坛,2013(3).

［2］杨朝霞.论环保部门在环境民事公益诉讼中的作用——起诉主体的正当性、可行性和合理性分析［J］.太平洋学报,2011(4).

［3］汪伟全.风险放大、集体行动和政策博弈——环境类群体事件暴力抗争的演化路径研究［J］.公共管理学报,2015(1).

［4］王春业.论检察机关提起"预防性"行政公益诉讼制度［J］.浙江社会科学,2018(11).

［5］史玉成.环境利益、环境权利与环境权力的分层建构——基于法益分析方法的思考［J］.法商研究,2013(5).

［6］王小钢.论环境公益诉讼的利益和权利基础［J］.浙江大学学报(人文社会科学版),2011(3).

［7］王小钢.生态环境损害赔偿诉讼的公共信托理论阐释——自然资源国家所有和公共信托环境权益的二维构造［J］.法学论坛,2018(6).

［8］王小钢.生态环境修复和替代性修复的概念辨正——基于生态环境恢复的目标［J］.南京工业大学学报(社会科学版),2019(1).

［9］王小钢.为什么环保局不宜做环境公益诉讼原告［J］.环境保护,2010(1).

［10］黄忠顺.环境公益诉讼制度扩张解释论［J］.中国人民大学学报,2016(2).

［11］刘益.环境民事公益诉讼目的论——兼评最高法院《关于审理环境民事公益诉讼案件适用法律若干问题的解释》［J］.重庆理工大学学报(社会科学),2015(2).

［12］敖双红.公益诉讼概念辨析［J］.武汉大学学报(哲学社会科学版),

2007(2).

[13]张卫平.民事公益诉讼原则的制度化及实施研究[J].清华法学,2013(4).

[14]颜运秋,罗婷.生态环境保护公益诉讼的激励约束机制研究[J].中南大学学报(社会科学版),2013(3).

[15]别涛.环境公益诉讼的立法构想[J].环境保护,2005(12).

[16]宋朝武.论公益诉讼的十大基本问题[J].中国政法大学学报,2010(1).

[17]秦天宝,段帷帷.论我国环境行政公益诉讼制度的发展——以全国首例检察机关提起环境行政公益诉讼案为例[J].环境保护,2015(1).

[18]王旭光.论当前环境资源审判工作的若干基本关系[J].法律适用,2014(11).

[19]肖建国,黄忠顺.环境公益诉讼基本问题研究[J].法律适用,2014(4).

[20]肖建国.论现代型民事诉讼的结构和功能[J].朝阳法律评论,2010(2).

[21]王明远.我国环境公益诉讼的发展方向:基于行政权与司法权关系理论的分析[J].中国法学,2016(1).

[22]黄锡生,谢玲.环境公益诉讼制度的类型界分与功能定位——以对环境公益诉讼"二分法"否定观点的反思为进路[J].现代法学,2015(6).

[23]江伟,苏文卿.公益诉讼社会功能论[J].政法学刊,2009(1).

[24]胡云红.比较法视野下的域外公益诉讼制度研究[J].中国政法大学学报,2017(4).

[25]李傲.法官引领下的印度公益诉讼制度[J].环球法律评论,2010(4).

[26]竺效.论环境侵权原因行为的立法拓展[J].中国法学,2015(2).

[27]吕忠梅.环境侵权的遗传与变异——论环境侵害的制度演进[J].吉林大学社会科学学报,2010(1).

[28]吴长军.社会组织参与公益诉讼的法律保障机制研究[J].首都师范大学学报(社会科学版),2014(5).

［29］秦鹏,何建祥.论检察环境行政公益诉讼受案范围的实证分析[J].浙江工商大学学报,2018(4).

［30］秦鹏，何建祥.论环境行政公益诉讼的启动制度——基于检察机关法律监督权的定位[J].暨南学报(哲学社会科学版),2018(5).

［31］朱谦.公众环境公益诉权属性研究[J].法治论丛,2009(2).

［32］朱谦.论环境权的法律属性[J].中国法学,2001(3).

［33］杨建顺.公共利益辨析与行政法政策学[J].浙江学刊,2005(1).

［34］刘超.环境行政公益诉讼受案范围之实践考察与体系展开[J].政法论丛,2017(4).

［35］马迅.行政案件跨区域管辖改革的检视与省思——以我国《行政诉讼法》第18条第2款为中心[J].甘肃政法学院学报,2018(2).

［36］余厚德.跨行政区域环境资源案件的司法管辖制度研究[J].法学杂志,2017(2).

［37］廖永安.论诉的利益[J].法学家,2005(6).

［38］吴雅玲,朱源,张磊.突破环境共治瓶颈的GONGO——贵阳市"两湖一库"环境保护基金会的实践经验[J].环境科技,2012(4).

［39］张辉.美国公民诉讼之"私人检察总长理论"解析[J].环球法律评论,2014(1).

［40］李挚萍.欧洲环保团体公益诉讼及其对中国的启示[J].中州学刊,2007(4).

［41］李挚萍.中国环境公益诉讼原告主体的优劣分析和顺序选择[J].河北法学,2010(1).

［42］喜子.反思与重构：完善行政诉讼受案范围的诉权视角[J].中国法学,2004(1).

［43］阮丽娟.环境公益诉讼诉权的限制[J].政治与法律,2014(1).

［44］王翼妍,满洪杰.论环境民事公益诉讼原告资格的实践扩张[J].法律适用,2017(7).

［45］郎友兴.环境污染事件:不得已的暴力[J].中国社会导刊,2006(4).

［46］刘艺.检察公益诉讼的司法实践与理论探索[J].国家检察官学院学

报,2017(2).

　　[47]曾哲,梭娅.环境行政公益诉讼原告主体多元化路径探究——基于诉讼客观化视角[J].学习与实践,2018(10).

　　[48]卢超.从司法过程到组织激励:行政公益诉讼的中国试验[J].法商研究,2018(5).

　　[49]朱新力,黄娟.以社团组织为原告的行政公益诉讼的制度进路[J].浙江大学学报(人文社会科学版),2016(1).

　　[50]郑新俭.做好顶层设计稳步推进公益诉讼试点工作[J].人民检察,2015(14).

　　[51]陈兴生,宋波,梁远.民事公诉制度质疑[J].国家检察官学院学报,2001(3).

　　[52]郭林将,李益明.和谐社会语境下检察权的谦抑性——引进环境公民诉讼(E.C.S)的立法思考[J].理论与现代化,2010(2).

　　[53]梁玉霞,沈志民.走向公平正义——浅谈法律监督的意义与局限性[J].广州大学学报(社会科学版),2006(1).

　　[54]贺恒扬.我国检察权的基本特征[J].国家检察官学院学报,2008(3).

　　[55]田凯.检察机关可做公益诉讼主力军[J].环境经济,2017(7).

　　[56]张兴中.民事抗诉谦抑性原则[J].国家检察官学院学报,2010(6).

　　[57]刘佑生.客观 平和 谦抑 持衡——和谐语境下的检察官职能定位[J].人民检察,2007(23).

　　[58]陆军,杨学飞.检察机关民事公益诉讼诉前程序实践检视[J].国家检察官学院学报,2017(6).

　　[59]林莉红.论检察机关提起民事公益诉讼的制度空间[J].行政法学研究,2018(6).

　　[60]胡卫列,田凯.检察机关提起行政公益诉讼试点情况研究[J].行政法学研究 2017(2).

　　[61]李浩.论检察机关在民事公益诉讼中的地位[J].法学,2017(11).

　　[62]刘波.论检察机关提起民事诉讼的法律地位[J].海南大学学报(人文社会科学版),2006(3).

［63］杨志弘.公益诉讼主体扩张的制度反思——以检察机关作为公益诉讼原告为切入点［J］.青海社会科学,2018（4）.

［64］梁春艳.我国环境公益诉讼的模式选择［J］.郑州大学学报（哲学社会科学版）,2015（6）.

［65］沈寿文.环境公益诉讼行政机关原告资格之反思——基于宪法原理的分析［J］.当代法学,2013（1）.

［66］戴彦艳,孙日华.环境公益诉讼中的利他主义［J］.西部法学评论,2014（2）.

［67］曹树青."怠于行政职责论"之辩——环保行政部门环境公益诉讼原告资格之论见［J］.学术界,2012（3）.

［68］程多威,王灿发.论生态环境损害赔偿制度与环境公益诉讼的衔接［J］.环境保护,2016（2）.

［69］齐树洁.我国公益诉讼主体之界定——兼论公益诉讼当事人适格之扩张［J］.河南财经政法大学学报,2013（1）.

［70］蒋小红.通过公益诉讼推动社会变革——印度公益诉讼制度考察［J］.环球法律评论,2006（3）.

［71］刘汉天,刘俊.公民环境公益诉讼主体资格的法理基础及路径选择［J］.江海学刊,2018（3）.

［72］巩固.2015年中国环境民事公益诉讼的实证分析［J］.法学,2016（9）.

［73］巩固.美国原告资格演变及对公民诉讼的影响解析［J］.法制与社会发展,2017（4）.

［74］郭雪慧.社会组织提起环境民事公益诉讼研究——以激励机制为视角［J］.浙江大学学报（人文社会科学版）,2019（3）.

［75］陈冬.环境公益诉讼研究——以美国环境公民诉讼为中心［D］.青岛:中国海洋大学,2004.

［76］王秀卫.我国环境民事公益诉讼举证责任分配的反思与重构［J］.法学评论,2019（2）.

［77］曹明德.中美环境公益诉讼比较研究［J］.比较法研究,2015（4）.

［78］杨严炎,廖海清.印度环境公益诉讼制度及实践的启示——以印度

恒河环境污染公益诉讼案为例[J].东方法学,2014(5).

　　[79]乔刚,赵洋.我国环境民事公益诉讼的可诉范围研究[J].河南财经政法大学学报,2018(2).

　　[80]郭颂彬,刘显鹏.证明责任减轻:环境民事公益诉讼证明责任分配之应然路径[J].学习与实践,2017(8).

　　[81]吕忠梅,张忠民,熊晓青.中国环境司法现状调查——以千份环境裁判书为样本[J].法学,2011(4).

　　[82]王利明.论举证责任倒置的若干问题[J].广东社会科学,2003(1).

　　[83]林文学.环境民事公益诉讼争议问题探讨[J].法律适用,2014(10).

　　[84]梅宏,邓一峰.人民检察院提起环境公益诉讼三题[J].中共山西省委党校学报,2011(1).

　　[85]蔡彦敏.中国环境民事公益诉讼的检察担当[J].中外法学,2011(1).

　　[86]孙洪坤,张姣.论环境民事公益诉讼中的调解制度[J].广西社会科学,2013(9).

　　[87]翟健锋.检察机关提起公益诉讼程序性问题探析[J].政法学刊,2010(4).

　　[88]吴勇,王聪.环境民事公益诉讼的调解适用辨析[J].湘潭大学学报(哲学社会科学版),2018(2).

　　[89]郑学林,林文学,王展飞.《关于审理环境民事公益诉讼案件适用法律若干问题的解释》的理解和适用[J].人民司法,2015(5).

　　[90]刘澜平,向亮.环境民事公益诉讼被告反诉问题探讨[J].法律适用,2013(9).

　　[91]邵明.析法院职权探知主义——以民事诉讼为研究范围[J].政法论坛,2009(6).

　　[92]许尚豪.如何保持中立:民事公益诉讼中法院的职权角色研究[J].政治与法律,2017(9).

　　[93]李劲.环境行政公益诉讼证明责任问题研究[J].渤海大学学报(哲学社会科学版),2018(2).

　　[94]季美君.检察机关提起行政公益诉讼的路径[J].中国法律评论,2015

（3）.

［95］张硕.论行政公益诉讼证明标准［J］.哈尔滨工业大学学报（社会科学版），2018（4）.

［96］张步洪.行政诉讼举证规则的体系解释［J］.国家检察官学院学报，2015（4）.

［97］徐全兵.检察机关提起行政公益诉讼的职能定位与制度构建［J］.行政法学研究，2017（5）.

［98］钱国泉，俞广林，付继博.检察机关提起行政公益诉讼的举证责任分配［J］.人民检察，2016（22）.

［99］章志远.司法判决中的行政不作为［J］.法学研究，2010（5）.

［100］范伟.我国环境行政公益诉讼程序规则体系的构建［J］.南京工业大学学报（社会科学版），2018（3）.

［101］胥楠，王育才.环境公益诉讼激励及域外借鉴——以 ENGO 为例［J］.生态经济，2017（11）.

［102］樊增强.跨国公司在华投资造成的环境污染及其监管［J］.山西师大学报（社会科学版），2015（3）.

［103］陈亮.环境公益诉讼激励机制的法律构造——以传统民事诉讼与环境公益诉讼的当事人结构差异为视角［J］.现代法学，2016（4）.

［104］白彦.论民事公益诉讼主体激励机制的建构［J］.北京大学学报（哲学社会科学版），2016（2）.

［105］李艳芳，李斌.论我国环境民事公益诉讼制度的构建与创新［J］.法学家，2006（5）.

［106］龙克琼.我国环境公益诉讼费用规则之构建［J］.湖北警官学院学报，2014（8）.

［107］赵欣.各国民事公益诉讼制度比较法研究［J］.前沿，2010（6）.

［108］张颖.环境公益诉讼费用规则的思考［J］.法学，2013（7）.

［109］赵由然.环保法庭为何无案可审？——法律经济学的分析和解释［J］.东岳论丛，2018（2）.

［110］刘学锋，马黎.环境民事公益诉讼程序的法院职权干预［J］.人民司

法,2014(15).

　　[111]周晗隽,姚贝.环境公益诉讼激励机制比较研究——以美、印两国为参考[J].环境保护,2016(16).

　　[112]吴真,李天相.环境公益诉讼原告利益保障机制研究[J].郑州大学学报(哲学社会科学版),2017(6).

　　[113]詹蔚,李雨.环境公益诉讼的律师费用分配制度——美国蓝本与中国借鉴[J].吉首大学学报(社会科学版),2017(S2).

后　记

　　在十九届四中全会通过的《中共中央关于坚持和完善中国特色社会主义制度 推进国家治理体系和治理能力现代化若干重大问题的决定》中，"坚持和完善生态文明制度体系，促进人与自然和谐共生"作为"决定"的重要内容之一，对我国生态文明建设提出了新的具体要求。其中，"完善生态环境公益诉讼制度"被列为"严明生态环境保护责任制度"的一项具体要求，对于促使行政机关依法履行保护环境的职责，预防、修复生态环境受到损害从而保障公众的环境利益具有重要意义。当前，在立足于司法实践的基础上，探讨生态环境公益诉讼制度的完善有助于发挥该制度在国家环境治理中的积极效用，有助于在司法层面实现对生态环境的有力保护。

　　在本书的写作和出版过程中，得到了山西省社会科学院晔枫研究员、山西经济出版社副总编辑李慧平和第一编辑室主任申卓敏的大力支持、指导及帮助，在此一并向他们表示由衷的感谢！

　　由于作者水平有限、时间仓促，本书难免会有错误和不足之处，敬请读者给予批评和指正。

作者

2020 年 7 月

图书在版编目（CIP）数据

生态环境保护的公益诉讼制度研究 / 蔡静著. -- 太原：山西经济出版社，2022.2

（生态文明建设思想文库 / 杨茂林主编. 第二辑）

ISBN 978-7-5577-0965-5

Ⅰ.①生… Ⅱ.①蔡… Ⅲ.①环境保护法—行政诉讼—司法制度—研究—中国 Ⅳ.①D925.304

中国版本图书馆 CIP 数据核字（2022）第 013775 号

生态环境保护的公益诉讼制度研究

著　　者：蔡　静
责任编辑：侯轶民
封面设计：阎宏睿

出 版 者：山西出版传媒集团·山西经济出版社
社　　址：太原市建设南路 21 号
邮　　编：030012
电　　话：0351-4922133（市场部）
　　　　　0351-4922085（总编室）
E-mail：scb@sxjjcb.com（市场部）
　　　　　zbs@sxjjcb.com（总编室）

经 销 者：山西出版传媒集团·山西经济出版社
承 印 者：山西出版传媒集团·山西人民印刷有限责任公司

开　　本：787mm×1092mm　　1/16
印　　张：17.25
字　　数：265 千字
版　　次：2022 年 9 月　第 1 版
印　　次：2022 年 9 月　第 1 次印刷
书　　号：ISBN 978-7-5577-0965-5
定　　价：70.00 元